고려대 통일융합연구원 해란연구총서 시리즈 1

THE DPRK'S STANDARDIZATION POLICY DURING THE KIM JONG-UN ERA
AND THE PROSPECTS OF INTEGRATING SOUTH AND NORTH KOREAN STANDARDS

김정은 시대
북한의 표준 · 규격화(KPS) 정책과
남북한 통합방안

남성욱 · 조정연

박영사

머리말

경제협력개발기구(OECD)는 1999년 보고서를 통해 전 세계 무역량의 80%가 국제표준 영향 아래서 유통되고 있다고 발표하였다. 그로부터 23년이 지난 2022년, 미국표준협회는 표준과 기술 규제가 세계무역의 93%에 영향력을 미치고 있다는 연구 결과를 내놓았다. 영국표준협회는 2015년의 보고서를 통해 표준의 GDP 성장률 기여도가 약 28.4%에 달한다고 발표하였다. 글로벌 경제 속에서 국제표준의 부합화는 업무 효율을 높이고 시장을 개방하며 소비자의 신뢰를 높이고 비용 절감 효과를 충족한다.

1961년 「산업표준화법」 제정과 함께 국가표준제도를 시행해온 남한은 2022년 기준 누적 신규 국제표준 제안 건수 1,234종, ISO 회원 평가 8위, ISO와 IEC의장 간사 등 임원 250명으로 표준 선진국에 진입하였다. 남한은 2010년 IEC 정보통신 산업 분야 국제표준 제안 1위, 2021년에 세계 3대 국제표준화기구 선언 표준특허 누적 건수 부문 세계 1위를 기록하였다. 2021년 12월 31일 기준 남한의 국제표준 부합률은 98.8%에 달한다.

반면 북한은 1950년 국제단위계를 도입하고 남한과 같은 시기인 1963년 국제표준화기구(ISO)와 국제전기기술위원회(IEC) 회원국이 되면서 국제표준화 활동을 시작하였으나 국제표준 부합률은 2015년 재발행된 국가규격 목록 기준 8.6%에 그친다. 북한은 1997년 「규격법」을 제정하여 산업 전반에 규격 보급 사업을 강화하고 규격화 사업을 통해 제품의 질 제고에 힘쓰고 있다고 선전하고 있으나 실제 품질 수준은 당국의 발표에 미치지 못한다. 국제표준화 활동에 있어서는 IEC 정회원 자격 상실과 준회원 자격 재가입, 유라시아국가계량기구연합(COOMET) 장기 미활동에 따른 회원자격 박탈 등 국제표준화 무대에서 부진한 활동을 보였다.

　　독일연방건설교통부 발표에 따르면 1991년부터 2003년까지 독일의 통일비용 추계는 2조 4,550유로에 달하며 이 가운데 약 10%가 표준통일 비용으로 소요되었다. 분단 시기 표준화 협력을 추진하였던 동서독 표준통일 비용의 규모로 분단 78년 간 표준·규격화 협력이 없다시피 한 남북한의 표준통일 비용을 추산하기란 쉽지 않다. 그렇다고 통일을 대비한 남북한 표준·규격화 통합 추진 사업의 목적이 통일비용을 줄이는 데만 있는 것은 아니다. 통일 전 남북 간 표준화 교류 협력을 통해 통일 후 사회통합에 필요한 시간을 단축하고 사회 안정화 기간을 줄이기 위해서도 남북한 표준화 통합은 필요하기 때문이다. 무엇보다 경제사회 통합의 초석이 될 남북 간 표준화 협력은 체제와 문화, 사상의 이질화가 심화한 남북한 사회의 구성원들이 통일에 대한 체념과 불안감을 극복하는 데 기여할 수 있다.

　　남북한 표준·규격화 통합은 공통된 표준 적용으로 모든 산업 기반 시설, SOC 등이 통일된 유일한 표준화 시스템에 의해 작동하며 사용자인 사회 구성원 전체가 이를 수용하는 것을 의미한다. 궁극적인 표준화 통합을 위하여 한국표준협회를 중심으로 정부, 산업계·학계·연구계의 표준화 전문가 그룹을 구성원으로 거버넌스를 조직해 남북한 표준화 통합 전략을 수립해야 한다. 남북한 표준·규격화 통합의 초기 단계에서 통일 여건 조성을 위해 정부와 민간기업, 국제기구가 협력하여 남북한 표준체계 비교를 위한 별도의 조직을 구성하여 연구사업을 추진해야 한다.

　　한편 정부와 국회는 법적·제도적 방안을 마련하고 통합 추진 사업에 필요한 재원을 충분히 지원해야 한다. 통일에 대한 국민적 공감대 확산을 위해 경제통일 교육도 확대 실시해야 한다. 구체적인 남북 간 교류 협력 단계에서는 북한의 국제표준화기구(ISO)의 개발도상국 지원 사업, 국제전기통신연합(ITU)의 동반자지원(Fellowship) 프로그램 참여를 유도해 북한 규격의 국제표준화 부합률 상승을 지원해야 한다. 이를 통해 북한의 국제표준화 활동 의지가 높아지고 남북한 표준화 협력이 일정 단계에 이르면 국가기술표준원의 개발도상국 표준체계 보급 지원, 관련 협회의 단계별 맞춤 지원 프로그램을 통해 북한 표준화 현황을 분석하여 북한 맞춤형 표준화 지원을 추진할 수 있다.

　통일에 있어 표준화 통합의 비중과 가치를 생각하면 남한의 북한 표준화 지원은 소모가 아닌 중장기 투자이며 협력을 통한 상호 발전으로 통일을 앞당기는 일이다. 남북 간 표준·규격화가 조금씩 이질화되어 고착 단계에 이른 것처럼 통합에도 전략 수립에서부터 세부 계획 추진, 변수의 대응까지 오랜 시간이 소요될 수 있다. 지금 바로 남북한이 표준·규격화 교류 협력을 시작해야 하는 이유이다.

　본서는 남북한의 표준·규격화 통합방안을 도출하기 위하여 다음과 같이 총 8개의 장으로 구성한다. 제1장 서론에서는 본 연구의 목적과 필요성을 밝히고 선행연구를 검토하며 연구 방법을 제시한다. 제2장에서는 제1절에 표준의 태동과 표준화의 발전, 표준의 기능과 역할, 표준화의 기본원칙 등 표준화 개요를 소개하고 제2절에서는 국제표준화기구의 역할과 남북한의 국제표준화 활동이 어떻게 이루어져 왔는지 서술한다. 제3절에서는 남한의 국가표준(KS) 및 북한의 국가규격(KPS) 현황과 남북한 표준·규격화 운용 체계를 기술한다.

　제3장에서는 김일성 시대 표준·규격화 정책 기조를 조사하여 분석한다. 제1절에서는 먼저 북한 표준·규격화 정책의 기원이 된 한국전쟁 후 국가재건사업 시기 해당 정책 기조를 분석한다. 이어 경제 발전 전략 원형 완성의 기반이 된 김일성 시대 규격화 사업의 특징을 도출한다. 마지막으로 사회주의 경제체계 확립 주력 시기 농업 및 건설 분야 규격화 사업의 본질을 중점적으로 분석한다. 제2절에서는 김일성 시대 표준·규격화 정책의 함의를 고찰한다.

　제4장에서는 김정일 시대 표준·규격화 정책 기조를 고찰한다. 제1절에서는 먼저 해당 시기 「규격법」 및 관련 법령을 제정하고 품질 개선 사업을 추진한 배경과 내용을 조사하고 이어 규격화 데이터베이스를 구축한 북한의 규격화 사업 체계를 분석한다. 마지막으로 국제표준화 활성화를 위한 당국의 활동을 추적한다. 제2절에서는 김정일 시대 표준·규격화 정책의 함의를 기술한다.

　제5장에서는 김정은 집권기 자립경제체제 공고화를 목표로 한 경영활동의 과학화·정보화·현대화 강화 기조 아래 추진되는 규격화 사업의 특징과 영향력을 분석한다. 제1절에서는 품질 제고 사업의 배경과 기업책임관리제 시행에 따른 기업소 규격화 사업 강화 현황과 품질인증제도에 관하여 기술한다. 제2절에서는 표준·규격화

의 대상이 확대된 분야 가운데 ICT, 안전관리 규격화, 환경관리 체계 인증 부문의 변화를 집중적으로 분석한다. 제3절에서는 규격화 정보 서비스 체계 발전과 연구 강화 정책에 따른 국가규격 목록 재발행, 규격화 정보 체계의 발전과 표준·규격화 연구 강화 현황을 분석한다. 제4절에서는 규격화 교육 강화 정책에 따라 해당 분야 전문 인력으로 성장한 근로자들이 산업현장에서 기술 개발에 참여하여 사업 성과를 제고하는 규격화 사업 운영 메커니즘을 연구한다. 제5절에서는 KPS의 국제표준 및 KS 부합률을 분석하고 북한 국제표준화 활동의 성과와 한계를 조명한다.

제6장에서는 독일과 유럽연합의 표준화 통합사례를 조사하고 남북한 표준·규격화 통합 적용에의 시사점을 고찰한다. 제1절에서는 분단 기간에도 표준화 교류 활동을 하여 통일 과정에서 표준화 통합의 비용과 기간을 줄일 수 있었던 독일의 표준화 통합사례를 고찰한다. 2절에서는 경제협력을 위해 표준화 통합을 전략적으로 추진한 유럽연합의 사례를 분석한다. 제3절에서는 독일과 유럽연합의 사례가 남북한 표준·규격화 통합에 주는 시사점을 요약한다.

제7장에서는 궁극적으로 북한의 규격화 체계를 남한의 표준화 운영 시스템으로 흡수 통합하는 단계적 남북한 표준·규격화 통합방안을 제시한다. 제1절에서는 남북한 표준·규격화 이질화 현황을 제시하고 협력 경과 조명을 통해 남북한 표준·규격화 통합의 우선순위와 추진 방안을 모색한다. 제2절에서는 남북한 표준화 통합 전 교류협력 단계에서 필요한 통합 추진 거버넌스의 조직과 단계별 진행 방안을 제시하였다. 남북한 국가 표준·규격화 정보의 공유와 표준화 통합 환경 구축을 위한 남북한 공동연구 제안이 그것이다. 제3절에서는 남북한 표준화 통합 프로세스로 통일 전 초기 단계에서 세계 3대 국제표준화기구 즉, ISO, IEC, ITU의 개발도상국 지원 프로그램을 통한 남북한 국제표준화 지원 및 협력 방안을 제시한다. 전문 프로그램을 통한 남한의 북한 국제표준화 환경 구축 지원, 통일 후 사회통합 단계에서의 국내 표준화 관련 기관의 전문가 양성 교육 지원 방안을 제시하고 남북한 상호인증 체계 통일 기반 구축 방안도 제안한다.

제8장에서는 바로 지금 남북한 표준화 협력을 통해 통합 프로세스를 추진해야 할 필요성을 세 가지로 정리해 결론으로 제시한다. 첫째, 남북한 표준·규격화 협력은

통일 전 남북 경제협력 재개의 동력으로 작용할 수 있다. 남북의 경제협력은 양측의 경제 활성화에 도움을 줄 뿐 아니라 통일을 앞당기는 중요한 역할을 한다. 둘째, 표준·규격화 교류 협력의 지속은 통일 과정에서 통일비용 절감이라는 유효한 결과를 가져온다. 셋째, 남북한 표준·규격화 통합 프로세스 추진은 통일 후 남북 경제 통합에 필요한 기간을 단축해 사회 안정화를 앞당기고 통일한국의 국제표준화 경쟁력 제고를 담보하게 될 것이다.

본서는 북한의 기관·단체·인명 등 고유명사는 북한 표기를 따랐음을 밝혀둔다. 여기에는 언론 매체와 공장, 기업소의 명칭도 포함된다. 또한, 북한의 시대어는 북한의 일면을 보여주는 부분이므로 북한에서 사용하는 대로 표기하였다. 최고지도자의 교시 또는 선전 구호, 표어, 사업 명칭, 브랜드, 제품명 등도 북한 표기 방식을 따랐다. 최고지도자의 교시 등 직접 인용한 부분은 문법과 표현 등 매체의 기록을 그대로 옮겨왔다.

본서의 집필은 지난 30년간의 북한경제와 산업표준 연구라는 2대 연구의 종합적인 결과다. 북한 표준·규격화 연구는 어느 한 분야만의 연구로는 완성되지 않는다. 자료 확보에 큰 지원을 아끼지 않으신 한국과학기술정보연구원의 최현규 박사님, 자료 정리와 분석에 혼신의 힘을 쏟은 고려대 통일융합연구원의 조정연 박사에게 감사의 말씀을 전한다. 또한, 미국에 거주하시면서도 더 나은 한반도를 소망하며 본서를 해란연구총서로 발행하도록 큰 도움을 주신 고려대학교 의과대학 김해란 선배님, 고려대 통일보건의료 연구를 이끌고 계신 김영훈 전 고려대학교 의료원장님, 김신곤 의과대학 교수님께도 심심한 사의를 표하고자 한다.

본서는 고려대학교 통일융합연구원 해란연구총서 시리즈의 서막을 올린다는 측면에서 막대한 책임감을 느낀다. 마지막으로 연구총서를 발간해주신 박영사 안종만 회장님과 김한유, 한두희 과장 등 편집진에게도 고마움을 전한다.

2023년 겨울 고려대학교 통일융합연구원에서

남성욱

CONTENTS

CONTENTS

제1장

남북한 표준화,
무엇이 문제인가?

제1장

남북한 표준화,
무엇이 문제인가?

1 남북한 표준 · 규격화 연구의 필요성

산업 활동에는 일정한 기준이 있다. 공적으로 정해진 기준에 따라 물자와 시설을 설계하고 제조한다. 단일 기준의 확정은 경제활동 참가자들의 시간과 비용을 절감하고 궁극적으로 효율성을 높인다. 산업표준 제도의 시행은 자본주의는 물론 사회주의에서도 엄격하게 시행된다. 분단 78년 동안 남북한의 표준·규격화는 이질화가 심화하였다. 남한은 시장경제 체제 속에서,[1] 북한은 중앙집권형 계획경제 체제 하에서[2] 각각 상이한 표준·규격화 체계를 운용해왔다.

대한민국은 경제발전을 준비하면서 국제표준화의 중요성을 일찍부터 인식하고 표준화 제도의 정책에 주력하였다. 표준화 제도의 시행을 위한 입법을 추진하였으며 특히 수출을 통한 경제발전에 주력한 만큼 국제표준을 수용하는 데도 집중하였다. 1961년 「산업표준화법」의 제정과 함께 국가표준제도를 시행해 온 남한은 국제표준

---

1 「대한민국 헌법」 제119조 1항. 대한민국의 경제 질서는 개인과 기업의 경제상의 자유와 창의를 존중함을 기본으로 한다. 2항. 국가는 균형 있는 국민경제의 성장 및 안정과 적정한 소득의 분배를 유지하고, 시장의 지배와 경제력의 남용을 방지하며, 경제 주체 간의 조화를 통한 경제의 민주화를 위하여 경제에 관한 규제와 조정을 할 수 있다.

2 János Kornai, *The Socialist System: The Political Economy of Communism* (New Jersey: Princeton University Press, 1992), pp. 4-7, 20, 369.

화 활동에도 적극적으로 참여하여 세계 7위 표준강국에 근접하였다.[3]

반면 북한은 1950년 국제단위계(SI, The International System of Units)[4]를 도입하고 남한과 같은 시기에 국제표준화 활동을 시작하였으나 국제표준 부합률은 매우 낮은 실정이다. 경제활동의 폐쇄주의 및 사회주의 계획경제 정책 기조에 집착하면서 사회주의 국가 간에 제한된 무역이나 교류에 그치고 국제사회의 보편적인 산업 규범을 수용하는 데 소극적이었던 결과다.

남북한 표준·규격화 이질화와 국제표준화와의 격차 방치는 통일 전 남북한 경제협력의 접근과 효율성 저해, 통일 과정에서 표준·규격화의 통합 비용 증가, 통일한 국의 사회통합 기간 지연 등의 부정적 요인으로 작용하게 될 것이 자명하다. 북한의 표준·규격화 현황을 체계적으로 조사하고 분단시대 동서독과 유럽연합의 표준화 통합사례를 비교 검토하는 한편 남북한 표준·규격화 협력 및 통합 연구의 분석을 통해 실행 가능한 남북한 표준·규격화 통합방안을 모색하는 연구가 필요하다.

남한은 「헌법」 제127조 2항[5]에 '국가표준제도의 확립'을 국가의 중요한 임무로 선언하고 「국가표준기본법」을 제정해 효율적인 표준화 추진을 위한 기본사항을 규정하였다. 정부는 「국가표준기본법」 제7조에 따라 2001년부터 5년 단위로 제1차 국가표준체계 기반 조성, 제2차 국제표준 부합화, 제3차 우리 기술의 국제표준화 활동 본격화, 제4차 국가표준체계 고도화에 이르는 국가표준기본계획을 이행하였다. 2021~2025년 기간에는 혁신 주도형 표준화 체계를 확립하고 세계시장 선점, 기업 혁신 지원, 국민의 행복한 삶을 위한 표준화를 중점 과제로 제5차 국가표준기본계획을 추진하고 있다.[6]

남한의 국제표준 부합률은 2021년 12월 31일 기준 98.8%에 달한다.[7] 남한은 국

---

3   국가표준인증통합정보시스템, https://standard.go.kr/KSCI/portalindex.do (검색일: 2022년 4월 19일).

4   1875년 5월 국제적으로 미터협약이 체결되면서 국제 공통으로 사용하는 단위제도 즉, 미터법이 완성되었다. 미터법은 오늘날의 국제단위계(SI)로 발전하였으며 각 단위(기호, 명칭)는 시간(s, 초), 길이(m, 미터), 광도(cd, 칸델라), 질량(kg, 킬로그램), 전류(A, 암페어), 온도(K, 켈빈), 물질의 양(mol, 몰)이다. 출처: 한국표준과학연구원, 「단위를 알면 세상이 보인다」 (대전: 한국표준과학연구원, 2009), pp. 38-40.

5   「대한민국 헌법」 제127조 2항 "국가는 국가표준제도를 확립한다."

6   국가기술표준원, 「2021 국가표준백서」 (음성: 국가기술표준원, 2022), p. 42.

7   위의 글, p. 38.

제표준을 수용하고 국내외 표준을 통합하는 데 주력하여 큰 성과를 거두었다. 특히 남한의 과학기술이 발전함에 따라 우리가 개발한 기술에 기반한 표준을 국제사회에 적극적으로 제안하였다. 그 결과 2010년 10월 미국 시애틀에서 개최된 제74차 국제전기기술위원회[8]에서 IT 산업분야 국제표준 제안 1위 국가에 올랐다.[9] 또한, 2021년에는 세계 3대 국제표준화기구(ISO·IEC·ITU)에 제안한 표준특허(SEP, Standard Essential Patent) 누적 건수 부문에서 3,344건(23.5%)의 기록으로 세계 1위를 기록하였다.[10]

국제표준화기구(ISO)[11] 활동에 있어서는 1963년 가입 이후 20년 이상 7회에 걸쳐 이사국으로 진출하였고 2022년에는 기술관리이사회 이사국으로 재선출되었다. 2022년 9월 22일 아랍에미리트(UAE) 아부다비에서 개최된 제44차 ISO 총회에서는 한국의 조성환 현대모비스 대표이사가 차기(2024~2025년) ISO 회장에 당선되었다.[12]

---

8 국제전기기술위원회(IEC, International Electronical Commission)는 전기전자 분야 표준화 제반 현안과 관련 사항에 관한 국제 협력 촉진을 목적으로 1906년 설립된 국제위원회이다. 현재 IEC에는 정회원 62개국, 준회원 26개국 등 총 88개 회원국이 활동하고 있으며 86개의 개도국 프로그램 회원국을 포함하면 회원국 수는 총 174개가 된다. 출처: 위의 글, p. 58.

9 2010년 10월 4일~17일 미국 시애틀에서 개최된 제74차 국제전기기술위원회는 "대한민국이 지난 1년간 국제표준 제안 건수 24건으로 세계 제1위"임을 공식 발표하였다. 국제전기기술위원회 총회에서는 사무총장이 국가별 국제표준 제안 수를 발표하는데 이 순위는 세계 전기전자표준 분야의 세계시장 점유 순위를 판단하고 리더 국가임을 결정하는 핵심 지표이다. 출처: 국가기술표준원, "IT 산업 분야 표준, 세계 1위 쾌거 작년 세계 제2위 이어 10년 만에 정상 탈환," 「산업일보」, 2010년 10월 24일, https://www.kidd.co.kr/news/134237 (검색일: 2022년 5월 9일).

10 "한국, 표준특허 세계 1위, 미국도 제쳤다," 「파이낸셜뉴스」, 2021년 5월 9일, https://www.fnnews.com/news/202105091749363615 (검색일: 2022년 4월 20일).

11 국제표준화기구(ISO, International Organization for Standardization)는 전기전자 이외에 기술, 물품 및 용역에 관한 모든 분야에서 국제적으로 통용되는 표준과 적합성 평가 기준을 작성하고 학문적·기술적·경제적 분야에서의 협력을 증진하여 세계표준화와 관련된 활동을 발전, 촉진시키기 위하여 1947년 설립되었다. ISO는 2021년 12월 기준 정회원 124개국, 준회원 39개국, 구독회원 4개국으로 총 167개 회원국이 참여하고 있다. 출처: 국가기술표준원, 앞의 책, p. 58.

12 조성환 대표는 국제 표준화에 대한 깊은 이해와 탁월한 경영 성과로 확인된 리더십 능력 등을 인정받아 중국 후보와의 치열한 경합에서 승리했다. ISO는 세계 최대 규모의 표준기구다. 1947년 설립돼 자동차·조선·원자력 등 일반 산업 분야의 국제표준을 개발하고 있다. 회원국은 167개국에 달한다. 회장은 총회와 이사회 의장으로 의사 결정에 큰 영향력을 행사한다.
한국은 1963년 ISO에 가입했다. 우리나라가 ISO 회장직을 수임하게 됨에 따라 국제적으로 위상이 높아지게 됐다. 또한, 우리 기업의 국제표준화 활동 확대를 통해 한국의 국제표준 기여도를 높일 수 있을 것으로 예상된다.
한국은 ISO기술위원회를 관리하는 기술관리이사회 이사국으로도 재선출됐다. 기술관리이사회는 ISO 기술위원회를 설립하고 의장·간사 등을 결정하기 때문에 중요한 정책위원회로 꼽힌다. 기술관리이사회 이사직은 문영준 한국교통연구원 센터장이 맡게 되며 2023년부터 오는 2025년까지 3년간 활동한다.

마침내 한국의 표준화 정책이 세계적으로 인정받게 된 것이다.

표 1-1 / ISO 일반현황

구분		ISO 일반현황
영문명칭		International Organization for Standardization(ISO)
설립연도		1947년
사무국 위치		스위스 제네바
총 예산		42,041,000CHF(한화 약 546억 원, 2022년)
회원국 규모 (2022년 6월)	총회원국수	167개국
	정회원국	124개국
	준회원국	39개국
	통신회원국	4개국
총 규격 수(2022년 6월)		24,335종
2021년 1년간 제·개정 수		1,619종
TC/SC 구성현황 (2021년)	총계	3,751개
	TC	255개
	SC	503개

출처: 전자신문. 2022년 10월 24일. https://www.etnews.com/20221024000209

표 1-2 / ISO 內 한국 참여현황

구분	한국의 참여현황
가입시기	1963년 6월
2022년 분담금 납부	551,650CHF(한화 약 7억 2천만 원) 세계 10위
주요 정책위원회 참여	ISO Council(이사회) 7회
	ISO TMB(기술관리이사회) 4회
	ISO / COPOLCO 의장 (2006-2009)

규격 제정 활동 참여 (2022년 5월)	T Member 수	576개
	TC/SC 간사수	19
	TC/SC 의장수	22
	WG 컨비너수	134
	국제표준 제안	최근 5년간 316건 (2017-2021)

출처: 전자신문. 2022년 10월 24일. https://www.etnews.com/20221024000209

    북한은 1950년 국제단위계(SI)를 도입하고 1975년에는 모든 법정 계량에 이를 적용하였다. 1963년에는 ISO와 IEC에 가입하는 등 국제표준화 활동에 단계적으로 나섰다. 1997년에는 「규격법」을 제정하여 산업 전반에 규격보급사업을 강화하고 제정된 규격을 정확히 적용하여 품질을 개선하며 생산성을 향상할 수 있도록 노력하였다.[13] 그러나 국내적으로는 규격화 사업의 추진 성과를 강화하고 선전하는 동안 대외적으로는 1990년대 중반 경제난으로 국제표준기구 국가별 분담금 미납에 따른 IEC 회원 자격 상실과 준회원 자격 재가입,[14] COOMET(유라시아국가계량기구연합, Euro-Asian Cooperation of National Metrological Institutions)의 장기적인 미활동에 따른 회원 자격 박탈[15] 등 국제표준화 무대에서 활동은 상대적으로 부진하였다.

    북한은 2015년 1만 6천여 종류의 국가규격을 수록한 "국가규격 목록"[16]을 전자 매체로 발행하였다. 북한의 2015판 국가규격 목록은 매우 다양한 분야를 포괄하였다. 2015년 재발행된 북한의 국가규격 목록을 분석한 국내 연구진은 북한의 국제표준 부합률이 8.6%로 2004년 공개된 국가표준 목록의 6.8%보다 다소 상향되었다

---

13   「조선민주주의인민공화국 규격법」 제3조 (규격의 제정원칙) 규격의 제정은 사회생활의 편리를 보장하기 위한 기준, 생산과 경영활동의 합리적 기준을 정하는 중요한 사업이다. 국가는 과학기술 발전 수준과 현실의 요구에 맞게 제품의 질을 높이고 원가를 낮추며 노동 생산 능률을 높이는 것을 비롯하여 사회경제적 효과성을 최대로 낼 수 있게 규격을 제정하도록 한다.

14   북한은 1963년 가입하였으나 1994년 국가 분담금 미납으로 회원자격을 상실한 IEC에 2002년 분담금 약 2,500만 원, 국제규격(안)에 대한 투표권 없이 관련 문서만 받아 볼 수 있는 준회원으로 가입하였다. 출처: 통일부 북한정보포탈 주간북한동향 제591호.

15   "In 2021 the following changes in the COOMET membership have taken place: 26.10.2021 the COOMET Committee made the following decisions: It was decided by a vote to exclude DPR of Korea from COOMET members(owing to absence of feedback during a long time period)" 출처: COOMET Report to the APMP General Assembly meeting, 25 November 2021.

16   조선민주주의인민공화국 국가품질감독국 국가규격제정연구소는 2015년, 동년 4월까지 제정된 국가규격 16,285종을 수록한 "국가규격 목록"을 발행하였다.

고 발표하였다.[17] 국제표준의 도입률이 가장 높은 북한의 국가규격(KPS) 분야는 ICT 분야로 2015년 기준 국제표준 도입률이 32.5%다. 그러나 분석 결과 국제표준 가운데 71%만이 국제표준에 부합하였다. 북한의 71%는 남한의 ICT 분야 국제표준 부합률 100% 수준과는 여전히 큰 차이를 보인다. 2015년 북한 ICT 분야 국가규격(KPS, Korea People's Standards, 이하 KPS)과 현행 남한 국가표준(KS, Korean Industrial Standards, 이하 KS) 간 이질화 실태를 비교·분석하여 정량화한 연구 결과에서는 남북한의 표준이 일치한 비율이 15%에 그쳐 향후 통합할 표준이 적지 않은 것으로 나타났다.[18]

국제무역에 있어 표준은 시장의 규범을 규정하는 한편 국제표준화의 선점이 곧 시장의 선점을 의미한다. 남한의 국제표준화 부합률 98.8%의 수준은 남한 표준의 대부분이 국제표준이라는 점을 의미한다. 이는 북한 규격화 운용 방식의 남한 표준화 운영 시스템으로의 통합 및 흡수가 남북한 표준·규격화 통합의 가장 바람직한 방안임을 시사한다. 하지만 남북한의 정치적 대립은 표준통합이 용이하지 않은 과제임을 상징한다.

따라서 국제표준화기구의 표준통합 관련 사업을 통한 남한의 북한 표준화 지원, 남북한 표준·규격화 교류 협력, 국제표준화 기준의 남북한 표준·규격화 통합에 이르는 단계적인 방안을 검토하는 것이 합리적이다.

남북한 표준·규격화의 이질화 및 국제표준화 격차를 해소할 통합 연구의 필요성은 세 가지로 요약할 수 있다. 남북한 표준·규격화 통합은 통일 전 남북한 표준·규격화 교류 협력 형태로서 남북 경협의 재개와 이를 통한 북한의 산업 발전, 경제 활성화의 동력이 된다. 둘째, 남북한 표준·규격화 통합의 정책적 이행은 통일 과정에서 표준통일 비용 절감 효과를 만들어 낼 수 있다. 마지막으로 남북한 표준·규격화 통합은 통일한국의 사회 안정화 기간을 단축하여 사회통합에도 긍정적인 요소로 작용하게 될 것이기 때문이다.

---

17   현성은·이승윤, "제4차 산업혁명시대의 남북한 ICT 표준협력 추진방안," 「표준인증안전학회지」 제9권 제4호 (2019), pp. 31-44.

18   김서경·류광기, "남북한 ICT 분야 국가표준의 비교·분석 연구," 「차세대융합기술학회논문집」 제5권 제2호 (2021), pp. 176-181.

2 남북한 표준통합 연구의 중요성

본서는 남북한의 표준화 및 규격화 정책과 법제, 운용 체계, 사업 추진 현황을 조사하고 독일과 유럽연합의 표준화 통합 사례 연구를 통하여 남북한 적용에의 시사점을 고찰하고자 한다. 그리고 북한의 KPS 현황 분석 결과를 참고하여 남한의 KS와 북한의 KPS를 통합하기 위한 토대를 구축하여 단기간에 남북한 표준·규격화 통합 방안을 도출하는 데 목적을 둔다.

이러한 목적을 위하여 먼저 남북한의 표준·규격화 정책, 법제, 운용 체계의 변화와 사업추진 현황을 조사하고 비교·분석한다. 남북한 표준·규격화 운영시스템의 상이함을 정확히 파악하고 각각의 국제표준화 역량을 확인하는 것은 표준·규격화 교류 협력에서 통합에 이르기까지 실제적인 적용과 지속이 담보되는 방안을 설계하는 데 중요한 기초가 된다. 현재 남북 관계와 국제사회에서 북한의 입지를 고려하여 선택될 국제표준화기구를 통한 남북한 표준화 교류 협력 방안 도출을 위하여 주요 국제표준화기구 현황조사도 이루어진다.

남북한 표준·규격화 통합방안이 설계되면 통합 추진 세부 사항으로 국제표준화기구를 통한 남한의 북한 표준화 지원과 남북한 표준화 교류가 우선적인 과제로 지목된다. 이에 따른 남북한 표준화 협력은 통일 전 양측 간 경제협력의 동력으로 작용하게 될 것이다. 남북 경제협력은 북한이 국내 자원을 개발하고 침체한 경제를 일으켜 내수 진작은 물론 대외 무역을 재개하고 빈곤을 해소할 수 있는 통일의 첫걸음이라 할 수 있다. 이를 통하여 남북한은 공히 경제 활성화라는 직접적인 결과와 함께 상호 간에 관계 개선이라는 비경제적 긍정적인 효과도 얻을 수 있다.[19]

그동안 남북한의 상이한 표준·규격화 운용 체계는 개성공단을 비롯한 남북 경제협력 과정에서 생산과 거래 비용의 증가와 함께 기술 보급 및 활용의 한계, 연구개발의 중복 투자 등과 같은 다양한 문제를 일으켜 왔다. 실제 개성공단 참여 기업의

---

19 탁용달, "남북경협이 반드시 필요한 이유," 「프레시안」, 2019년 11월 21일, https://www.pressian.com/pages/articles/225720 (검색일: 2022년 4월 22일).

70%가 원자재의 기호와 표기, 용어 등 산업표준의 불일치로 사업추진의 어려움을
겪은 것으로 조사되었다.[20] 표준화 통합이 선행되어야 경제협력의 시너지 효과가 나
타날 것을 시사하는 대목이다. 남북한 표준화 협력이 바탕이 될 때 경제협력의 효율
성은 배가될 것이다. 향후 북한 비핵화가 진행되면서 추진될 남북경협은 남북한 표
준·규격화 통합 세부 사항들을 우선 적용하여 실제 추진 가능 여부를 점검하고 실효
에 맞게 수정·보완할 기회를 제공할 것이다.

　　남북한의 국제표준화 수준에 대한 격차 분석 결과는 통일 과정에서 지출될 표
준·규격화 통합 비용 규모 예측에 도움이 될 수 있다. 2019년 5월 15일 워싱턴에서
열린 카네기국제평화기금(CEIP, Carnegie Endowment for International Peace) 토론회
에 참석한 미국 피터슨국제경제연구소(PIIE, The Peterson Institute for International
Economics) 마커스 놀랜드(Marcus Noland) 부소장은 한반도 통일비용이 당시 한국의
연간 GDP에 버금가는 1조 달러에 이를 것으로 전망하였다.[21] 남북한 통일비용에 관
하여서는 통일 시점과 누계 기간에 따라 연구기관마다 다양하게 추산되고 있으나 이
가운데 비표준화로 인한 비용은 대략 8~17%로 추정되고 있다.[22]

　　독일의 경우 분단 후 베를린장벽 설치 이전 기간에 해당하는 1945~1961년 사
이 동서독의 표준화 활동에 있어 통일과 협력관계가 유지되었다. 베를린 장벽 설치
이후 양국의 표준화 교류가 중단되었으나 1988년 9월 '프라하 협정'이 체결되어 교
류 협력이 재개되었다. 1989년 10월에는 독일통일보다 한 달 앞서 표준화와 인증
분야의 공동협력을 위한 협정 즉, '표준화와 인증 분야 공동협력 협정'이 체결되었
다.[23] 이로써 표준 관련 문서 교환 및 표준화 활동 정보교환, 품질검사와 인증의 상
호 인정 전제 조건이 마련되었다. 이러한 노력이 있었음에도 독일통일 과정에서 표
준화 통합 비용 부담은 상당한 수준에 달하였다. 독일연방건설교통부는 1991년부터
2003년까지 소요된 독일의 통일비용[24] 추계가 2조 4,550유로에 달하며 이 가운데

20　국가기술표준원, 「남북 산업표준화 실태조사」 (세종: 산업통상자원부, 2021).

21　카네기국제평화기금, https://carnegieendowment.org/publications/ (검색일: 2022년 4월 30일).

22　한국표준협회, 「남북 산업표준 비교분석 및 통일방안 연구」 (서울: 한국표준협회 북한표준연구소, 2001).

23　박정관, 「독일 표준 통합 사례 및 우리의 대응 전략」 (서울: 북한과학기술네트워크, 2005).

24　독일의 경우 통일비용이란 '통일 후 일정 기간 이내에 동독지역의 경제력이나 동독 주민의 1인당 국민소득을

약 10%가 표준화 통일비용으로 소요되었다고 발표하였다.[25]

분단 이후 오랜 기간 표준화 교류가 미미하고 수준 격차가 심한 남북한의 현실은 통일에 있어 표준화 통합 비용이 독일의 그것보다 훨씬 더 큰 부담이 될 것임은 합리적인 예측이다. 이 연구를 통한 남북한 표준·규격화 통합방안 마련과 그에 따른 조속한 표준화 교류 협력 및 통합사업 추진은 실제 통일 과정에서 표준화 통합 비용 절감 효과로 작용하게 될 것이다.

연구 목적 실현을 위해 독일과 유럽연합(EU, European Union, 이하 EU)의 표준화 통합 과정과 효과를 조사 분석하였다. 이는 표준화 통합의 배경과 방법이 달랐던 두 사례를 통해 전략적 시사점을 찾아내 방법과 절차 등을 남북한 표준·규격화 통합방안에 적용하기 위해서다. 표준은 국가 경제성장의 핵심 기반이며 사회통합의 동력으로서 사회·경제적 효율화를 촉진하고 국가 산업 전 분야에 적용되어 국민의 삶을 규정하며 보이지 않는 사회통합의 역할을 한다. 국제표준의 부합화는 국가 간 상호 인정을 촉진하고 무역 활성화와 사회·경제 통합에 기여한다. EU가 새로운 접근 전략(New Approach)으로 단일표준화 제도를 규율하고 회원국을 하나로 통합한 것이 그 예이다. 유럽연합의 표준화 통합 과정 고찰은 남북한 표준·규격화 통합에의 적용 시사점을 도출하는 데 유용할 수 있다.

통일의 초석이 될 남북한 표준·규격화 통합방안에 대한 합리적인 설계가 필요하다. 본서의 연구 결과들은 북한의 규격화 운용 체계를 궁극적으로는 국제표준화를 준용하고 있는 남한 표준화 시스템에 통합 운영하는 방향으로 표준·규격화 통합방안을 마련해야 할 필요성을 부연하는 데 합리적인 근거가 되어줄 것이다. 물론 실제 표준화 통합의 과정에 있어서는 방법적인 문제로 국제표준화기구를 통한 남북한의 상호협력과 교류라는 대안의 선택이 불가피하다는 것을 전제로 한다.

2013년 산업연구원은 "표준은 매년 대한민국 GDP의 0.8%p를 창출한다"라는 연구 결과를 발표[26]하였다. 2014년 ISO의 "표준화가 매출의 0.06~33%까지 기여한

서독 수준으로 제고하는데 지출해야 하는 동독지역으로의 재정이전 지출액'으로 정의된다. 출처: 김창권, "독일 통일비용 15년 평가와 시사점," 「통일경제」 제86호(2005), p. 68.

25 이승현·김갑식, 「한반도 통일비용의 쟁점과 과제」 (서울: 국가안보전략연구원, 2011), pp. 163-206.

26 국가기술표준원, 「2019 국가기술표준백서」 (음성: 국가기술표준원, 2020), p. 41.

다"는 연구 결과[27]와 2015년 영국표준협회(BSI, British Standard Institute, 이하 BSI)의 "표준이 GDP 성장률의 약 28.4% 정도에 기여한다"라는 연구 결과[28]는 산업연구원 발표에 대한 신뢰를 뒷받침한다.

1999년 경제협력개발기구(OECD, Organization for Economic Cooperation and Development)는 보고서를 통하여 "전 세계 무역량의 80%가 국제표준의 영향 아래서 유통되고 있다"는 연구 결과를 발표하였다.[29] 그로부터 23년이 지난 2022년, 미국표준협회(ANSI, American National Standard Institute, 이하 ANSI)[30]는 "표준과 기술 규제가 세계 무역의 93%에 영향력을 미치고 있다"라고 발표하고 "전 세계적인 표준의 부합화는 업무 효율을 높이고 시장을 개방하며, 소비자의 신뢰를 높이고 비용 절감에도 도움이 된다"라고 밝혔다.[31]

3 선행연구 검토

북한 표준·규격화 실태조사 분석에는 지속적인 연구의 한계가 존재한다. 북한 당국이 정책적으로 국가규격의 문헌의 대외 반출을 금지[32]하고 있어 필요한 자료의 접근이 어렵고 분단 이후 표준·규격화 분야의 남북한 간 실제적 교류 협력이 거의 이루어지지 않아 북한의 KPS 실태조사에 어려움이 적지 않다. 이외에 국제사회의 대북 제재로 인한 북한의 고립은 북한 표준·규격 분야의 적극적인 학술적 접근을 어

---

27 한국표준협회, 「중소중견기업 국제표준화 정책 및 국제표준화 추진사례 조사 분석」 (대전: 한국표준협회, 2018), p. 18.

28 산업통상자원부, 「통상」, "총성 없는 국제표준화 전쟁, 세계시장을 선점하기 위한 과제와 전망," (세종; 산업통상자원부, 2022). pp. 14-19.

29 유동주, "국제표준을 위한 소리 없는 전쟁," 「나라경제」 2008년 7월호 (세종: KDI, 2008), pp. 44-45.

30 미국표준협회는 1918년에 설립되었으며 미국의 자발적 표준 및 적합성 평가시스템을 관리하고 조정하는 민간 비영리단체이다.

31 미국표준협회, https://www.ansi.org/about/introduction (검색일: 2022년 5월 5일).

32 「조선민주주의인민공화국 규격법」 제4장 제34조(규격의 대외반출) 해당 기관, 기업소, 단체는 우리나라 규격을 출판물로 다른 나라에 내보려 할 경우 중앙규격지도기관과 해당 기관의 승인을 받아야 한다.

렵게 하고 있다.

　　1992년 국제기구의 요청으로 국제간 통신에서 쓰이는 한글의 로마자 표기에 관한 남북한 단일안이 확정되자 통일을 대비한 남북한 산업표준이 필요하다[33]는 논의가 본격적으로 시작되었다. 2000년 6월 13일부터 3일간 평양에서 김대중 대통령과 김정일 국방위원장 간의 남북정상회담이 이루어지고 그 결과로 6·15 남북공동선언이 발표되었다. 윤덕균은 정치적인 통일 이전에 남북한 산업표준 통일이 먼저 이루어져야 한다고 강조하였다.[34] 동년 10월에 남북한 산업표준 통일을 위한 대응책을 발표한 윤덕균은 남북한 산업표준의 상호 교환·인지·협의·인증 단계를 거쳐 산업표준 통일 단계에 이르는 5단계 방안을 제시하였다. 남북 공동연구 과정을 거쳐 새로이 제정되는 남북한 표준의 모법을 국제표준으로 합의, 남북한 교역 활성화를 위한 남북 산업표준 동질화 확보 후 상호 인증 협의를 통해 남북한 산업표준 통일을 이끈다[35]는 시나리오는 심화된 연구[36] 과정을 거치며 이어진 해당 분야 연구에 영향을 주었다.

　　홍윤표는 남북한 국어 정보화 표준화 과제를 제시하였다. 남북한 공동의 국어 정보화 실현이 다른 어느 분야보다 시급하고 절실하다고 전제한 홍윤표의 연구는 남북한 간 국어 정보처리 방법에 차이가 발생한다면 비록 정보 전달 매체로서 동일한 언어와 문자인 한국어와 한글을 사용하고 있지만 전산망을 통한 남북 간의 직접적인 정보교환은 전면적으로 차단된다고 지적하였다. 홍윤표는 남북한이 문제가 되는 문자의 명칭, 자모 배열순서, 자모의 명칭, 자모의 모양(자형)을 통일하여야 국제표준기구에 등록할 수 있다고 주장하였다.[37]

　　박지연과 김용필은 남북한의 의류 산업표준을 비교하고 차이점을 지적하였다.

33　윤덕균, "남북한 산업표준화 시급," 「동아일보」, 1996년 4월 25일, https://www.donga.com/archive/newslibrary/view?ymd=19960425 (검색일: 2022년 5월 14일).

34　윤덕균, "통일을 대비한 남북한 산업표준 통일화 과제," 「산업경영시스템학회지」 제23권 제57집(2000), pp. 103-112.

35　윤덕균, "남북한 산업 표준화 협력 방안," 「통일경제」 10월 통권 70호(2000), pp. 50-66.

36　윤덕균, "남북한 산업표준 통일 전략," 「북한과학기술연구」 제4집 (2006), pp. 93-108.

37　홍윤표, "남북한 국어정보화 표준화를 위한 과제," 「한국정보과학회 언어공학연구회 학술발표 논문집」 (2001), pp. 1-13.

남북의 산업 동질성 확보를 위한 산업표준의 통일화를 주장한 이들의 연구는 남북한의 기본적인 의류 용어, 신체 치수 측정, 호수표식 방법의 통일을 제안하였다.[38] 김용필과 박지연의 연구는 남북한 표준 및 규격의 상이함을 일부 단순 비교한 것이었으나 향후 추진될 남북 경제협력에 반드시 필요한 제언이었다.

김용필·조장운은 남북한 정보통신 표준화의 경제성을 분석하였다.[39] 남북한 통신산업 분야 표준화 통합이 시스템 통합효과를 기대할 수 있다고 전제한 이 연구는 생산량과 운영비용의 관계를 학습곡선을 응용하여 규모의 경제가 얼마만큼 될 것인지를 화폐가치로 전환해 정량화하였다. 이들의 연구는 시스템 통합으로 인한 효과를 정량적으로 제시하여 표준화 통합의 필요성을 주장하였다는 데 의미가 깊다.

류길홍은 독일의 표준 통합사례를 연구하고 이를 근거로 남북 표준통합 문제를 남북경협 및 다른 교류사업의 선행 과제로 보았다. 당시 한국표준협회에 재직하였던 류길홍은 남북 표준협력 현황을 당국자 간 협력, 민간 학술대회를 통한 협력, 국제회의에서 한글 로마자 표기법 협력 등으로 나누어 소개하였다. 류길홍의 연구는 남북의 협의를 통해 새로 제정하는 국가표준을 ISO 등 국제표준을 기본으로 하자는 것으로 윤덕균의 주장과 대동소이하였다. 그러나 남북 표준협력 채널을 '정부 채널'과 '민간 채널'로 구분하여 이중 장치를 마련하고 민·관의 협조와 역할 분담으로 협력관계의 안정화를 제시한 것은 새로운 모색이었다.[40]

같은 시기 박정관도 독일표준협회(DIN, Deusches Institut für Normung, 이하 DIN)를 중심으로 이루어낸 표준 통합사례를 연구하고 남북한 표준통일을 위한 협력 방안을 제시하였다. 박정관의 연구는 류길홍이 제시한 방안과 달리 국가표준화 업무 창구를 일원화하고 남북 표준협력 업무 범위와 협력 대상을 명확히 할 것을 요구하였다.[41]

이한구는 분단 이후 남북한의 건축 모듈 변천 과정을 비교하고 모듈 관련 규격

---

38 박지연·김용필·윤덕균, "남·북한 의류 산업표준에 관한 비교 연구," 「2002년 한국산업경영시스템학회 추계 국제학술대회 자료집」(2002), pp. 443-449.

39 김용필·조장운·윤덕균, "시스템 통합효과: 남북한 정보통신 표준화의 경제성 분석," 「2003년 한국산업경영 시스템학회 추계국제학술대회 자료집」(2003).

40 류길홍, "독일 표준통합사례의 시사점과 향후 남북 표준 통합 방향," 「북한과학기술연구」 제3집(2005), pp. 171-184.

41 박정관, 「독일 표준 통합 사례 및 우리의 대응 전략」(서울: 북한과학기술네트워크, 2005).

및 자재와 설계기준을 분석하였다. 이한구의 연구 결과는 북한 건축물의 주요 자재 및 구성품을 표준화 하는데 있어 현실적인 제한이 있음을 보여주었다.[42]

임칠성은 북한의 문헌과 영상을 통해 호칭과 지칭을 중심으로 북한의 화법을 분석하고 남북 화법 표준화를 위한 방안을 제시하였다.[43] 최성은 남북한 정보통신기술(ICT, Information and Communication Technologies, 이하 ICT) 표준화 연구를 통해 북한의 ICT 분야 국가규격을 분석하고 ICT 표준화의 정책적 대안을 제시하였다. 최성은 또 독일의 사례를 분석하여 남북한 정보통신표준 교류 협력 방안을 발표하기도 하였다. 그는 연구를 통해 분야별 기술 표준화의 교류 협력 및 한반도표준화교류협력센터의 설립을 주장하였다.[44]

정병기는 이희진과의 공동연구에서 동서독의 표준통일 과정을 조사하였으며 이진랑과의 공동연구에서는 북한의 표준 및 규격화 분야 주요 원전인 「계량 및 규격화」[45]를 중심으로 북한의 국제표준화 활동과 전략을 분석하였다. 이들의 연구는 남북한 주요 산업 분야의 우선적 표준협력 강화, 민간 차원의 표준협력 활성화, 국제표준화기구 및 제3국을 통한 표준협력 강화를 남북 표준 통합의 3대 과제로 제시하였다.[46]

기정훈은 중장기적이며 지속 가능한 협력적 거버넌스 모형을 기반으로 통일 대비 남북한 표준통일 방안을 제시하였다. 기정훈은 베를린장벽이 무너지기 직전인 1989년 10월 6일 동독표준화계량검사청(ASMW, Amt für Standardisierung, Meßwesen

---

42 이한구, 「남북한 건축(建築)모듈 비교분석 연구」(박사학위 논문, 인하대학교, 2000).

43 임칠성, "남북 화법 표준화를 위한 한 모색 −호칭과 지칭을 중심으로−," 「화법연구」 제15권 제37호(2009), pp. 37-64.

44 최성, "통일대비 남북한 정보통신기술(ICT) 표준화 정책연구," 「디지털융복합연구」 제9호 제6권(2011), pp. 113-123; "북한의 무선통신 기술 및 표준 현황 연구," 「한국어정보학」 제20권 제1호(2018), pp. 4-15.

45 「계량 및 규격화」는 북한의 표준·규격화 정책, 시론, 규격화 사업 전반에 관한 주제의 논문을 실어 발행한다. 2008년 제1호가 발간되었으며 연 4회 간행 빈도로 가장 최근의 발행은 2022년 제3호로 누계 제197호이다. 발행처는 평양에 소재지를 둔 과학백과사전출판사이다.

46 정병기·이희진, "동서독의 표준화 체계와 표준 통일 과정: 남북한 표준 협력에 대한 함의," 「한국정치연구」 제22집 제1호(2013), pp. 215-236.; 정병기·이진랑, "북한의 국제표준화 활동 및 전략: 계량 및 규격화를 중심으로," 「국가정책연구」 제28권 제3호(2014), pp. 181-207.; 정병기, "남북의 표준 및 표준화의 차이와 표준협력 과정 및 표준 통합의 방향과 전망," 「한국정치연구」 제25집 제1호(2016), pp. 1-22.

und Warenprüfung, 이하 ASMW)과 DIN이 '표준화와 인증 분야 공동협력 협정'을 체결한 사례를 인용하여 중국과 러시아와의 협력 표준체계 거버넌스를 제시하였다.[47]

남성욱은 남북한 산업 및 정보기술의 표준화를 위한 5단계 방안을 제시하였다. 남측의 표준화 추진 기관 설립 및 인적 구성, 남북한 실무 접촉 및 교류, 신기술 분야 표준 공동개발, 남북한 산업규격 동일화로 상호 평등한 인증 단계를 거쳐 남북한 동일 표준안을 적용한다는 제안이다. 남성욱의 연구는 로동신문 보도 분석을 통한 김정은 시대 북한 표준·규격화 특성 연구로 이어졌다.[48]

2000년 6·15 남북공동선언의 합의와 유사하게 2018년 개최된 남북정상회담은 남북한의 관계 개선과 교류협력에 대한 기대를 높였다. 이 시기 김남규는 북한 ICT 분야 전문 학술지 예시 분석과 용어 표준화를 통한 연구자 교류 활성화 방안을 제시하였다. 김남규는 남북한 ICT 분야 연구자들의 기술 개발 내용 공유와 통일 대비 일관된 기술 발전 도모를 위하여 북한의 ICT 분야 학술지의 분석과 학술지의 디지털화가 필요하다고 주장하였다. 이 연구에서는 학술지 교류 및 용어 제정을 위한 남북 간 합의 기구 설립과 절차 정례화, 남북한 학술지 및 표준 용어의 활용 방안이 제시되었다.[49]

현성은·이승윤은 북한의 ICT 정책과 현황을 조사하고 남북한 ICT 표준협력 추진방안을 제시하였다. 연구는 글로벌 신시장 창출과 ICT를 통한 국가 경쟁력 강화를 목표로 한 제4차 산업혁명 관련 북한 KPS의 국제표준화 부합화 지원이 필요하다고 주장하였다.[50] 오형근은 윤병율·이상규와 함께 남북한 규격 법제의 통합을 위하여 가칭 「남북한 규격법제 통합지원사업법」 제정과 남북한 규격 통합에 필요한 활동

---

47 기정훈, "통일시대 대비 남북한 표준 통일 방안 연구: 협력적 거버넌스 모형을 기반으로," 「국가정책연구」 제28권 제3호(2014), pp. 149-179.

48 남성욱, "북한의 표준·규격화 체계와 남북한 통합방안," 「입법과 정책」 제7권 제2호(2015), pp. 33-58; 남성욱·조정연·정다현, "A Study on the Characteristics of North Korea's Normalization and Standardization System in the Kim Jong-un Era: Focusing on the Reports of the Rodong Sinmun," Journal of Peace and Unification, 제12권 제2호(2022), pp. 105-129.

49 김남규, "북한 정보통신 분야 전문 학술지 예시 분석과 용어 표준화를 통한 연구자 교류 활성화 방안," 「정보과학회지」 제37권 제5호(2019), pp. 36-44.

50 현성은·이승윤, "제4차 산업혁명시대의 남북한 ICT 표준협력 추진방안," 「표준인증안전학회지」 제9권 제4호(2019), pp. 31-44.

을 안정적으로 지원하는 규격 분야 특별법 제정이 필요하다고 주장하였다.

최현규는 북한 뉴스 매체 분석을 통해 표준·규격 및 품질 제고 활동을 조사 분석하였다. 이 연구는 북한의 국제표준 사용 현황, 기업소의 표준 활용 현황과 규격화 활동 사례를 입체적으로 보여준다. 또한, 식품, 경공업, IT, 국방과학, 국가기관 산업 등 부문별로 품질 제고 활동 실태를 상세하게 분석하였다.[51]

이유진은 북한이 '2월2일 제품', '12월15일 품질메달' 등 자체 품질인증 제도와 5개 국제품질인증 즉, ISO 9001, ISO 14001, HACCP, GMP, IEC 제도[52]를 운용하고 있으며 이를 통해 생산품 품질 향상을 도모하고, 국제 기준에 부합하는 제품 개발에 노력을 기울이고 있다고 밝혔다.[53]

앞서 1991년 12월 남북고위급회담에서 타결된 '남북 기본합의서' 및 1992년 9월 발효된 남북 사이의 화해와 불가침 및 교류·협력에 관한 합의서[54]의 제3장 '남북 교류·협력의 이행과 준수를 위한 부속합의서'에서 산업표준의 교류에 관하여 "남과 북은 경제교류와 협력을 원활히 추진하기 위하여 공업규격을 비롯한 각종 자료를 서로 교환하며 교류협력 당사자가 준수하여야 할 자기 측의 해당 법규를 상대측에 통보한다"라고 당국자 간 합의하였다. 그러나 이후 남북한 표준·규격화 연구는 양적으로나 질적으로 크게 발전하지 못하였다.

---

51 최현규, 「북한의 뉴스매체에 나타난 표준·규격 및 품질 제고 활동」 (서울: 한국과학기술정보연구원, 2021).

52 ISO(International Organization for Standardization 국제표준화기구 품질·환경 관리체계 인증), HACCP(Hazard Analysis and Critical Control Point 식품·축산물 안전관리 인증기준), GMP(Good Manufacturing Practice 의약품제조관리 기준 인증), IEC(International Electronical Commission 국제전기기술위원회).

53 이유진, "북한의 품질인증제도 운영 현황," Weekly KDB Report 북한포커스, 2021년 8월 17일.

54 1991년 12월 13일 서울에서 개최된 〈제5차 남북고위급회담〉에서 화해 및 불가침, 교류협력 등에 관한 〈남북기합의서〉를 채택하였다. 그동안 5차례의 남북고위급회담과 13차례의 실무대표접촉을 통해 합의문이 완성되었고, 1992년 2월 19일 평양에서 열린 〈제6차 남북고위급회담〉에서 발효되었다. 합의서는 전문 외에 4장 25조항으로 구성되었다. 조약이 아님에 따라 법적인 구속력은 없었다.

표 1-3 / 분야별 남북한 표준화 관련 연구

분야	발행 연도	제목	연구자
정책	2000	통일을 대비한 남북한 산업표준 통일화 과제	윤덕균
	2000	남북한 산업 표준화 협력 방안	윤덕균
	2006	남북한 산업 표준 통일 전략	윤덕균
	2014	통일시대 대비 남북한 표준 통일 방안 연구: 협력적 거버넌스 모형을 기반으로	기정훈
	2015	북한의 표준·규격화 체계화 향후 남북한 통합방안 연구	남성욱
	2016	남북의 표준 및 표준화의 차이와 표준 협력 과정 및 표준 통합의 방향과 전망	정병기
ICT	2001	남북한 국어정보화 표준화를 위한 과제	홍윤표
	2004	시스템 통합효과: 남북한 정보통신 표준화의 경제성 분석	윤덕균
	2011	통일대비 남북한 정보통신기술(ICT) 표준화 정책연구	최성
	2018	북한의 무선통신 기술 및 표준 현황 연구	최성
	2019	제4차 산업혁명시대의 남북한 ICT 표준협력 추진방안	현성은 이승윤
	2019	북한 정보통신 분야 전문 학술지 예시 분석과 용어 표준화를 통한 연구자 교류 활성화 방안	김남규
	2021	남북한 ICT 분야 국가표준의 비교·분석 연구	김서경 류광기
건축	2000	남북한 건축(建築)모듈 비교분석 연구	이한구
의류	2002	남북한 의류 산업 표준에 관한 비교 연구	박지연 김용필
언어	2009	남북 화법 표준화를 위한 한 모색 -호칭과 지칭을 중심으로-	임칠성
법제	2021	북한 규격법제의 통합방안 연구	오형근 윤병율
국제 표준화	2014	북한의 국제표준화 활동 및 전략: 계량 및 규격화를 중심으로	이진랑 정병기

	2005	독일 표준통합사례의 시사점과 향후 남북 표준통합 방향	류길홍
독일사례연구	2005	독일 표준 통합 사례 및 우리의 대응 전략	박정관
	2007	독일의 표준정책과 독일표준협회의 표준화 활동: DIN의 조직구성과 표준화전략 및 국제표준전략을 중심으로	정병기
	2013	동서독의 표준화 체계와 표준 통일 과정: 남북한 표준 협력에 대한 함의	정병기 이희진
로동신문분석	2022	A Study on the Characteristics of North Korea's Normalization and Standardization System in the Kim Jong-un Era: Focusing on the Reports of the Rodong Sinmun	남성욱 조정연 정다현

초기 남북한 표준·규격화 연구는 북한 자료의 접근 제한 등으로 정부 주도로 시작되었다. 산업자원부(現. 산업통상자원부)의 지원으로 한국표준협회에서 「남북한 산업표준 용어 비교집」을 출간하고[55] 산업자원부와 국가정보원의 자료 공개로 대외경제정책연구원에서 정책보고서가 발표되었다. 이렇듯 자료 접근이 가능한 정부 부처의 정책보고서를 중심으로 연구가 진행[56]되는 한편 정부 지원으로 학계 연구가 학문적 차원에서 이루어져 왔다. 하지만 일부 연구 결과는 국제사회의 대북 제재, 진보 정부와 보수 정부의 대북정책 변화와 남북 관계 변화의 영향에 따라 교류협력에서 산업표준의 중요성 및 정책 제시 기능을 제대로 하지 못하였다.

다수의 연구가 남북한의 표준·규격화 통합은 통일의 선행 과제라는데 뜻을 같이하며 대동소이한 통합방안을 제시하였다. 이 가운데 표준·규격화 통합 문제는 남북한의 정치적인 이해관계에서 벗어나 독립적으로 추진해야 한다는 주장도 적지 않았다. 그러나 북한은 당-군-국가체계 위에 최고지도자가 구심점으로 군림하는 '수령' 중심의 전체주의적인 독재체제 국가이다.[57] 실제 북한 관영매체의 보도들은 규격화

---

55 산업통상자원부, 「남북한 산업표준 용어 비교」 (세종: 산업통상자원부, 2007).

56 한국표준과학연구원, 「국가표준통합을 위한 남북현황 비교 및 전략연구」 (대전: 한국표준과학연구원, 1997).; 한국표준협회, 「2002년도 연구결과 보고서」 (서울: 한국표준협회, 2002).; 산업자원부, 「북한의 표준화제도 현황조사」 (세종: 산업통상자원부, 2003).; 국가기술표준원, "업무계획: 남·북 표준화 협력사업 기반조성," 「기술표준」 5월호(2005), pp. 30-33.; 산업자원부, 「남북 산업표준 통합기반 구축사업 산업기술기반조성에 관한 보고서」 (세종: 산업통상자원부, 2006).

57 국립통일교육원, 「2021 북한이해」 (서울: 국립통일교육원, 2021), p. 15.

사업추진에 있어서 수령의 교시가 「규격법」 등 관련된 법률을 우선한다는 것을 보여준다. 표준화 통합을 위해서는 남북한이 교류 협력에 나서야 하나 현실적으로 접촉이 용이하지 않음에 따라 단계적인 접근이 불가피하다.

본서는 남북한 표준·규격화 통합 문제를 정치적인 영향력 아래에서도 적극적으로 추진할 수 있는 실용적인 방안 모색을 위하여 일차적으로 북한 규격화 사업 현황 분석을 통한 김정은 집권기 북한 표준·규격화 사업의 특징 도출에 집중하였다. 김정은 취임 이후 현재까지 집권 전체 기간에 걸친 북한 주요 언론 보도와 북한의 표준 전문학술지인 「계량 및 규격화」의 조사와 분석을 통하여 김정은 정권의 규격화 정책 기조와 현황을 조사하였다.

또한, 2015년에 재발행된 KPS 목록, 2012년 이후 발행된 규격화 관련 단행본 등 최근의 자료와 문헌을 분석하여 김정은 시대 10년 동안의 북한 규격화 사업의 특징을 도출하였다. 남한의 표준화 정책과 국제표준화 현황조사, 남북한의 표준·규격화 비교 분석도 면밀히 시도하였다. 이로써 남북한의 정치적 현실과 경제적 격차를 충분히 고려한 실제적인 단계적 남북한 표준·규격화 통합방안을 제시한다.

4 북한 표준화 연구 방법론

본서는 크레첼(Krechel)[58]의 사회통합(Social integration) 이론을 적용하여 남북한 표준화 통합을 한반도 통일과정에서 표준화 체계의 통일, 통일 후 경제 통합과 사회가치 통합의 매개변수로 규정하였다. 크레첼은 사회통합을 체제통합과 가치통합 두 가지로 구분하였다. 체제통합은 정치 및 경제제도의 통합이며 가치통합은 체제통합과 동일한 가치를 공유하게 됨으로써 공동의 정체성을 형성하게 된다는 것이다. 크레첼은 체제통합이라는 하위체제의 통합과 가치체제의 통합이 모두 이루어져야

---

58 권숙도, "사회통합의 관점에서 본 북한이탈주민 정책 방향 연구," 「한국정치연구」 제23권 제1호(2014), pp. 101-126.

사회통합이 이루어진다고 보았다.

본서는 남북한의 표준화 및 규격화 관련 법제, 국내외 저서, 논문을 비롯한 다양한 자료를 광범위하게 수집, 분석 및 평가하는 학술적 문헌조사 방법을 원용한다. 표준화 개요, 남한의 표준화 정책, 국제 및 지역표준화기구와 표준화 단체의 기능, 역할 등은 국가표준화 업무를 관장하는 산업통상자원부 국가기술표준원이 매년 발행하는 연도별 「표준백서」를 통하여 사실 확인 절차를 거쳐 서술한다. 이외에 한국표준협회, 한국표준과학연구원, 한국정보통신기술협회, 한국과학기술정보연구원 등의 연구자료를 통하여 남북한 표준·규격화 이질화 현황과 협력 추진 경과를 참고한다.

북한의 표준·규격화 정책 기조의 흐름과 KPS 현황, 김정은 정권의 규격화 사업 운영의 특징 도출을 위하여 김일성과 김일성의 저작, 「규격화체계」, 「공업기업소 품질관리 체계 리론」, 「기업소의 사회적 책임과 규격화」, 「규격학 문답집」, 「품질관리 문답집」 등과 같은 표준·규격화 관련 북한 발행 도서를 우선적으로 분석했다. 그외에 다수의 북한의 표준·규격화 관련 김일성종합대학, 김책공업종합 대학 등 주요 대학에서 생산된 논문과 「계량 및 규격화」에 수록된 논문도 포함된다. 남한의 논문은 선행연구 외에도 표준화 관련한 다수의 논문들을 조사 대상으로 한다.

북한의 표준·규격화 정책과 현황 조사 자료로 2015년 재발행된 「국가규격 (KPS) 목록」과 로동신문, 민주조선 등 관영매체의 보도 내용도 적극적으로 분석한다. 남한의 표준화 및 남북한 표준·규격화 협력과 관련된 법제 분석에 있어서는 「대한민국 헌법」, 「국가표준기본법」, 「산업표준화법」, 「계량에 관한 법률」, 「남북관계 발전에 관한 법률」, 「남북교류협력에 관한 법률」 등의 법률을 참고한다. 북한의 표준 및 규격화 관련법으로는 「사회주의헌법」, 「규격법」, 「계량법」, 「품질감독법」, 「기업소법」, 「수출입상품검사법」, 「제품생산 허가법」, 「공업도안법」, 「상품식별 부호법」 등을 참고하여 표준·규격화 정책, 운용 체계 및 운영 현황 등을 조사하였다. 이밖에 국제표준화기구 및 지역표준화기구, 관련 기관 또는 단체의 홈페이지에 게재된 내용도 참고한다.

본서의 연구 범위는 우선 내용에 있어 북한의 경우 정치체제, 경제관리 체계, 강화된 과학기술 정책의 특성, 표준·규격화 정책 기조의 변화, 규격화 법제, 규격화 운용 체계와 국제표준화 활동을 포함한 규격화 사업추진 현황을 분석한다. 남한의 경우 표준화 법제와 정책 기조, 현황을 요약하고 국제표준화 역량을 중점적으로 부각한다.

본서에는 실제 적용할 수 있는 남북한 표준·규격화 통합 설계를 위한 사례 연구가 포함된다. 동서독의 표준화 교류 협력 및 통일독일의 표준화 통합 공식에 남북한 표준·규격화 통합을 일방적으로 대입하려 시도했던 기존 연구와 달리 본서는 사례의 범위를 독일뿐만 아니라 EU의 표준화 통합 과정까지 확장한다. 또한, 남북 간의 대치 상황과 경제, 과학기술, 표준화 수준 격차 등을 충분히 고려하여 두 사례의 시사점과 남북한에의 적용 포인트를 신중하게 취사 선택한다.

시간적 범위로는 북한이 규격화사무국을 설치한 1949년부터 2022년까지의 기간을 연구 범위로 하되 북한 규격화의 특징 분석은 시의성을 고려하여 김정은 시대(2012~현재)에 집중한다. 남북한 표준·규격화 통합 과제를 공동으로 수행해나갈 교류 협력 상대가 김정은 정권이기 때문이다.

참고문헌

1. 국내문헌

국가기술표준원. "업무계획: 남북 표준화 협력사업 기반조성."「기술표준」5월호(2005).

국가기술표준원. 「2019 국가기술표준백서」. 음성: 국가기술표준원, 2020.

국가기술표준원. 「남북 산업표준화 실태조사」. 음성: 국가기술표준원, 2021.

국가기술표준원. 「2021 국가표준백서」. 음성: 국가기술표준원, 2022.

권숙도. "사회통합의 관점에서 본 북한이탈주민 정책방향 연구."「한국정치연구」, 제23권 제1호(2014). pp. 101-126.

기정훈. "통일시대 대비 남북한 표준통일 방안 연구: 협력적 거버넌스 모형을 기반으로." 「국가정책연구」, 제28권 제3호(2014): 149-179.

김남규. "북한 정보통신 분야 전문 학술지 예시 분석과 용어 표준화를 통한 연구자 교류 활성화 방안."「정보과학회지」, 제37권 제5호(2019): 36-44.

김서경·류광기. "남북한 ICT 분야 국가표준의 비교·분석 연구."「차세대융합기술학회논문집」, 제5권 제2호(2021): 175-181.

김용필·조장운·윤덕균. "시스템 통합효과: 남북한 정보통신 표준화의 경제성 분석." 「2003년 한국산업경영시스템학회 추계국제학술대회 자료집」, 2003.

김창권. "독일 통일비용 15년 평가와 시사점."「통일경제」, 제86호(2005): 68.

남성욱. "북한의 표준·규격화 체계와 남북한 통합방안."「입법과 정책」, 제7권 제2호 (2015): 33-58.

류길홍. "독일 표준통합사례의 시사점과 향후 남북 표준통합 방향."「북한과학기술연구」, 제3집(2005): 171-184.

동아일보. 1996. 4. 25. "남북한 사업표준화 시급".

박정관.「독일 표준통합 사례 및 우리의 대응 전략」. 2005.

박지연·김필용·윤덕균. "남·북한 의류 산업표준에 관한 비교 연구." 「2002년 한국산업경영시스템학회 추계국제학술대회 자료집」. 안양: 한국산업경영시스템학회, 2002.

산업일보. 2010. 10. 24. "IT 산업 분야 표준, 세계 1위 쾌거 작년 세계 제2위 이어 10년 만에 정상 탈환".

산업통상자원부. "총성 없는 국제표준화 전쟁. 세계시장을 선점하기 위한 과제와 전망." 「통상」, 88호(2019): 14-19.

산업통상자원부. 「북한의 표준화제도 현황조사」. 2002.

산업통상자원부. 「2003 북한의 표준화제도 현황조사」. 2003.

산업통상자원부. 「남북 산업표준 통합기반 구축사업 산업기술 기반 조성에 관한 보고서」. 2006.

산업통상자원부. 「남북한 산업표준 용어 비교」. 2007.

오형근·윤병율·이상규. "남북한 규격법제의 통합방안 연구." 「북한법연구」, 제25호(2021):. 47-74.

유동주. "국제표준을 위한 소리 없는 전쟁." 「나라경제」, 7월호(2008): 44-45.

윤덕균. "통일을 대비한 남북한 산업표준 통일화 과제." 「산업경영시스템학회지」, 제23권 제57집(2000): 103-112.

윤덕균. "남북한 산업 표준화 협력 방안." 「통일경제」, 10월 통권 70호(2000): 50-66.

윤덕균. "남북한 산업표준 통일 전략." 「북한과학기술연구」, 제4집(2006): 93-108.

이승현·김갑식. "한반도 통일비용의 쟁점과 과제." 「NARS 현안보고서」, 제105호(2011): 163-206.

이유진. "북한의 품질인증제도 운영 현황." 「Weekly KDB Report」, 북한포커스 8월 17일 자(2021).

이한구. 「남북한 건축(建築)모듈 비교분석 연구」, 박사학위 논문, 인하대학교, 2000.

임칠성. "남북 화법 표준화를 위한 한 모색 -호칭과 지칭을 중심으로-." 「화법연구」, 제15권 제37호(2009): 37-64.

전자신문. 2022. 10. 4. "국제표준화기구(ISO) 회장국 의미와 사명".

정병기·이희진. "동서독의 표준화 체계와 표준통일 과정: 남북한 표준협력에 대한 함의." 「한국정치연구」, 제22집 제1호(2013): 215-236.

정병기·이진랑. "북한의 국제표준화 활동 및 전략: 계량 및 규격화를 중심으로." 「국가정책연구」, 제28권 제3호(2014): 181-207.

정병기. "남북의 표준 및 표준화의 차이와 표준협력 과정 및 표준 통합의 방향과 전망." 「한국정치연구」, 제25집 제1호(2016): 1-22.

남성욱·조정연·정다현. "A Study on the Characteristics of North Korea's Normalization and Standardization System in the Kim Jong-un Era: Focusing on the Reports of the Rodong Sinmun." Journal of Peace and Unification, 제12권 제2호(2022): 105-129.

최성. "통일대비 남북한 정보통신기술(ICT) 표준화 정책연구." 「디지털융복합연구」, 제9호 제6권(2011): 113-123.

최성. "북한의 무선통신 기술 및 표준 현황 연구." 「한국어정보학」, 제20권 제1호(2018): 4-15.

최현규. "북한의 표준 및 산업 규격 현황: 정보통신을 중심으로." 「지식정보인프라」 통권 17호(2005): 91.

통일부 국립통일교육원. 「2021 북한이해」. 서울: 국립통일교육원, 2021.

통일부 북한정보포탈 주간북한동향 제591호.

파이낸셜뉴스. 2021. 5. 9. "한국, 표준특허 세계 1위, 미국도 제쳤다".

프레시안. 2019. 11. 21. "남북경협이 반드시 필요한 이유".

한국표준과학연구원. 「국가표준 통합을 위한 남북 현황 비교 및 전략 연구」. 대전: 한국표준과학연구원, 1997.

한국표준과학연구원. 「단위를 알면 세상이 보인다」. 대전: 한국표준과학연구원, 2009.

한국표준협회. 「남북 산업표준 비교분석 및 통일방안 연구」, 2001.

한국표준협회. 「2002년도 연구결과 보고서」. 2002.

한국표준협회. 「중소중견기업 국제표준화 정책 및 국제표준화 추진사례 조사분석」. 대전:

한국표준협회, 2018.

현성은·이승윤. "제4차 산업혁명시대의 남북한 ICT 표준협력 추진방안."「표준인증안전학회지」, 제9권 제4호(2019): 31-44.

「대한민국 헌법」

2. 북한문헌

「조선민주주의인민공화국 규격법」

〈국가규격(KPS) 목록 (2015)〉

3. 외국문헌

János Kornai. The Socialist System: *The Political Economy of Communism*. New Jersey. Princeton University Press, 1992.

COOMET Report to the APMP General Assembly meeting, 25 November 2021.

4. 인터넷

「국가표준인증통합정보시스템」

「ISO」

「IEC」

「ITU」

「ANSI」

「CEIP」

제2장

국제표준화와
남북한 표준·규격화 운용 체계

제2장

국제표준화와 남북한
표준 · 규격화 운용 체계

1 표준화 개요

1) 표준의 태동과 표준화의 발전

역사상 최초의 표준은 BC7000년경 이집트에서 무게의 단위로 사용했던 표준화된 원통 모양의 돌로 알려져 있다. 동양에서는 진시황이 중국 통일 후 표준을 제정하고 도량형을 통일한 것이 그 기원이다. 여기에는 조세 징수 편의 도모라는 정책적 필요성과 민간의 상거래에 대한 공정성 제공이라는 목적이 공존하였다.

17세기 네덜란드인들은 고기잡이 선박을 제조하기 전에 교체가 가능한 부품의 수를 정하고, 이 부품들을 모듈(module)화함으로써 어선 제조 기간을 앞당기는 기술을 개발하였다. 네덜란드의 표준화에 관한 전통은 현대로 이어져 NNI(네덜란드표준화기구, Nederlands Normalisatie-Institut)[1]의 ISO와 IEC에서의 지위는 상당하다. 국가는 작지만 16세기 초부터 개방정책으로 각국의 정치적 난민을 수용하고 세계 진출을 시도했던 네덜란드는 표준을 선도하는 국가로서 무려 30개에 이르는 기술위원회의

---

[1] 네덜란드 표준화기구(Nederlands Normalisatie-Institut)는 1916년에 설립된 네덜란드 국가표준(NEN, Nederlands Norm) 제정 기관이다. ISO, IEC 등 국제표준화기구와 유럽표준위원회(CEN, Comité Européen de Normalisation), 유럽 전기표준위원회(CENELEC, European Committee for Electrotechnical Standardization) 등 유럽 표준기구에서 네덜란드의 창구 역할을 하고 있다.

국제 간사직을 수행하고 있으며 국제표준화 활동에 있어 적지 않은 영향력을 가지고 있다.[2]

　　1798년 미국의 기계 발명가인 엘리 휘트니(Eli Whitney, 1765-1825)는 수작업으로 제작되는 군용 소총이 부품 하나가 고장이 나면 사용할 수 없게 되던 문제점을 해결하였다. 1793년에 목화씨를 제거하는 간단한 구조의 조면기(繰綿機)를 개발한 그는 모든 총기의 부품들을 표준화(standardization)하고 공작기계를 사용하여 부품을 생산하는 방법을 제시하였다. 휘트니는 소총을 빨리 만들기 위하여 동일한 규격의 부속품들을 조립하는 방식을 도입하였다. 조립 공정의 방식은 남북전쟁 당시 소총, 군복, 군화의 대량 생산에 사용되었다. 부품의 표준화 방식에 따라 호환성 부품(inter-changeable parts)의 사용은 '미국적인 체계'로 자리 잡게 되었다. 기계류의 부품을 규격화·공통화하여 조립 작업을 신속하게 획일화하는 호환생산방식(manufacture of interchangeable mechanism)은 생산 체계를 획기적으로 개선했다. 비용의 절감과 품질의 향상을 통하여 소품종 다량 생산의 기술적 기초가 되었으며 사용자 입장에서는 부품 교환이 용이하여 편리함이 극대화되었다.

　　표준 부품의 대량 사용은 제조업에서 대량 생산의 길을 열었으며 표준화 역사에 있어 획기적인 사건이었다.[3] 대량 생산에 의한 기계화는 농업에도 적용되어 1930년대 농업에 강철 쟁기가 보급되었다. 농업 생산의 혁명적인 변화를 가져올 수확기가 개발되었다. 표준화는 건축에도 응용되어 '풍선 모양의 집(balloon-frame house)'으로 불리는 규격주택의 보급을 가져왔다. 1833년에 코네티컷의 오거스틴 테일러가 발명하였다.

　　20세기 들어 무기와 시계 등 제한적인 분야에서 자동차 등 전반적인 기계류의 제조 공정에도 표준화가 적용되기 시작하였다. 1903년 미국 자동차 회사 포드(Ford)를 설립한 헨리 포드(Henry Ford)는 모든 자동차 제조 공정을 세분화하고 표준화하여 비숙련 노동자도 단기간의 직무 훈련 후 바로 생산 현장에서 업무가 가능하도록 하

2　이준웅, "국제표준 규격화의 어제와 오늘," 「The Monthly Technology and Standards」 제21권 제6호 (2003), p. 3.

3　김용주, "KS의 국제표준 규격 부합화 필요성," 「The Monthly Technology and Standards」 제19권 제3호 (2003), pp. 6-7.

였다. 제조 공정의 표준화는 먼저 제품 가격의 인하와 판매량의 확대를 가져왔다. 이와 함께 생산 효율을 높이고 생산량을 증대하여 가격을 더욱 낮추어 매출을 늘려가는 선순환이 가능하게 하였다. 포드의 표준화 과정은 이 시점이 바로 근대적 표준화의 태동기라는 전환점을 잘 보여준다. 제품의 표준화와 생산 공정의 표준화는 대량생산의 가능성을 제공하였고 20세기 산업사회를 형성하는 데 기여하였다.

산업혁명에서 1960년에 이르기까지 표준화는 대량 생산과 관리 기술을 유지하는데 목적이 있었다. 미국의 남북전쟁을 비롯하여 1차 및 2차 대전 이후 산업을 복구하는 과정에서 품질관리의 개념이 도입되었다. 전후 부흥에서 고도성장 시대에 이르기까지 표준화에 의한 품질관리의 보급은 경영 효율화로 이어졌다. 결국 표준화는 질 좋은 제품의 대량 생산과 기회의 확대, 삶의 질 개선을 의미하였다.

1960년~1970년에 이르는 기간의 표준화가 단순 대량생산 방식을 강조하는 '정태적 표준화(static standardization)'였다면 특정 산업을 육성하는데 집중하는 시대에 해당하는 1970년~1985년까지의 표준화는 '동태적인 표준화(dynamic standardization)'라 할 수 있다. 이 시기 표준화는 산업의 다양화와 변화에 대응하며 경영 효율의 기초를 제공하였다. 기술혁신의 시대, 국제화의 시대로 규정되는 1985년에서 2000년에 이르는 15년 동안 국제사회는 컴퓨터를 기반으로 하는 첨단 신기술 산업사회로 진입하였다. 이 시기에 시스템에 의한 대량 생산과 종합적인 품질경영으로 전 세계적으로 첨단산업이 발전할 수 있었던 것은 국제사회의 역동적인 표준화 활동이 있었기에 가능한 일이었다.

21세기의 가장 큰 특징은 첨단 디지털 산업화의 시대이다. 제조업 중심의 산업사회에서 수요자의 니즈(needs)를 자동으로 충족시키는 첨단 정보통신서비스(Information and communication technology)를 포함한 산업 전 분야에 표준이 확대되었다. ICT와 같은 디지털 기반의 첨단 분야는 시간이 갈수록 기술개발이 급속히 진행되어 표준화의 중요성이 더욱 확대되고 있다. 21세기 표준화는 관련 산업 발전을 견인할뿐 아니라 인류 발전을 이끄는 핵심적인 기반으로 작용하고 있다.

표 2-1 / 표준화 발전의 흐름

세 대	연 대	각 세대의 표준화 키워드	세대 전환의 충격
제로세대 조직화 이전	산업혁명까지 (18세기 말까지)	• 자연발생적 언어, 단위, 물건, 도구 등의 통일	• 산업혁명
제1세대 성숙기	산업혁명에서 산업사회까지 (18세기 말~1960년)	• 양산 기술과 관리 기술을 유지하는 표준화 • 근대적 표준화 태동 대량생산	• 전쟁 이후의 재출발 품질관리의 도입
제2세대 침투기	전후 부흥에서 고도성장 시대까지 (1960년~1970년)	• 품질관리의 기초 보급 • 정적인 표준화	• 고도성장에서 저성장으로 전환 • 경영 효율화 성숙
제3세대 전개기	저성장과 산업 육성 시대 (1970년~1985년)	• 경영 효율의 기초 제공 • 동적인 표준화	• 다양화와 변화의 대응 • 산업사회의 성숙
제4세대 신세대	기술혁신 시대 (1985년~2000년)	• 종합적(전사적) 품질경영 • 역동적인 표준화	• 신기술 산업사회로 진입 • 시스템적 접근
제5세대	21세기 이후	• 서비스 등 전 산업으로 표준 확대 • ICT 등 첨단 분야 표준화	• 디지털 산업사회 • 수요자 중심 사회

출처: 한국표준협회 홈페이지(www.ksa.or.kr)

2 표준의 기능과 역할

1) 표준의 기능

표준의 기능은 사회·경제적인 효율 향상, 산업 발전의 기반, 교역과 무역 자유화의 기반 등으로 요약할 수 있다. 표준의 첫 번째 기능은 사회·경제적인 효율의 향상이다. 표준은 원료나 자원으로부터 제품이나 서비스로 생산하는 모든 과정에서 생산효율 증가의 기능을 한다. 또한, 품질 향상과 소비자 보호의 효과를 발휘한다. 표준제정은 제품 위주에서 벗어나 유통·물류·소프트웨어·서비스 등 산업 전반으로 확대되었다. 표준은 노령화·정보화 사회에 있어 필수적인 혁신 수단으로 기능하고 있다.

두 번째 기능은 산업 발전의 기반이다. 완성도 높은 기술의 표준화는 기술 적용 제품의 시장 적합성과 경쟁력을 향상시킨다. 무엇보다 정보기술·멀티미디어·HDTV·DVD 등에 적용되는 신기술의 선행적 표준화는 첨단산업 기술 발전의 기반이 된다. 또한, 기술 투자의 중복을 방지하며 기술 이전에도 필수적인 산업 발전 기반이 된다.

세 번째 기능은 교역 증대와 무역 자유화의 기반이다. 국제표준과 국가표준의 부합화는 국가 간 교역에 있어 상호 신뢰의 기본적인 사항이다. 또한, 국가 간의 무역 증대와 경제 통합에도 지대한 영향을 미친다. 세계무역기구(WTO)의 '무역에 관한 기술장벽협정(Agreement on Technical Barriers to Trade)'[4]은 기술 규정을 포함한 국가표준을 제·개정 시 국제표준이 있는 경우 이를 채택 및 적용하도록 규정하고 있다. WTO의 TBT협정의 전문에는 기술적 장벽을 포장, 표시, 등급표시를 포함한 기술 규정 및 표준 그리고 적합 판정 절차가 국제 무역에 불필요한 장애가 되는 것으로 암묵적인 정의를 내리고 있다. 각 국가의 기술 규정과 표준이 국제 무역에 있어서 장벽이 되지 않게 하기 위해서이다.[5]

TBT협정은 규제의 도입 목적을 시장 실패의 시정이나 공공정책상의 정당한 목적 달성으로 엄격히 제한하고 있으며 내국민 대우 원칙(제2조 1항 National Treatment), 최소무역 제한 원칙(제2조 2항 Minimum trade-restrictive), 국제표준과의 조화원칙(제2조 6항 Harmonization with international standards) 및 투명성(Transparency) 등을 준수할 것을 요구한다. TBT 협정은 표준이 국제무역의 중요한 정책 수단이라는 점을 시사한다.

2) 표준의 효과

표준의 효과는 호환성(Compatibility)에 의한 네트워크 외부효과, 규모의 경제 실현 및 신기술 개발과 매출 증대 촉진, 거래 비용 감소 및 소비자 이익 증진에 있다.

표준의 가장 큰 효과는 호환성이 가져오는 네트워크 외부효과(Network exter-

---

4 부속서1(가) 11개 MTA(상품무역협정) 중 '무역에 대한 기술장벽에 관한 협정'은 '기술장벽협정', '무역기술협정' 등으로도 불리며, 약칭 TBT로 통용된다. '기술무역협정'이라고는 하지 않는다. 세 가지 중요한 논점은 기술 규정, 표준, 적합성 판정 절차 등이다.

5 국가기술표준원, https://www.kats.go.kr/content.do?cmsid=371 (검색일: 2022년 6월 2일).

nality)이다. 네트워크 효과는 상품의 가치가 그 상품의 사용자 수에 영향을 받는 현상이다. 예를 들어 스마트폰의 사용자가 늘어날수록 스마트폰의 가치가 증가하는 현상을 가리킨다. 네트워크 외부효과는 알프레드 마샬(Alfred Marshall)과 마이클 카츠(Michael L. Katz), 칼 사피로(Carl Shapiro)[6] 등에 의해 이론이 구체화되었다.

통신이론에서 반드시 등장하는 네트워크 외부효과는 통신기기의 사용자 수가 서비스의 성패를 좌우한다고 판단한다. 이들은 표준으로 인해 제품의 호환성이 확대되면 제품에서 오는 효용은 그 제품이 속한 다른 사용자의 수에 의해 비례하여 증가하게 된다고 설명하였다. 예를 들어 컴퓨터의 경우 기술혁신에 새로운 중앙처리 장치나 소프트웨어가 개발되어 새롭게 사용되면 긍정적으로든 부정적으로든 이와 관련된 제품·생산·기업 모두에게 영향을 미치게 된다. 시장에서 먼저 표준이 정해지는 사실상의 표준의 경우 마이크로소프트사의 Window 98, XP 등의 발표가 국내 반도체 기업들의 매출 증대로 이어지는 현상도 호환성에 의한 네트워크 외부효과로 설명할 수 있다.

표준의 또 다른 효과는 생산 공정의 혁신과 시장의 확대를 통한 규모의 경제(Economy of scale)를 가능하게 한다는 것이다. 표준은 판매 경쟁을 가속하며 신기술 개발을 촉진하고 매출 증대 효과를 낸다. 소비자에게 표준은 소비자가 원하는 제품이나 서비스, 생산 과정에 대한 정보를 통일된 방법으로 제공하여 거래 비용을 감소시키고 소비자에게 정확하고 알기 쉬운 정보를 제공함으로써 소비자 이익을 증대시킬 수 있다. 표준의 정보 제공 기능이 시장의 상거래 행위에서 부수적으로 발생하는 탐색비용(Search cost)과 측정비용(Measurement cost)을 감소시키는 역할을 하는 것이다.

마지막으로 표준은 기업에 기술혁신 가속화 효과를 제공한다. 제품이 시장에 출시되어 경쟁하기 전 단계에서 단체나 컨소시엄에 의해 표준으로 받아들여지는 경우, 관련 제품이나 기술을 보유한 기업은 제품 생산을 통해서뿐만 아니라 무형의 상품으로서 보유 기술을 거래하여 이익을 얻게 된다. 이러한 이유로 많은 글로벌 기업들은 첨단기술 분야에서 기술개발뿐만 아니라 새로운 국제표준을 획득하기 위해 노력을

---

6   Michael L. Katz and Carl Shapiro, "Network Externalities, Competition, and Compatibility," *American Economic Review* Vol. 75 No. 3(1985), pp. 424–440.

강화하고 있다. 이러한 현상은 표준의 선점이 산업의 미래를 좌우하는 성향이 강한 정보통신, 전기·전자 분야에서 두드러지게 나타난다.

한편 제품의 품질, 건강, 안전, 환경 등의 분야 표준은 생활의 편익을 증진하고 윤택한 삶을 위한 가이드라인을 제시한다. 표준의 공공재적 성격으로 국민의 안전, 깨끗한 환경, 건강한 삶 등과 같이 국가와 사회 전체의 목표를 달성하는 데 표준이 올바른 길과 방향을 제시하는 것이다. 예를 들어 사람들이 마시는 물속의 BOD와 COD[7]를 측정하는 방법이 세계적으로 다양하게 소개되고 있지만, 표준은 하나의 공인된 시험 방법을 통해 국민의 건강과 안전을 지키며 다른 시험 방법이나 측정 방법으로 인한 혼란을 예방함으로써 소비자, 기업 등 이해 당사자의 이익과 효율을 보장한다. 국제 교역 활동에서도 표준은 국가 간의 무역을 촉진하고 제품과 서비스의 자유로운 이동, 즉 자유무역을 가능하게 함으로써 세계경제 발전에 기여한다.

그래서 세계무역기구(WTO), 경제협력개발기구(OECD) 등의 다자간 협상이나 국가 간 자유무역협정(FTA)[8] 등에서 표준이 비관세 무역장벽 제거를 위한 가장 중요한 수단으로 다루어진다.[9]

모든 표준의 효과는 수준 높은 표준화 시스템에 의해 표준 본연의 역할대로 기능할 때 최고조로 시현될 수 있다. 본 연구에서 통일비용 절감, 사회통합 기간 단축을 위한 전제 조건으로 남북한 표준·규격화 통합의 선행을 주장하는 이유는 체계적인 표준제도의 정립을 위해서이다. 남북한의 경제통일은 호혜·평등의 원칙 아래에서 동일한 표준화 시스템을 기반으로 경제협력을 진행하면서 단계적으로 사회 기반 시설을 구축할 때 비로소 구체적으로 논의될 수 있다.

---

7   BOD는 생화학적 산소요구량(Biochemical Oxygen Demand)을, COD는 화학적 산소요구량(Chemical Oxygen Demand)이다.

8   자유무역협정은 재화 및 서비스 무역에 영향을 미치는 특정 의무, 투자자와 지적재산권 보호에 대한 두 개 이상의 국가 간의 협정이다. 무역협정의 주요 목표는 국가의 수출 장벽을 줄이고, 해외에서 경쟁하는 자국의 이익을 보호하며 FTA 상대국이나 국가의 법치주의를 강화하는 것이다. 출처: 미국 상무부 국제무역국, https://www.trade.gov/ (검색일: 2022년 6월 3일).

9   국가기술표준원, 「2020 국가기술표준백서」 (음성: 국가기술표준원, 2021), pp. 32-33.

3) 표준화의 기본원칙

표준화는 합의성, 공개성, 독립성, 정당성, 효율성, 투명성, 개방성, 시장 연계성 및 시의성을 기본원칙으로 한다. 합의성은 표준의 최종안을 회원 등의 이해 관계자에 배포하고 투표를 통해 합의해야 하는 원칙을 뜻한다. 공개성은 제정 과정을 모든 이해 관계자들에게 공개해야 하는 원칙이다. 독립성은 특수 이익을 위한 압력으로부터 독립적으로 표준화를 집행해야 하는 원칙을 말한다. 정당성은 표준 제정 절차를 공정하게 구성하고 참여자들 간 공평성이 확보되어야 함을 의미한다. 효율성은 가능한 한 적은 비용과 시간으로 가장 적절하게 제정해야 할 필요성을 원칙으로 정한 것이다.

투명성은 논의 과정과 재정 운영을 비롯한 모든 표준 제정 과정은 투명하게 진행되어야 한다는 원칙이다. 개방성은 모든 이해 관계자들이 표준 제정 과정에 참여할 수 있어야 한다는 것을 규정한다. 시장 연계성은 표준이 시장의 가치와 경제성에 적합하게 제정되어야 함을 뜻한다. 시의성은 표준이 시대적 요건에 맞게 시의적절하게 제정되어야 한다는 것을 의미한다.

그림 2-1 / 표준화의 기본원칙

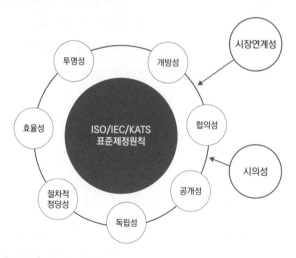

출처: 한국표준협회 홈페이지(www.ksa.or.kr)

3 국제표준화기구의 역할과 남북한의 국제표준화 활동

1) 국제표준화기구의 역할과 남북한의 국제표준화 활동

(1) 표준화 참여 범위에 따른 표준의 종류

표준은 분류 기준에 따라 표준화의 참여 범위, 진행 정도, 구현 정도, 적용 방법, 표준 제정 기구 등 다섯 가지로 구분된다. 표준화의 참여 범위에 따르는 표준체계는 국제표준, 지역표준, 국가표준, 단체표준, 사내표준으로 나눌 수 있다. 이 가운데 국제표준과 지역표준의 개발, 발간, 이행 프로세스 추진이 국제표준화기구와 지역표준화기구의 주요한 기능이다.

표 2-2 / 표준의 종류

표준의 분류 기준	표준의 종류	표준화 주체
표준화의 참여 범위	국제표준	ISO, IEC, ITU
	지역표준	ETSI, ASTAP
	국가표준	ANSI, MIC, MPT
	단체표준	TTA, TTC, T1 등
	사내표준	
표준화의 진행 정도	ISO: 초안(CD), 표준안(DIS), 국제표준(IS)	ISO
	ITU: 기고서, 권고안, 권고	ITU
표준화의 구현 정도	기본표준, 기능표준, 이용자표준, 시험규격	
표준의 적용 방법	강제표준, 권고표준	
표준의 제정기구	공식표준	ISO, ITU
	사실상표준	포럼 및 컨소시엄

출처: 국가기술표준원 홈페이지(www.kats.go.kr)

국제표준은 유엔회원국 대부분의 국가가 참여하여 합의한 표준으로서 ISO, IEC, ITU[10] 등에서 제정한 표준이 이에 해당한다. 지역표준은 어느 특정 지역에 소속된 국가들이 합의하여 도출한 표준으로 대표적인 지역표준 제정 기구로는 유럽전기통신표준협회(ETSI, European Telecommunications Standard Institute)가 있다. 국가표준은 국가 내의 이해 당사자끼리 합의한 표준으로 한국의 산업표준, 미국의 표준협회(ANSI) 표준 및 일본의 JIS(Japanese Industrial Standards) 표준[11] 등을 들 수 있다.

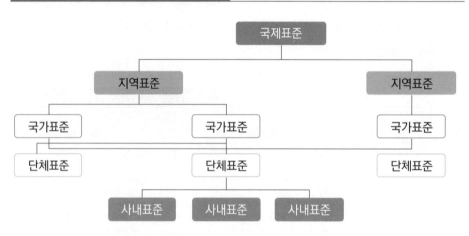

그림 2-2 / 표준의 체계

출처: 한국표준협회 홈페이지(www.ksa.or.kr)

단체표준은 특정국가의 표준화 단체에서 제정한 표준으로 정보통신 분야를 예로 들면 한국의 TTA(한국통신기술협회, Telecommunications Technology Association) 표준, 일본의 TTC(정보통신기술위원회, Telecommunication Technology Committee) 표

---

10   ITU(국제전기통신연합, International Telecommunications Union)는 UN의 통신 관련 전문 조직으로, 192개국 700여 개 기관을 회원으로 두고 있다. 출처: 국가기술표준원, 「2020 국가기술 표준백과」 p. 616.

11   JIS(Japanese Industrial Standard)는 일본의 국가표준이다. 일본의 표준화 추진체계는 ITU, ISO, IEC 등 국제표준화기구에 대응하는 정부 부문과 실질적인 표준화 작업을 추진하는 민간 부문으로 나뉜다. ITU는 총무성 산하의 정보통신심의회가, ISO/IEC는 경제산업성 산하의 일본공업표준조사회(JISC)가 대응한다. 출처: 한국정보통신기술협회, 「ICT 표준화 추진체계 분석서: 국가별 표준화전략 편」 (성남: 한국정보통신기술협회, 2016), p. 41.

준, 미국의 T1(Telecommunications No.1) 표준 등이 대표적인 예이다. 사내표준은 원활한 경영을 위해 필요한 조직의 편성, 직무, 권한, 관리 목표, 업무 절차, 통제 방법 등을 명시한 자체적인 표준이다.

(2) 세계 3대 공적 표준화기구와 남북한의 참여 현황

가. 국제표준화기구(ISO)

ISO는 2차 대전 이후 세계 경제 재건 논의 과정에서 구체화되었다. 1946년 25개국 대표가 영국 런던에 모여 표준화의 미래를 논의하며 처음 그 모습을 갖추기 시작하였다. 창립 멤버들은 국제표준이 전후 세계 경제 재건의 열쇠라는데 의견을 같이하였다.[12] 1947년 ISO가 설립되었고 이 국제표준화기구는 통상과 무역의 보편적 규범을 정하는 세계 최대 표준화기구로 성장하였다.

ISO는 전기·전자 외에 기술, 물품 및 용역에 관한 모든 분야에서 국제적으로 통용되는 표준과 적합성 평가 기준을 작성하며 학문적·기술적·경제적 분야에서의 협력을 증진하여 세계표준화와 관련된 활동을 촉진한다. ISO의 회원국은 2021년 12월 기준 정회원 124개국, 준회원 39개국, 구독회원 4개국으로 총 167개 국가가 참여하고 있다.[13]

---

12   영국표준협회, https://www.bsigroup.com/en-AU/About-BSI/Governance/ (검색일: 2022년 6월 4일).

13   ISO, https://www.iso.org/iso-in-figures.html (검색일 : 2023년 11월 28일)

그림 2-3 / 국제표준화기구(ISO) 조직 현황(2022년 12월 기준)

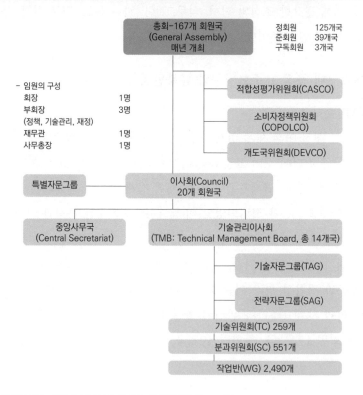

출처: 산업자원통상부, 국가기술표준원, 「2022 국가표준백서」, p. 57.

ISO 최초의 표준은 1951년 발간된 「Standard Reference Temperature for Industrial Measurement」였다. ISO는 설립 이후 10년간 57종의 표준을 발간하였으며 1969년에 이르러서는 1,000번째 표준을 발간하였다. ISO는 2021년 3월 기준 2만 3,704종의 표준을 운영 중이다.

표 2-3 / ISO 표준 제정 현황

구분	2015	2016	2017	2018	2019	2020	2021	2022
누계	21,113	21,478	21,991	22,467	22,913	23,574	24,121	24,610

출처: 국가기술표준원, 「2022 국가표준백서」, p. 56.

ISO는 빠른 속도로 변화하는 시대적 요구에 부응하여 새로운 표준 분야 개척과 지속 가능한 발전을 위한 표준화에 힘쓰고 있다. 특히 ISO는 DEVCO(개발도상국 위원회, Policy Development Committee on Developing Country Matters)를 구성하여 개발도상국을 대상으로 직접적인 표준화 지원을 추진하고 있다. 한국은 2019~2020년 DEVCO CAG(의장 자문 그룹, Chair's Advisory Group, 이하 DEVCO CAG)에서 활동하는 표준 선진 3개국 가운데 한 국가로 중심 역할을 하기도 하였다.

그림 2-4 / ISO 정책위원회 체계

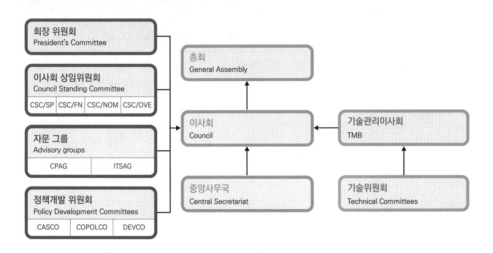

출처: 국제표준종합지원시스템 홈페이지(www.i-standard.kr)

남한은 1963년 상공부(현. 산업통상자원부) 표준국이 한국을 대표하여 ISO에 정회원으로 가입하였다. 1973년 상공부 표준국이 독립하여 공업진흥청으로 변경되었으며, 1996년 이후로는 현재의 국가기술표준원(KATS, Korean Agency for Technology and Standards)이 정회원으로 활동하고 있다. 남한은 1993년부터 2022년 12월 현재까지 총 7회에 걸쳐 국제 표준화 정책과 전략을 수립하는 최고 의결기구인 ISO 이사회의 이사국으로 활동하고 있다.

또한, 2009~2011년, 2012~2014년, 2016~2018년, 2019~2021년에 총 14

개국이 참여하는 기술관리이사회(TMB, Technical Management Board)의 이사국으로
활동하였다. 기술위원회(TC, Technical Committee) 정회원 가입은 국제표준안에 대한
투표권을 확보하는 것으로 우리나라의 의견을 국제표준에 반영하기 위한 가장 기본
적인 활동이다. 정부는 한국의 기술위원회 정회원(Participating(P) member) 가입 확
대를 위해 적극적으로 노력하고 있다. 2021년 12월 기준 남한의 ISO 기술위원회 가
입 현황은 〈표 2-4〉와 같다.

구분	전체 위원회수	ISO 국내 가입현황			정회원 가입률	비고
		정회원	준회원	계		
정책위원회	3	3	–	3	100%	적합성평가위원회 (CASCO)
						소비자정책위원회 (COPOLCO)
						개도국표준화위원회 (DEVCO)
기술위원회	802	573	152	725	71.4%	

표 2-4 / 남한의 ISO 위원회 가입 현황(2021년 12월 기준)

출처: ISO 홈페이지(www.iso.org) · 국가기술표준원『2021 국가표준백서』, p.62.

북한도 1963년에 ISO에 정회원으로 가입하였으며 규격 표준화 담당 기구인 국
가규격화위원회(CSK, Committee for standardization of the Democratic People's Re-
public of Korea)가 활동하고 있다. 국가규격화위원회는 비상설 기구로 국제표준화기
구와 국제계량조직에 참가해 대외적인 협의도 맡는다.[14] 정책개발위원회 참여로는
DEVCO 정회원으로 활동하고 있으며 적합성 평가와 관련된 정책을 개발하고 표준
을 발표하는 적합성평가위원회 (CASCO, Committee for conformity assessment)에서는
준회원으로 활동하고 있다.

---

14 남성욱, "북한의 표준·규격화 체계와 남북한 통합방안." 「입법과 정책」 제7권 제2호(2015), pp. 33-58.

구분	전체 위원회수	ISO 국내 가입현황			정회원 가입률	비고
		정회원	준회원	계		
정책위원회	3	1 *	1 * *	2	33.3%	* 적합성평가위원회 (CASCO) * * 개도국표준화위원회 (DEVCO)
기술위원회	802	8	85	93	11.6%	

표 2-5 / 북한의 ISO 위원회 가입 현황(2021년 12월 기준)

출처: ISO 홈페이지(www.iso.org)

나. 국제전기기술위원회(IEC)

국제전기기술위원회(International Electro-technical Commission)는 1906년 IEC 정관 제2조에 의거하여 전기·전자 분야에서 표준에 관한 준수 확인, 제반 현안과 관련 사항에 관한 국가 간 협력 촉진과 이해 증진을 목적으로 설립된 국제위원회이다. IEC의 국제법상 법적인 지위는 비정부 간 협의기구이며 스위스 민법 제60조 등에 따른 사단법인으로 간주한다. IEC의 작업에 참여하고자 희망하는 국가는 자국 내에 전기기술위원회를 구성해야 하며, 입회 시에 위원회는 국가위원회(National Committee)로 칭하게 된다. 각 국가에는 오직 하나의 국가위원회가 존재하며, UN이 공식적으로 인정한 국가의 국가위원회만이 IEC의 회원이 될 수 있다. IEC는 2022년 1월 기준 정회원 62개국, 준회원 26개국, 개도국 회원 86개국 등 총 174개국이 회원으로 활동하고 있다.

그림 2-5 / IEC 조직 현황(2022년 12월 기준)

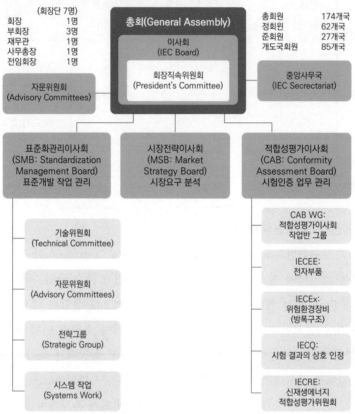

출처: 국가기술표준원, 「2022 국가표준백서」, p. 59.

    IEC는 각국의 정부가 국가 품질 인프라를 구축하고 모든 규모의 기업이 세계
적으로 안전하고 신뢰할 수 있는 제품을 사고 판매할 수 있는 기술 구조를 제공하는
약 10,000개의 IEC 국제표준을 발행한다. 이로써 기술혁신, 저렴한 인프라 개발, 효
율적이고 지속 가능한 에너지 접근, 스마트 도시화 및 교통 시스템, 기후변화 완화를
촉진하고 사람과 환경의 안전을 증가시키는 기능을 한다. 또한, IEC는 적합성 평가
시스템을 관리하고 있다.[15]

---

15   IEC, https://www.iec.ch/what-we-do (검색일: 2022년 6월 10일).

그림 2-6 / IEC 정책위원회 체계

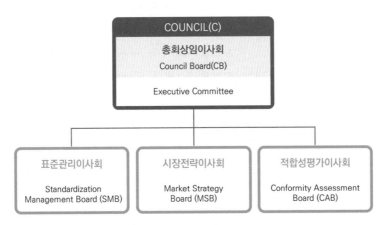

출처: 국제표준종합지원시스템 홈페이지(www.i-standard.kr)

　　남한은 1963년 국제전기기술위원회(IEC)에 가입하였으며 국가기술표준원이 정회원으로 활동하고 있다. 정책위원회 활동에 있어서는 1999년 일본 교토에서 열린 총회에서 2000~2002년 임기의 이사회 이사국으로 선출되었고, 현재 2020~2023년 기간의 이사국 임무를 수행 중이다. 한국은 동일한 기간 표준화관리이사회(SMB, Standardization Management Board) 이사국으로도 활동 중이다. 또한, 2007년부터 현재까지 3년 임기의 적합성평가이사회(CAB, Conformity Assessment) 위원으로 활동하고 있으며, 2017년에 시장전략이사회(Market Strategy Board) 위원으로 참여하면서 현재 IEC의 모든 정책위원회 활동에 참여하고 있다.[16]

표 2-6 / 남한의 IEC 국제전기기술위원회 가입 현황(2021년 12월 기준)

전체 위원회수	IEC 남한 가입현황			비고
	정회원	준회원	계	(정회원 가입률)
212	156	24	180	73.6%

출처: 국가기술표준원 「2021 국가표준백서」, p.62.

16　국가기술표준원, 「2021 국가표준백서」, p. 62.

북한도 남한과 같은 해인 1963년 IEC에 회원으로 가입하였다. 그러나 1994년 국가 분담금 미납을 사유로 회원 자격을 상실하였다가 2002년 준회원 자격으로 재가입하였다. 2022년 현재 준회원(IEC Associate Member) 자격을 유지하고 있으며 TC2(Rotating machinery), TC9(Electrical equipment and systems for railways), TC77(Electromagnetic compatibility) 정회원으로 활동하고 있다.[17]

표 2-7 / 북한의 IEC 기술위원회 가입 현황(2021년 12월 기준)

전체 위원회수	IEC 북한 가입현황			비고
	정회원	준회원	계	(정회원 가입률)
212	3			

출처: IEC 홈페이지(www.iec.ch)

다. 국제전기통신연합(ITU)

국제전기통신연합(International Telecommunications Union)은 1865년 설립된 국제전신연합(International Telegraph Union)을 토대로 1947년 UN에 의해 전기통신, 전파통신, 위성통신, 방송 등의 국제정보통신 분야를 총괄하는 전기통신 부문 전문 기구로 지정되었다. 현존하는 국제기구 가운데 가장 오랜 역사가 있는 ITU는 2021년 8월 기준 193개국 900여 개 기관을 회원으로 두고 있다.

ITU 설립 목적은 전기통신 서비스 품질 향상 및 범세계적인 전기통신 표준화 촉진, 국가 간 전파간섭 방지를 위한 무선 주파수 대역 할당, 궤도 위성의 위치 등록 및 국제 전파규칙 관리, 개발도상국 정보통신 발전을 위한 기술지원, 통신설비·망 구축 지원, 자원 조달 등 회원국 간 건설적 국제협력 증진에 있다.

17　IEC, https://www.iec.ch/standards-development (검색일: 2022년 7월 5일).

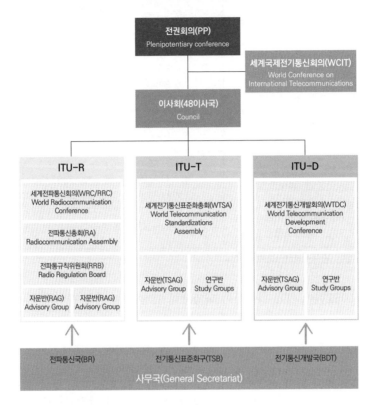

그림 2-7 / ITU 조직 현황(2022년 12월 기준)

출처: 한국ITU연구위원회 홈페이지(www.koreaitu.or.kr)

ITU는 1992년 추가 전권회의(Additional PP)를 통해 제정된 헌장, 협약에 의하여 ITU-R(ITU 전파통신 분야, ITU Radio Communication Sector), ITU-T(ITU 전기통신 표준화 분야, ITU Telecommunication Standardization Sector), ITU-D(ITU 전기통신 개발 분야, ITU Telecommunication Development Sector)로 재편되어 현재 체제로 운영되고 있다. ITU 표준은 ICT 네트워크 운영의 필수적인 요소라 할 수 있다. 인터넷 액세스, 전송 프로토콜, 음성과 비디오 압축, 홈 네트워킹 및 ICT의 무수한 시스템들이 수백 개의 ITU 표준을 통해 작동하고 있기 때문이다.[18]

---

18   ITU, https://www.itu.int/en/itutelecom/Pages/default.aspx (검색일: 2022년 6월 21일).

	표 2-8 / ITU 주요 표준화 대상 분야

표준화 기구	주요 표준화 대상 분야	관련 사실 표준화기구
ITU-R	전파·이동통신	3GPPs, GSMA, IEEE802, IETF, NFC Forum, OMA, ONF, W3C, WiFi Alliance, Bluetooth SIG, PLASA, IALA, NMEA, ICAO, EUROCAE, RTCA, A4WF, CISPR, PMA, WPC, AirFuel
	방송	ATSC, CableLabs, DRM Consortium, DVB, HbbTV, Open IPTV Forum, SCTE, SMPTE, World DAB, HDMI Forum, TISA
ITU-T	광전송, 미래인터넷, 스마트홈 등 통신망	DMTF, FSAN Forum, IEEE802, IETF, IMTC , IRTF, OIF, OGF, ONF, SNIA, BBF, TM Forum, WiFi Alliance, OCF, Kantara, W3C,OMA
	기후변화, 스마트시티, 스마트 농업, 유헬스	oneM2M, OCF, IETF, GS1, IEEE11073, HL7

출처: 국가기술표준원, 「2019 국가기술표준백서」, p. 65.

    남한은 1952년에 ITU 회원국이 되었으며 1989년부터 여덟 차례에 걸쳐 이사국으로 당선되어 활동하고 있다. 현재 과학기술정보통신부 국립전파연구원에서 한국ITU연구위원회를 구성하여 ITU의 각 분야 표준화 활동에 총체적으로 대응하고 있다. ITU-R 분야에서는 차세대 이동통신, 방송 기술, 전파 관리 등 급변하는 전파통신 분야에서 한국의 전파 주권 확보와 국내 선도 기술의 국제표준화 추진을 위해 전파통신 분야(ITU-R)의 전파통신총회(RA), 전파통신 자문반(RAG), 연구반(SG) 등 국제회의에 국가대표단을 구성하여 참가 및 대응한다.

    전기통신 분야 국제표준 개발과 체계적인 대응을 위한 조치로는 전기통신표준자문반(TSAG), 연구반(Study Group) 등 ITU-T 국제회의에 참여하고 있다. 세계적인 정보통신 개발 주요 이슈에 대응하고 관련 국제협력 이니셔티브를 확보하여 정보통신 분야의 표준을 활성화하고 선도하기 위하여 세계전기통신개발회의(WTDC), 전기통신개발 자문반(TDAG), 연구반(SG) 등 주요 회의에 참여하고 있다.[19]

---

19   한국ITU연구위원회, https://www.koreaitu.or.kr/ITU_R/main.do?menu_gubun=big&menu _no =2&menu_ no2=&menu_no3=&params=362 (검색일: 2022년 6월 22일).

북한은 1975년에 ITU에 부문 회원으로 가입하였다. 북한의 ITU 관련 동향으로는 2013년 11월 태국 방콕에서 열린 ITU 텔레콤 월드(ITU Telecom World)에 장관급이 참석하였고, 2014년 3월 아랍에미리트(UAE) 두바이에서 개최된 세계전기통신개발총회(WTDC-14)에 실무급이 참여[20]하였다. 이후 북한의 ITU 활동은 2019년 12월 주파수 관련 ITU-R 부문에서 지상파 DTV 사용 관련 주파수를 신청한 것으로 확인되었다.

2015년도에는 ITU 창립 150주년을 맞아 북한 체신성(현. 정보산업성) 김광철 장관 명의로 ITU 훌린 자오(Houlin Zhao) 사무총장에게 외교 서한이 발송되었다. 서한은 "지원과 협력의 지속을 위한 ITU의 적극적인 지원을 바란다"라는 내용으로 ITU와 북한 간 관계를 원만하게 유지함과 동시에 북한의 지속적인 ITU 참여와 활동을 위해서는 경제적 지원이 필요하다는 북한의 입장을 확인할 수 있다. 경제난이 심각한 북한은 일반적으로 국제기구 가입과 활동에 따른 각종 분담금 등이 부담이 되는 만큼 항상 지원을 요구한다.

2) 남북한 관련 지역표준화기구와 남북한의 참여

(1) 태평양지역표준회의(PASC)

태평양지역표준회의(Pacific Area Standards Congress)는 1973년 태평양 지역 국가 간 공동 관심사인 공업 발전을 위한 이해 조정, 표준화 관련 국제무대에서의 회원국 간 상호 결속을 목적으로 창설되었다. 태평양지역표준회의(PASC)는 국제표준화를 위한 ISO와 IEC와의 협력, 회원국 간의 협조와 상호 관심사에 관한 중요한 결의안들을 채택하여 지역 내의 국제표준화 증진에 기여하고 있다. 구체적인 활동으로는 회원국들의 표준화 관련 의견과 정보교환, 국제무역과 통상 촉진을 위한 국제표준화 활동 조정, 태평양 지역 국가들의 ISO, IEC 등 국제표준화기구 전달 건의문 작성, 전달 등이 있다.

---

20   "부산 ITU 전권회의 역대 최대 규모 될 듯…북한도 초청," 「연합뉴스」, 2014년 9월 5일, https://n.news. naver.com/mnews/article/001/0007104893?sid=100 (검색일: 2022년 6월 22일).

1990년대 이후 지역 경제의 블록화 현상이 전 세계로 확산함에 따라 표준화 분야에서 지역 협력의 필요성이 높아졌다. 유럽 국가들의 유럽연합(EU) 단일경제체제의 구축과 관련한 지역표준화 활동의 활성화가 대표적인 예이다. 이러한 지역표준화 협력의 중요성을 인식한 태평양 연안 국가들은 ISO와 IEC의 국제표준화 활동을 강화하고, 국제표준화 활동에 효과적으로 참여할 수 있는 능력을 배양하기 위한 지역기구의 필요성을 절감하고, 태평양 지역 국가의 표준화기구를 창설하였다. 1973년 2월 한국을 포함한 미국, 호주, 일본 등 8개국 대표가 제1차 총회를 개최한 이후 제45차 총회에 이르기까지 회원국은 총 26개국으로 늘었다.

1973년 제1차 PASC 창립총회부터 참여하고 있는 한국은 PASC 집행위원회(EC, Executive Committee) 회원국으로 활동하고 있다. 한국의 PASC 활동 주요 목적은 표준화 관련 정보교환과 협조를 통한 국내 표준화 발전 도모, 국산 제품과 서비스의 우수성 홍보를 통한 수출 증대 도모, 국제무대에서 한국의 위상 강화를 위한 지역 지지 기반 강화에 있다.

표 2-9 / PASC 회원국 현황(2020년 12월 기준)

표준화 기구	회원국 명단
PASC	호주(SA), 홍콩(ITCHKSAR), 몽골(MASM), 러시아(GOST-R), 태국(TISI), 캐나다(SCC), 인도(BIS), 뉴칼레도니아(GOUV), 한국(KATS), 중국(SAC), 인도네시아(BSN), 뉴질랜드(SNZ), 싱가포르(ESG), 콜롬비아(ICONTEC), 일본(JISC), 파푸아뉴기니(NISIT), 남아공(SABS), 피지(FTSQCO), 에콰도르(INEN), 페루(INDECOPI), 멕시코(DGN), 필리핀(BPS), 베트남(STAMEQ), 말레이시아(DSM), 키리바시(MCIC), 미국(ANSI)

출처: 국가기술표준원, 「2022 국가표준백서」, p. 65.

(2) 아시아태평양경제협력체(APEC) 산하 표준적합소위원회(SCSC)

아시아태평양경제협력체(Asia-Pacific Economy Cooperation)는 전 세계 인구의 약 40%, GDP의 약 52%, 교역량의 약 45%를 점유하는 세계 최대의 지역 협력체이다. 지역공동체를 추구하되 EU와 NAFTA(북미자유무역협정, North American Free Trade Agreement)와는 달리 역사 무역·투자 자유화와 경제·기술 협력의 혜택을 역외 국가와 공유한다. APEC의 의사 결정은 합의(Consensus) 방식에 따르며, 비구속적

(Non-binding) 이행을 원칙으로 함으로써 회원국의 자발적 참여와 이행을 중요하게 여긴다.

정상회의 시 정상 간의 형식에 구애받지 않는 비공식 회의 방식을 통해 지도자들 간 자유롭고 진솔한 논의 기회를 제공한다. 특히 정상회의가 지도자들 간 인간적 유대 관계 구축의 계기로 작용함으로써 아·태지역의 경제 안보 협력 증진을 위한 정책 공조의 장이 되고 있다.

APEC은 활동의 초점을 기업 활동 촉진에 두고 있다. 정상들과 APEC 기업자문위원회(ABAC, APEC Business Advisory Council)와의 대화, 최고경영자회의(CEO Summit)에서의 교류 및 태평양경제협력위원회(PECC, Pacific Economic Cooperation Council), 태평양경제협의회(PBEC, Pacific Basin Economic Council) 등 지역 차원의 민간기구와 협력하고 있다. 또한, 무역투자위원회(CTI, Committee On Trade and Investment) 산하 '산업 대화(Industry Dialogues)'의 형태로 자동차 대화, 화학 대화, 생명과학 혁신포럼, 농·생명공학 고위급 정책 대화 등을 운영한다.

표준적합소위원회(SCSC, Sub-Committee on Standards and Conformance)는 APEC 내의 무역투자위원회 산하 표준과 적합성 평가를 다루는 소위원회이다. 기술과 제품에 대한 표준과 적합성 평가가 역내 무역에서 중요한 요인으로 작용하게 됨에 따라 APEC 회원국들은 1994년 11월 자카르타에서 개최된 제6차 각료회의에서 'APEC 표준 적합성 프레임워크에 관한 선언(Declaration on an APEC Standards and Conformance Framework)'을 채택하고 무역투자위원회(CTI)의 부속위원회로서 SCSC 설립을 승인하였다. SCSC에는 한국, 중국, 일본, 베트남, 미국, 호주, 캐나다 등 22개 회원국이 참여하고 있다. 남한은 국가기술표준원 국제표준과에서 관련 의제에 대응하고 매년 총회에 참가한다. 반면 북한은 2023년 12월 현재 회원국으로 가입되어 있지 않다.

표 2-10 / APEC SCSC 회원 및 참관 기관	
구분	**회원 및 참관 기관**
정회원 (22개국)	한국, 호주, 브루나이, 캐나다, 중국, 칠레, 홍콩, 일본, 인도네시아, 말레이시아, 멕시코, 뉴질랜드, 파푸아뉴기니, 페루, 필리핀, 러시아, 싱가폴, 대만, 태국, 미국, 베트남
APEC-SRB	APLMF(아태법정계량포럼), APMP(아태계량기구), APLAC(아태시험소인정협력체), PAC(태평양지역인정협력체), PASC (태평양지역표준회의)

출처: 국가기술표준원, 「2022 국가표준백서」, p. 66.

4 남북한의 표준·규격화 운용 체계

1) 남한의 표준화와 북한의 규격화 정의와 의미의 차이

(1) 남한의 표준과 북한의 규격에 대한 정의 및 비교

국제표준화 기구 규정 ISO/IEC Guide 2(표준화 및 관련 활동에 대한 일반용어 및 정의, 1991)는 "표준은 공통적이고 반복적인 사용을 위하여 합의에 의해 제정되고 인정된 기관에서 승인된 문서로서 주어진 여건 아래서 최적의 질서 확립을 목적으로 하는 활동이나 그 결과에 대한 규칙, 지침 또는 특성을 제공한다"라고 정의한다.[21] WTO[22]는 표준을 "규칙, 지침, 상품의 특성 또는 관련 공정 및 생산 방법을 공통적이고 반복적인 사용을 위하여 규정하는 문서"라고 정의하였다.

---

[21] ISO/IEC Guide 2 Standardization and related activities General vocabulary 3.2 standard: the document, established by consensus and approved by a recognized body, that provides, for common and repeated use, rules, guidelines, or characteristics for activities or their results, aimed at the achievement of the optimum degree of order in a given context.

[22] WTO는 국가사이의 무역을 결정하는 국제 규칙을 책임지는 국제, 정부 간, 조약에 근거한 기구로 세계무역의 97% 이상을 차지하는 150개 국가가 회원이다. WTO의 TBT(Technical Barriers to Trade)위원회는 Annex 4 of the Second Triennial Review(23 May 2002)를 통해 국제표준 개발 원칙은 투명성, 개방성, 공정성 및 합의성, 효율성 및 관련성, 일관성, 적정절차, 기술지원이라고 규정하고 있다. 출처: 미국표준협회 홈페이지 (www.standardsportal.org), https://www.standardsportal.org/usa_kr/k/resources/wto_overview.aspx (검색일: 2022년 11월 17일).

산업통상자원부 산하기관으로 한국의 국가표준을 관장하고 있는 국가기술표준원은 표준의 정의에 관해 "측정이나 참조 혹은 판단을 위한 근거, 기준, 목표 등을 의미한다."라고 밝히고 있다. 한국산업표준 규정은 "관계되는 사람들 사이에서 이익이나 편리가 공정하게 얻어지도록 통일·단순화를 꾀할 목적으로, 물체, 성능, 능력, 동작, 절차, 방법, 수속, 책임, 의무 및 사고 방법 등에 대하여 정한 결정"이라고 표준을 정의하고 있다. 한국표준협회는 "표준이란 무게 · 질량 · 범위 · 품질 등의 측정 원칙이나, 공정 · 분석 방법 등의 기술, 혹은 사회 문화적 관습이나 가치 등이 이해관계자들의 합의에 의해 결정된 것"이라고 정의하였다. 김용주는 표준을 "인류가 문명을 형성해 나가면서 사람 사이의 편의와 효율성을 도모하고 공정성과 안전을 확보하기 위해 정한 상호 약속"이라고 정의하였다.[23]

북한은 조선말대사전을 통해 표준을 "여러 사물을 비겨보는 기준 또는 그것으로 되는 사물", "표본이나 규범적인 것으로 되는 것"이라고 정의하였다. 이 부분에서 남북한의 표준과 규격의 개념 인식을 위하여 규격의 정의를 확인할 필요가 있다. 국립국어원 표준국어대사전은 규격을 "제품이나 재료의 품질, 모양, 크기, 성능 따위의 일정한 표준"으로 정의한다. 남한에서 규격은 초기에는 표준과 동일한 의미로 인식되었으나 점차 '표준' 개념이 확대됨에 따라 '규격'은 표준의 하위 개념으로 이해되다가 최근에는 표준 개념으로 대체되는 추세이다.[24]

이와 달리 북한에서는 여전히 '규격'을 공식 개념으로 사용하며 국가표준을 '국규'라고 칭한다. 국가규격은 인민경제에 의의가 있거나 국가적 범위에서 통일성 보장이 필요한 생산품과 수출품에 적용하여 호환성을 확보하기 위한 기준을 규정하고 있다. 「규격법」 제1장 규격법의 기본 제2조(규격의 종류)에 '규격은 사회경제적 효과성을 최대로 내게 하는 합리적 기준'이라고 명시하고 있다. 「조선대백과사전 3」은 규격을 "제품의 형, 치수(호수), 기본 특성, 기술적 요구, 시험법, 포장, 보관, 수송 조건과 학술 용어, 기호(자호), 단위, 설계기준, 표기법 등을 전국적 범위 및 지역적 및 기업소

---

23   김용주, "The power of standards: 표준의 정의와 분류," 「임상검사정보학회 초록집」 2013권 1호(2013), pp. 185-209.

24   정병기, "남북의 표준 및 표준화의 차이와 표준협력 과정 및 표준 통합의 방향과 전망," 「한국정치연구」 제25집 제1호(2016), pp. 1-22.

범위에서 통일시킨 규정이다. 규격은 모든 공민이 의무적으로 지켜야 할 법적 기술 문건이다"라고 규정하였다.[25]

(2) 북한의 표준화와 규격화의 공통점과 차이점

표준화란 "표준을 개발하고 발간하며 이행하는 프로세스"를 의미한다.[26] 이는 표준을 보급하고 관련된 정보를 이해관계자에게 제공하는 활동 등도 포함한다. ISO/IEC Guide 2 Standardization and related activities General vocabulary는 표준화(Standardization)를 '실제 또는 잠재적 문제와 관련하여 주어진 맥락에서 최적의 질서 수준 달성을 목표로 공통적이고 반복적인 사용을 위한 규정을 수립하는 활동'으로 규정한다.[27] 즉, 표준화는 '일상적으로 사용하는 생활용품에서부터 자동차, 비행기 등 모든 제품 및 부품의 치수, 성능, 재질, 시험 방법 등을 통일화 및 단순화해 기준에 따르도록 하는 것'으로, 이해 관계자의 합의, 공개원칙, 자발성 존중, 통일성과 일관성 유지, 시장 적합성, 경제성, 공공이익 추구 등 여러 원리를 기초로 만들어지고 있다.[28]

북한 당국은 「경제사전 1」에서 다음과 같이 표준화와 규격화의 공통점과 차이점을 설명하였다. "표준화는 기술적으로 가장 우월하고 경제적으로 가장 유리한 것을 선택하여 제정된다. 바로 이점에서는 규격화와 내용상 동일하며 서로 통일적 관계에 있다. 그러나 표준화는 적용 대상의 특성에 따라서 부차적인 규격, 치수 및 형태 등을 변경할 수 있으며 법 준수의 의무가 없다는 점에서 차이가 있다. 결국 표준화는 규격화보다 포괄범위가 넓다. 규격화는 집행에서 법적인 의무성을 띠지만 표준화는 그렇지 않다는 점에서 차이가 있어 구분된다. 법적인 준수 의무가 양자의 구분 기준이다. 따라서 표준화에 관해서는 법령이 존재하지 않고 규격 및 여타 분야에는 법령이 존재한다."[29]

---

25 남성욱, "북한의 표준·규격화 체계와 남북한 통합방안," 「입법과 정책」 제7권 제2호(2015), pp. 33-58

26 국가기술표준원, 「2021 국가표준백서」, p. 30.

27 ISO/IEC Guide 2 Standardization and related activities General vocabulary 1.1 standardization activity of establishing, with regard to actual or potential problems, provisions for common and repeated use, aimed at the achievement of the optimum degree of order in a given context.

28 국가기술표준원, 「2021 국가표준백서」, p. 30.

29 사회과학원, 「경제사전 1」 (평양: 사회과학원 경제연구소, 1970), pp. 704-705.

북한은 2011년 11월 29일 자 로동신문을 통해 표준화와 규격화의 공통점과 차이점을 설명하였다. "표준화와 규격화는 일정한 공통점과 차이점이 있으면서 상호 긴밀한 연관 속에서 발전한다. 표준화는 일정한 분야를 대상으로 그의 대비 기준이 되는 표준을 정해놓고 그것을 일반화하도록 함으로써 커다란 사회·경제적 효과를 얻게 한다. 규격화는 사회 경제생활의 전반 영역을 대상으로 하여 그의 합리적인 기준으로 되는 규격을 제정해놓고 그것을 의무적으로 집행하도록 함으로써 최대의 사회·경제적 효과를 얻게 한다."

표준화와 규격화는 이렇게 목적은 같지만, 그 대상과 내용, 실시 방식에서는 일정한 차이가 있다. 표준화가 대비 기준을 논한다면, 규격화는 합리적인 기준을 논한다. 표준화는 규격화보다 내용에서 세부적 측면까지 반영하지만, 법적 의무성은 띠지 않으며 권고적인 성격을 내포하고 있다. 표준화는 규격화와 달리 본보기를 만들어놓고 구체적인 실정에 맞게 반복 이용하면서 일반화, 보편화하는 방법으로 실현한다. 그러므로 법적 강제성이 없는 관리 효율화 측면에서 체계화를 말할 때는 규격화의 유의어로 '표준화' 개념을 사용하기도 한다.[30] 본서에서는 북한의 개념적 기준인 표준화와 법적인 기준인 규격화를 결합하여 남한의 표준화와 대비하여 사용한다.

2) 남한의 표준화 운용 체계

(1) 표준화 조직 체계와 특징

「대한민국헌법」 제127조는 "국가는 국가표준제도를 확립한다"라고 명시했다. 이를 위해 「국가표준기본법」과 「산업표준화법」 등을 운용하고 있으며 「국가표준기본법」에 근거한 국가표준심의회와 실무위원회를 통해 국가표준화 정책을 수립·조정하고 있다.

국가표준심의회는 국가표준 정책의 종합적인 조정을 주관하는 조직으로서 국제표준 관련 기구와 협력하고 적합성 평가 체제 구축을 위한 사업, 측정표준, 참조표준, 성문

---

30   정병기·김찬우, "산업표준 보유 및 표준화 활동 추이로 본 한국 산업표준 정책의 특징과 변화," 「한국과 국제정치」 제29권 제3호(2013), pp. 155-188.; 이진랑·정병기, "북한의 국제표준화 활동 및 전략: 「계량 및 규격화」를 중심으로," 「국가정책연구」 제28권 제3호(2014), pp. 181-207.

표준에 관련된 제도 및 규정의 심의와 조정, 국가표준의 국제표준 부합화 사업과 국가
표준의 통일화 사업을 관장한다.[31] 국가표준심의회의 의장은 산업통상자원부 장관이며
각 부처의 차관급을 위원으로 한다. 실무위원회의 위원장은 국가기술표준원장이며 각
부처 국장급 및 민간위원이 위원회에 참가한다. 즉, 남한의 국가표준화 주무 부처는 산
업통상자원부이며 국가기술표준원은 산업통상자원부 소속의 국가표준 대표 기관이다.

국가기술표준원은 국가표준, 공산품의 안전 및 품질관리, 공산품의 법정 계량과
측정, 신기술·신제품의 기술 평가와 인증 등을 관장하며 국내·외 시험인증 규제 대
응 업무를 총괄한다.

그림 2-8 / 국가기술표준원 조직체계

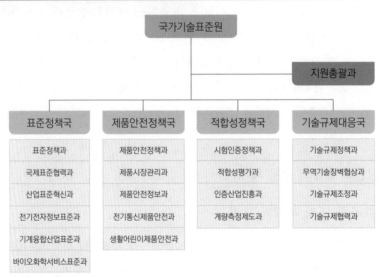

출처: 국가기술표준원 홈페이지(www.kats.go.kr)

남한의 표준화 정책은 국가산업의 정책적 필요로 도입하여 초기에는 국가가 강
력하게 주도였으나 점차 민간의 참여가 활성화되었다.[32] 1961년 제정된 「산업표준

---

31   「국가표준기본법」 제5조(국가표준심의회) 2항.
32   정병기·김찬우, "산업표준 보유 및 표준화 활동 추이로 본 한국 산업표준 정책의 특징과 변화," 「한국과 국제
      정치」 제29권 제3호(2013), pp. 155-188.

화법」에 따라 정부는 같은 해 상공자원부 산하 외국(外局)으로 표준 개발기구인 표준국을 설치하였다. 1962년에는 공업진흥청 산하에 표준 심의기구인 공업표준심의회를 구성하였으며, 표준의 효율적인 보급과 교육 홍보를 위한 민간기구인 한국표준규격협회[33]를 창립하였다.[34]

그림 2-9 / 한국표준협회 조직체계

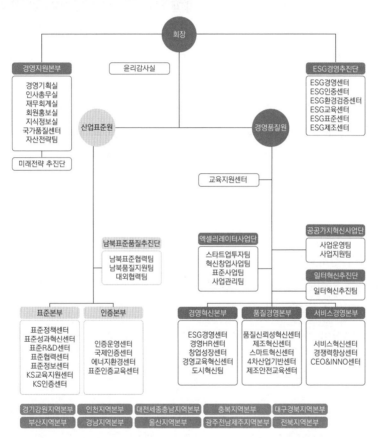

출처: 한국표준협회 홈페이지(www.ksa.or.kr)

33 1966년 한국규격협회로 개칭되고 1978년 한국공업표준협회로 다시 개칭되었다가, 1993년 현재의 명칭인 한국표준협회로 변경되었다.

34 김찬우, "한국의 산업화와 표준화 정책: 박정희 정권의 경제계획적 표준화 도입 배경과 국가 주도 표준화의 진수(進水)," 「대한정치학회보」 제18집 제3호(2011), pp. 161-181.

한국표준규격협회는 1993년 명칭이 한국표준협회로 변경되었으며 1998년 KS 인증 ISO 연수 국가인증기관으로 지정되었고 1999년 산업표준연구원과 통합되었다. 한국표준협회는 표준 연구 개발, 국내외 표준 발간과 보급을 통해 국내 기업의 국제 경쟁력 향상을 위한 활동을 하고 있다. 회원사들의 산업표준화와 품질경영에 관한 조사·연구·개발·진단·지도 및 교육을 수행하고 있으며 산업표준화 및 품질경영을 촉진하는 KS·ISO 인증 · 평가, 단체표준화 및 국제표준화 활동을 지원한다.[35]

1992년 이후 경제발전에서 전기·전자의 비중이 확대되고 2000년 이후 정보통신(IT)산업이 급격하게 부상하며 한국은 국제표준 확장기를 맞이하였다. 남한의 주요 표준화 대상은 인쇄 회로용 기판, 멀티미디어, 정보기술, 항공 우주, 태양광 발전, 친환경 녹색제품 등이었다. 이후 본격적인 국제표준 참여기를 맞은 남한은 융합기술 등의 신산업과 환경규제, 사회적 책임에의 대응, 서비스 산업과 융합 산업의 부상에 따라 서비스, 생활 표준화, 전기자동차, 스마트그리드, 스마트물류, 클라우드 컴퓨팅 등을 주요 표준화 대상으로 범위를 다양하게 확대하고 있다.[36]

이처럼 표준화는 한국 경제발전을 추동하며 동반 성장해왔다. 기업의 혁신 전략과 정부의 혁신 정책에서 혁신을 장려하고 추진하는 잠재력[37]을 넘어 사회질서를 확립하고 소비자 복지향상을 위한 기능을 하고 있다.[38] 표준이 산업발전과 기업 성장을 견인하는 국가 경쟁력의 핵심 요소이자 국민의 편안하고 안전한 삶을 보장하는 '국가 인프라'라는 인식이 전 세계적으로 확산[39]함에 따라 국내외 표준화 환경도 변화하고 있다. 이에 따라 정부는 산업별로 세분된 기준을 포용하는 폭넓은 표준화 작업을 통해 융합과 연결이 가속화되는 4차 산업혁명 시대에 대비하고 있다.

---

35   「산업표준화법」 제34조(협회의 업무)를 근거로 내용을 재구성하였다.

36   국가기술표준원, 「산업표준화 50년사」 (과천: 국가기술표준원, 2011), pp. 16-17.

37   Blind Knut, *The economic function of standards in the innovation process*, 「Handbook of Innovation and Standards」, (Cheltenham: Edward Elgar Publishing, 2017), pp. 38-62.

38   이희진, 「표준으로 바라본 세상」 (파주: 한울엠플러스, 2020), pp. 23-24.

39   서의영·이진수·박제현, "광해관리분과위원회(ISO TC 82/SC 7) 국제표준 현황 분석," 「한국자원공학회지」 제57권 제6호(2020), pp. 609-618.

(2) KS 현황

1961년 제정된 「산업표준화법」에 따라 1962년 3,000종의 국가표준을 시작해 2021년 12월 기준 21,136종을 운용 중이다. 국제표준과 대응되는 국가표준의 경우 WTO/TBT협정과 APEC/SCSC에서의 권고에 따라 부합화하여 운영하고 있다. 2021년 기준 국내표준의 국제표준 부합률은 98.8%이다.

그림 2-10 / 연도별 KS 현황

출처: 국가기술표준원, 「2021 국가표준백서」, p. 38.

KS는 기본 부문(A)부터 정보 부문(X)까지 21개 부문으로 구성되어 있으며 제품의 형상·치수·품질 등을 규정한 제품표준, 시험, 분석, 검사 및 측정 방법, 작업표준 등을 규정한 방법 표준, 용어, 기술, 단위, 수열 등을 규정한 전달표준으로 분류한다.[40]

---

40 한국표준협회, "특허권을 포함하는 표준의 KS국가표준 제정 절차," https://ks.ksa.or.kr/ksa_kr/956/subview.do (검색일: 2022년 7월 23일).

표 2-11 / KS 대분류 목록

분류 기호	부문
A	기본
B	기계
C	전기
D	금속
E	광산
F	건설
G	일용품
H	식료품
I	환경
J	생물
K	섬유
L	요업
M	화학
P	의료
Q	품질경영
R	수송기계
S	서비스
T	물류
V	조선
W	항공우주
X	정보

출처: e나라표준인증 홈페이지(standard.go.kr)

(3) KS 제정·심의 프로세스

KS는 「산업표준화법」에 따라 산업표준심의회의 심의를 거쳐 국가기술표준원장 및 소관 부처의 장이 고시함으로써 확정된다. 한국표준협회가 제시한 5단계로 나누어 서술하면 다음과 같다.

제1단계는 KS 표준안 작성 단계이다. 먼저 국가기술표준원장이 KS를 제정하고자 할 때는 국가기술표준원장으로부터 KS 안의 작성을 위탁받은 기관이 해당 안에 관계되는 기술을 대상으로 자체 조사와 연구를 통해 '해당 KS 안이 특허권 등의 대상이 되는 기술을 포함한다고 인정할 때 권리자 또는 발명(고안)자에 대하여 해당 특허권 등의 합리적이며 차별 없는 실시를 허락한다'는 승낙서 제출 의사를 국가기술표준원장에게 서면으로 제출한다.

이와 달리 이해 관계인이 KS 제정을 신청한 경우 신청 당사자가 해당 KS 안과 관계되는 특허권 등의 조사 결과와 함께, '해당 KS 안이 특허권 등의 대상이 되는 기술을 포함한다고 인정할 때는 해당 특허권 등의 관리자 또는 발명(고안)자에 대하여 해당 특허권 등의 실시를 허락한다'는 승낙서 제출 의사를 국가기술표준원장에게 서면 제출하면 된다.

제2단계는 산업표준심의회의 심의 단계로서 1단계에서의 조사 결과와 승낙서를 제출한 경우에만 해당 KS 안을 검토한다. 제3단계는 산업표준심의회의 완료 및 KS 제정 단계이다. 산업표준심의회 심의 결과 새롭게 해당 KS 안이 특허권 등의 대상이 되는 기술을 포함한다는 것이 판명되었을 때, 산업표준심의회 사무국은 해당 특허권 등의 권리자 또는 발명(고안)자에 대하여 해당 특허권 등의 실시를 허락하는 승낙서를 제출하도록 요청하게 된다. 제4단계는 KS에 기재하는 단계이다. 특허권 등의 대상이 되는 기술을 포함한다고 판단되는 KS를 제정하고자 할 때는 KS의 개요, 해설에 절차에 따른 필요한 사항과 참고 정보를 기재한다.

제5단계는 KS의 개정 단계이다. 국가표준 제정 후 특허권 등의 합리적이며 비차별적인 실시가 허락되지 않거나 해당 표준 이용에 지장이 생겼다고 판단될 때 국가기술표준원장은 해당 표준의 이용 현황 등을 조사하여 해당 표준이 적절하게 이용되지 않고 있다고 인정될 때 KS를 개정하여 국가표준의 적절한 이용을 확보하여야 하는데 한국표준협회는 이러한 절차를 특허권을 포함하는 표준의 KS 국가표준 제정 절차의 5단계로 규정하고 있다.

그림 2-11 / KS 제·개정 및 보급 프로세스

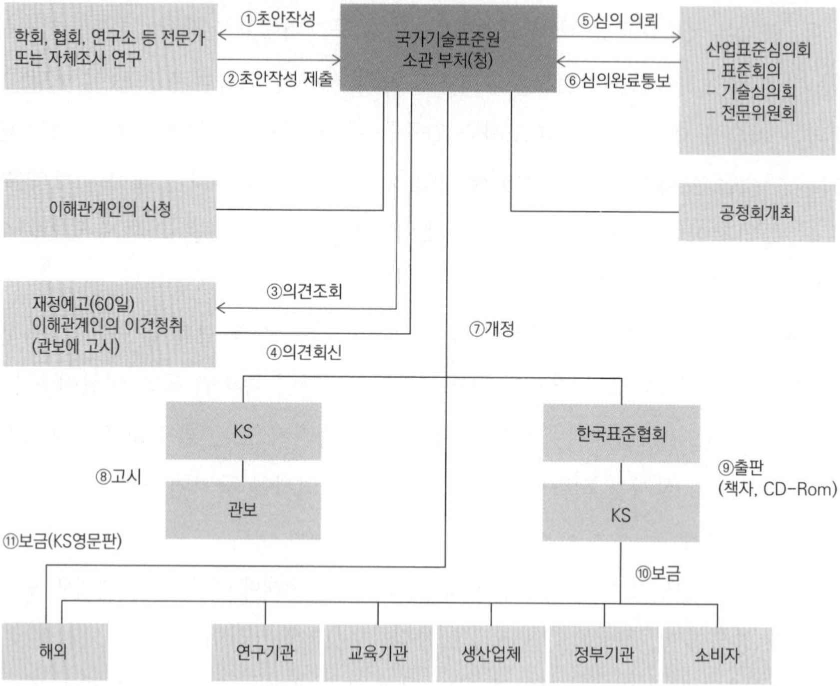

출처: e나라표준인증시스템(standard.go.kr)

3) 북한의 규격화 운용 체계

(1) 규격화 조직 체계와 특징

북한의 「규격법」 제1조는 "조선민주주의인민공화국 규격법은 규격의 제정과 적용에서 제도와 질서를 엄격히 세워 인민들의 생활상 편리를 보장하며 경제와 문화, 과학기술을 발전시키는 데 이바지한다"라는 규격법의 사명을 명시하고 있다. 북한의 규격화는 규격법 외에도 품질감독법, 계량법, 기업소법, 수출입상품검사법 등의 영향을 받는다.

북한의 품질감독위원회는 규격화 사업, 계량계측사업, 검사검역 사업을 비롯한 품질관리사업을 총괄[41]하는 내각 기관의 하나이다. 품질감독위원회는 1949년 8월 국가품질감독국으로 표준·규격화 업무를 시작하여 2011년 4월 15일 최고인민회의 상임위원회 정령에 의해 국가품질감독위원회로 승격되었다. 이는 남한의 처·청급에 해당하는 기관을 기능단위 6개 경제부처 중 하나로 승격한 것으로 당시 북한의 규격화 정책에 대한 중요성 증가의 일면을 보여준다.

광공업 제품은 국가가 생산·관리하여 규격화와 품질관리가 용이하다. 그러나 경공업 제품은 지방공업이나 협동단체 혹은 개별 수공업자들에 의해 다종·다양한 형태의 제품들이 생산되어 규격·생산 허가 등에 대한 수속 절차와 품질관리가 어려운 점이 있었으므로 이를 관리 강화 차원에서 국가품질감독위원회로 승격한 것으로 알려졌다.[42] 이후 부처의 명칭은 2020년 6월에 품질감독국으로 변경되었다가 2021년 11월 이후 로동신문, 민주조선 등 주요 언론에서 품질감독위원회로 명명되고 있다.[43] 명칭 변경에 대한 당국의 공식적인 발표는 확인되지 않는다.

---

41 "위대한 수령 김일성동지께서 국가품질감독체계를 세워주신 70돐 기념보고회 진행,"「로동신문」, 2019년 8월 19일, p. 2.

42 박영자 외,「김정은 시대 북한의 국가기구와 국가성」(서울: 통일연구원, 2018), p. 137.

43 2022년 8월 29일 개최된 제3회 남북한 표준·품질 협력 연구 세미나에서 한국과학기술정보연구원 최현규 책임 연구원이 북한 주요 기관의 전화번호부와 각종 매체의 보도를 분석하여 최근 조직을 재구성해 발표하였다.

그림 2-12 / 북한 정권 조직도

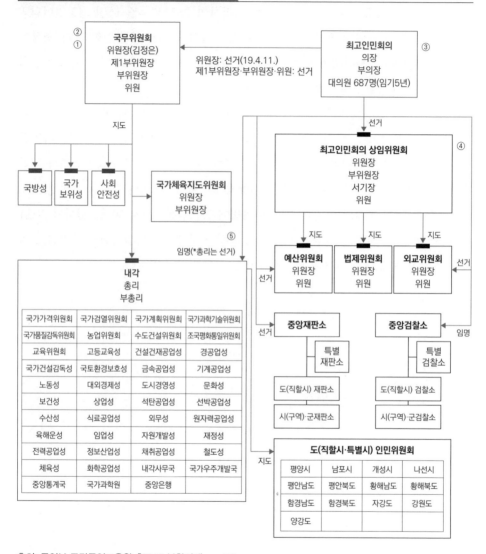

출처: 통일부 국립통일교육원, 「2022 북한이해」, p. 73.

품질감독위원회는 규격화에 관련된 정부 사업 전반을 수행하는데 구체적으로
는 국가규격 제정에 관련한 연구와 심의, 규격 제정 방법의 연구, 규격 용어 및 부호
의 연구, 품질 및 관리 방법의 연구, 상품의 분류, 규격화의 경제 효력 연구, 규격의

등록 및 감독사업, 규격서의 발간과 보급, 품질감독 요원 양성, 우수상품 등록 및 관리·감독 사업 등의 업무를 수행한다. 품질감독위원회는 행정기능에 더해 남한의 표준 관련 민간 조직의 기능도 수행하고 있다.[44]

출처: 최현규, 제3회 남북표준 · 품질연구 세미나 발표자료, 2022년 8월 29일.

품질감독위원회 산하에는 국가규격제정연구소와 중앙계량과학연구소가 있다. 국가규격제정연구소는 국가규격의 심의·제정, 규격정보 서비스, 표준 관련 국제 교류 등을 수행하는 규격화 사업의 핵심 조직이다.[45] 국가규격제정연구소는 2022년 3월, 북한·최고인민회의 상임위원회 정령으로 결정한 '26호 모범기대 영예상' 수여 명단에 포함되었다. 로동신문은 3월 24일 자 보도를 통해 설비관리 분야에서 노동당이 기계설비와 생산 공정의 현대화, 정보화를 실현하고 근로자들의 기술 기능 수준과 과학지식 수준을 높여 인민경제계획을 초과 달성하였다고 밝히며 사회주의 건설

---

44   최현규, "북한의 표준 및 산업 규격 현황: 정보통신을 중심으로," 「지식정보인프라」 통권 17호(2005), p. 91.
45   북한과학기술네트워크, "북한의 국가규격(KPS)과 국가품질감독국," NK TECH 뉴스레터 103호(2007), 4월 25일.

에 적극적으로 기여한 모범적인 단위로 국가규격제정연구소를 선정하였다.

중앙계량과학연구소는 북한의 계량·계측 사업을 담당하는 기관으로서 계량·계측 방법을 연구하고 도구들을 제작한다.[46] 조선노동당 중앙위원회는 2021년 2월 창립 70주년을 맞는 중앙계량과학연구소에 축하문을 보내 생산과 경영활동의 정보화·과학화 실현을 추동하고 국가에 큰 경제적 이익을 준 공을 치하하였다.[47]

국가규격화 사업의 정책과 행정을 담당하는 기관으로서 품질감독위원회의 권한과 구속력은 막강하다. 규격 및 표준에 대한 심의 등록과 서비스를 제공하는 자본주의 시장경제 체제의 표준화 시스템과 달리 사회주의 계획경제 체제의 특성상 북한에서는 민간의 산업규격까지 법적 강제성을 지니기 때문이다. 북한의 국가규격은 인민경제 계획의 작성, 설계 및 기술규정의 작성, 가격과 물자 소비기준, 노동 투입량의 제정, 품질검사, 제품 생산, 자재 공급과 같은 공업 생산 전 과정에 있어 법적 구속력과 강제성을 갖는다.

국가표준 체계는 역사, 정치, 경제, 사회, 과학기술 및 지리 등의 변수에 따라 달라지나, 사회주의 국가의 국가표준제도는 기본적으로 통제형이다. 시장경제 체제에서 표준은 권장 사항이나 표준화가 이루어지지 않으면 제품화하는 과정에서 비용 증가와 국제시장 진출 장애가 발생해 해당 산업이 발전할 수 없다. 남한에서는 국가가 표준을 정하여 권장하면 산업체들은 KS 기준에 부합하지 않는 새로운 형태의 제품을 생산할 수는 있지만 효율성과 경제성을 고려하여 신속하게 자발적으로 표준을 수용한다. 북한은 당국에서 기준을 정하면 산업체들은 의무 사항인 규범을 지키지 않을 경우 지시 불이행으로 제품 생산 자체가 불가능하기 때문에 법질서를 준수하는 견지에서 표준을 수용한다. 북한은 사기업의 존재가 장마당 등에서 미미하게 존재하는 것을 제외하고는 사실상 국영기업이 대부분이기 때문에 민간이고 국영기업이건

---

46 "조선로동당 중앙위원회가 창립 70돐을 맞는 중앙계량과학연구소 과학자, 기술자, 종업원들에게 보내는 축하문 전달 모임 진행," 「로동신문」, 2021년 2월 2일, p. 2.

47 중앙계량과학연구소는 2019년 복사고온계, 음준위계, 석탄발열량계, 광전비색계, 숫자식 광전비색계 등을 개발하였고, 2021년에는 회전 속도계 검정 장치를 비롯한 6종의 표준 계기들을 연구 개발하였다. 출처: "실천적 의의가 큰 측정 설비들을 연구 개발," 「로동신문」, 2019년 4월 28일, p. 1.; "현실적 의의가 큰 정보기술 제품들," 「로동신문」, 2019년 11월 6일, p. 4.; "계량계측 수단들을 연구 개발," 2021년 11월 10일, p. 6.

간에 국가 표준화 법령을 거부할 명분이나 자유가 없다.[48]

(2) KPS 현황

북한의 국가규격(KPS)은 2015년 기준 16,285종을 운용 중인 것으로 확인된다. 2015년 4월까지 제정된 규격을 수록한 '2015 국가규격 목록'을 근거로 분석한 KPS의 국제표준 부합률은 8.6%이다. KPS는 ISO 방식으로 ㄱ, ㄴ, ㄷ 순서를 적용해 광업, 유용광물(ㄱ)부터 전자, 통신 및 정보처리 기술(ㅉ)까지 18개 산업 분야를 대분류로 나눈 후 중분류, 소분류, 세부 규격 순으로 분류한다.

표 2-12 / KPS 16,285종 보유 현황

분류 기호	부문	보유 규격 수	보유 규격 순위
ㄱ	광업, 유용광물	778	7
ㄴ	원유제품	217	16
ㄷ	금속 및 금속제품	958	6
ㄹ	기계, 설비 및 공구	2,004	2
ㅁ	운수 수단 및 용기	350	13
ㅂ	동력 및 전기설비	761	8
ㅅ	건설 및 건재	276	14
ㅈ	요업 재료 및 제품	192	17
ㅊ	통나무, 나무, 나무제품, 종이	189	18
ㅋ	화학, 고무 및 돌솜제품	1,608	3
ㅌ	방직 및 가죽 재료와 그 제품	453	10
ㅍ	식료품 및 기호품	1,106	5
ㅎ	측정 계기 및 기구	453	11

---

[48]　남성욱·조정연·정다현, "A Study on the Characteristics of North Korea's Normalization and Standardization System in the Kim Jong-un Era: Focusing on the Reports of the Rodong Sinmun," 「Journal of Peace and Unification」 제12권 제2호(2022), pp. 105-129.

ㄲ	보건 및 위생	4,607	1
ㄸ	농업, 산림업 및 축산업, 바다짐승	496	9
ㅃ	과학기술용어, 기호 및 수치	241	15
ㅆ	문화용품 및 관리	370	12
ㅉ	전자, 통신 및 정보기술	1,228	4
계		16,285	–

출처: KSA, "남북한 주요 표준간 현황 비교분석을 위한 조사 연구," p. 12.

규격번호는 제정 순으로 일련번호를 부여한다. A, B, C 순으로 16개 부문의 대분류로 구분한 후 중분류, 세부 규격 순으로 분류하고 규격번호는 부문별로 일련번호를 부여하는 남한의 JIS 방식과는 다소 차이가 있다. KPS는 세부 규격이 규격 번호순이 아니라 그 항목이 속한 분류 기호 하에서 단순히 나열되는 형태이므로 세부규격의 수가 많아져도 구성에 영향을 미치지 않는다. KPS의 이와 같은 표기법은 특정 세부 항목 찾기에 용이하다.

그림 2-14 / KPS 계층 구조

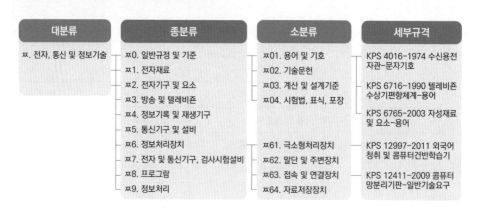

출처: 김서경, "ICT 분야 남북 국가표준 비교," p. 23.

KPS는 규격번호, 승인 연도, 분류 표기 순으로 구분하여 표기한다. 예를 들어 ㄱ. 광업. 유용광물 ㄱ0. 광업에 대한 일반규정 및 기준 ㄱ00. 용어 및 기호 국규 10832:2001 탄광용어-선탄 [ISO 1213-1:1993, IDT]로 표기한다.

그림 2-15 / KPS 분류 체계

KPS ㅉ01 12997 2011 외국어청취 및 콤퓨터건반학습기

└ 규격명
제정 및 개정 년도
규격번호
분류기호
국가규격표시(Korea People's Standard)

출처: 김서경, "ICT 분야 남북 국가표준 비교," p. 23.

(3) KPS 제정·심의 프로세스

가. 규격의 부류와 규격화 대상

북한 규격은 국가규격(국규), 부문규격(부규), 도(직할시)규격 (도(시)규), 시(구역), 군규격(군(시)규), 기업소규격(기규)으로 나뉜다. 국가규격의 규격화 대상은 첫째, 인민경제의 중요한 요소로서 전 국가적으로 통일하여 사용할 필요성이 있는 용어, 기초, 측정 단위, 표기방법과 같은 기초규격 대상, 둘째, 관리 기준, 설계 기준, 위생학적 기준, 환경보호 기준, 여러 경제 분야에서 공통으로 쓰이는 원료, 재료, 부분품 및 부분조립품, 부속품, 공구, 기구와 같이 호환성을 보장하여야 할 대상, 셋째, 검수 규정, 시험 방법과 같은 대상, 넷째, 중요 정책적 지표와 전략적 지표, 전문화 지표들이다.

부문규격화 대상은 국가규격 외 대상 중 해당 전문 부문에서 통일성이 필요한 경우이다. 부문 안에서 생산하여 이용하기 위한 기계, 설비, 공구, 기구, 부분품 원료, 재료들과 부문 안에서 적용되는 용어, 부호, 표식, 공정관리기준, 요구 등이 속한다.

도(직할시) 및 도(시)규 규격화 대상은 국가규격, 부문규격 외의 대상 중 해당 도(직할시)의 범위에서 통일성을 갖추기 위하여 적용하는 대상으로서 도(직할시)내 지방공업 기업소들과 생필품 생산 단위에서 생산하는 제품, 인민 소비품들과 도(직할시)내

기관 그리고 기업소들에서 경영상 필요하다고 지정하는 경우이다.

시(구역)·군규격화 대상은 시(구역)·군 범위에서 통일성 보장을 위해 필요한 대상으로서 해당 시(구역)·군 내 자체 원료와 자재로 생산하여 자체로 소비하기 위한 제품, 인민 소비품들이 속한다. 국가적으로 호환성 담보가 필요한 기계설비, 부속품, 전기 및 전자제품, 측정 수단은 여기에서 제외된다.

기업소규격화 대상은 국가규격, 부문규격, 도(직할시)규격, 시(구역)·군규격 외 연합기업소 또는 그와 같은 기능을 수행하는 기관, 기업소 범위에서 적용하는 대상으로서 생산 및 경영관리 기준, 요구, 방법들과 자체 생산 가능한 부분품, 부분 조립품들이 속한다.

북한의 국가규격은 중앙규격지도기관이, 그 밖의 규격은 해당 기관, 기업소, 단체가 제정한다. 국가규격 제정 대상으로 정해진 기술·경제적 지표에 도달하지 못한 대상은 국가임시규격으로 제정한다. 국가임시규격의 제정은 중앙규격지도기관이 한다.

나. 규격의 종류

규격의 종류는 크게 기술규격, 조직방법규격, 관리규격으로 구분한다. 규격의 종류에서 기본은 기술규격이며 이는 다시 기초규격, 제품규격, 표준공정규격, 안전 및 환경보호규격으로 나뉜다. 규격의 종류는 규격화 대상의 구체적 특성과 사명, 전문 분야 등에 따라 더 구체적으로 구분할 수 있다.

다. KPS 제정·심의 프로세스

KPS 제정은 준비 단계에서 대상을 선정하고 공동 작성조를 구성해 전망계획 단계에서 목표를 확정하고, 규격체의 전망계획 작성을 마치면 규격을 제정하여 도입 조직을 통해 검토·평가하여 도입하는 공정을 거친다.

북한에서 규격제정 기본원칙은 김일성과 김정일의 교시, 당의 정책, 인민경제발전계획 및 과학기술발전계획에의 부합이다. 중앙규격지도기관이 규정한 규격제정 절차와 방법에 준하여 규격을 만드는 데 규격화 사업과 관련된 법 규정, 지도서, 연관된 규격들을 근거로 제정한다. 「규격법」은 세계적 범위에서 최신 과학기술 발전과 규격화 사업 발전 추세, 규격화 사업추진 경험을 연구, 분석하여 북한 실정에 맞는 규격을 제정하도록 정하고 있다.

그림 2-16 / 종합적 규격화 작성 단계

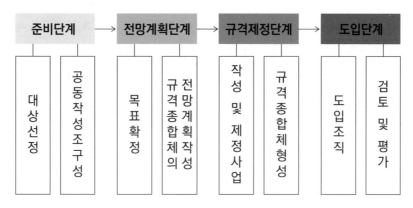

출처: 박혜정, "종합적규격화는 높은 단계의 규격화방법," 「계량 및 규격화」 2022년 1호, p. 26.

규격의 제정 공정은 규격 초안 작성 단계, 규격 초안 심의 단계, 규격 제정안 작성 단계 및 규격 제정 승인 단계를 거친다. 해당 절차를 '국규 1-2:2006 국가규격화사업-2부: 규격의 작성, 승인 및 검토 절차'에 따라 정리하면 다음과 같다.

규격 초안은 국규 1-6:2002, 국규 1-7:2002, 국규 1-10:2002에 준하여 작성한다. 규격 초안은 규격화 대상에 대한 과학 연구 성과와 기술 발전 수준, 생산과 수요 실태를 조사하고 경제·국제규격 및 외국의 규격에 관한 자료조사를 선행하여 작성해야 한다. 또한, 규격화의 경제적 효과를 과학적으로 예측하여 실익이 보장되도록 작성하여야 한다. 이 과정에서는 규격화의 경제적 효과를 과학적으로 예측하여 실리가 확고히 보장되도록 작성할 것을 규정하며 계산 방법은 국규 10810-0:2001~국규 10810-3:2001을 따르도록 하고 있다.

북한에서 모든 부류의 규격 초안은 과학연구기관, 설계기관, 생산 및 수요기관, 기업소를 비롯한 모든 기관, 기업소의 일군[49]들이 작성하거나 유능한 과학자, 기술자, 전문가, 설계자, 생산자, 수요자, 경제 일군들을 망라하는 규격 작성조를 구성하여 작성하도록 하고 있다. 당의 정책적 요구에 따라 국가적으로 긴급하게 제기되는 규격

---

49 조선말대사전에서 '일군'의 뜻은 일정한 분야를 책임진 지휘 성원, 일정한 부문에서 사업하는 사람을 통틀어 이르는 말, 일을 성실하게 잘하거나 능숙하고 솜씨 있게 잘 처리하는 사람을 의미한다.

화 대상은 중앙규격지도기관이 직접 작성할 수 있다. 과학 연구 과제 수행을 위한 신제품 생산 대상에 대한 규격 초안을 작성할 때는 과학 연구 과제를 담당하는 기관·기업소가 작성하며 발명, 창의 고안을 비롯한 신기술의 도입과 신제품 개발을 위한 규격화 대상의 규격 초안은 그것을 직접 도입, 생산하는 기관·기업소가 작성한다.[50]

작성된 규격 초안은 '국가규격화사업-2부: 규격의 작성, 승인 및 검토 절차, 3.2 규격의 제출 절차'에 따라 제출하고 심의받는데 규격의 부류에 따라 그 절차가 조금씩 다르다. 국가규격의 경우 초안을 작성한 기관 또는 기업소는 해당 규격합평회에서 합평하고 합평회의 회의록을 첨부하여 해당 기관 또는 기업소가 속한 부문규격지도기관 또는 도(직할시)규격 지도기관에 보내야 한다.[51]

국가규격의 제정안은 중앙규격 지도기관이 운영하는 비상설 국가규격제정위원회에서 승인(또는 부결, 보류)한다. 비상설 국가규격제정위원회의 서기장은 토의된 문제와 의견처리 정형을 회의록에 기록해야 하며 회의 참가자들의 서명을 받아야 한다.[52] 승인된 국가규격은 국가규격 등록대장에 등록하며 원안을 보관하여야 한다. 이때 합의 등록 번호와 합의 등록 년, 월, 일을 확인할 수 있는 합의 등록 날인을 한다. 또한, 국가규격의 유일 등록번호, 승인 연도를 표기한다.[53] 국가규격의 승인과 합의 등록 절차가 끝나면 규격 지도기관이 10일 이내 승인을 공포해야 하며 30일 이내 승인된 규격 인쇄본을 해당 규격을 적용해야 할 기관과 기업소에 송부해야 한다.[54]

KPS는 KS와 달리 규격 실시 유효기간이 있다. 제품규격은 5년, 기초규격, 조직방법규격, 관리규격은 10년, 자연환경과 관습의 영향을 받는 규격은 3년, 임시규격은 1~2년 범위에서 정하도록 규정하고 있다. 제품 규격 가운데 분류규격, 자호규격, 시험법규격 등 과학기술 발전에 따라 제품의 질에 근본적 영향을 주지 않는 규격들은 10년 범위에서 정할 수 있다. 실시 기일이 지난 규격은 적용할 수 없으므로 실시 기

50   "조선민주주의인민공화국 국가규격," 국가규격화사업-2부: 규격의 작성, 승인 및 검토 절차, 3. 1 규격초안의 작성.
51   "조선민주주의인민공화국 국가규격," 국가규격화사업-2부: 규격의 작성, 승인 및 검토 절차, 3. 2 규격의 제출절차.
52   "조선민주주의인민공화국 국가규격," 국가규격화사업-2부: 규격의 작성, 승인 및 검토 절차, 4. 1 규격의 승인.
53   "조선민주주의인민공화국 국가규격," 국가규격화사업-2부: 규격의 작성, 승인 및 검토 절차, 4. 2 규격의 등록, 합의 등록.
54   "조선민주주의인민공화국 국가규격," 국가규격화사업-2부: 규격의 작성, 승인 및 검토 절차, 4. 3 규격의 공포.

일이 끝나기 1년 전에 '과학기술발전규격화' 계획과 더불어 규격을 검토하고 6개월 전까지 수정, 일부 수정, 기일 연장 또는 폐기하는 문건을 해당 규격지도 기관에 제출 하여야 한다. 국가규격의 수정은 과학 연구 성과, 신기술 도입, 발명, 창의고안 등 과 학 기술적인 필요성의 발생 또는 현행 규격에서 질적 요구 또는 경제적 조건들이 달 라진 경우 시행한다.[55]

라. 국가규격 심의 지원체계

국가규격 심의 지원체계는 접수, 등록, 구분, 개별 심의, 부서 심의, 국가규격 합 평회, 규격중앙지도 기관 협의, 국가규격 번호, 국가규격 등록 등의 절차와 단계를 거 쳐 구성된다.

단위에서 작성한 국가규격 심의 문건 초안을 발송하면 국가규격 심의기관 해당 부서에서 규격을 구분하여 접수·등록을 진행한다. 해당 부서는 국가규격 심의 문건 초안에 관한 내용을 협의하고 담당 심의위원을 확증하여 심의를 위한 사업을 진행한 다. 심의위원은 국가규격 문건 초안에 관한 자료 조사 및 현지 실사 조사를 통해 심 의를 진행한다.

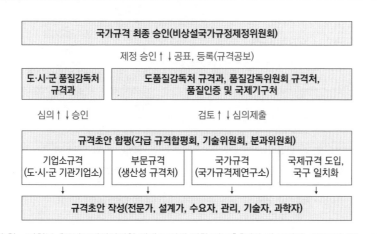

그림 2-17 / 북한의 국가규격 심의 체제

출처: 리승철 · 강천복, "국가규격심의지원 체계 구성에 대한 연구," 「계량 및 규격화」 2012년 3호, p. 36.

심의위원들은 국가규격 문건 초안에 대한 심의를 진행하여 국가규격합평회를 제기한다. 국가규격합평회 단계에는 국가규격 문건 초안 작성자, 연관 단위, 부문 일군들과 과학연구기관 일군들 등 해당 연관 단위의 책임을 지닌 성원들이 참가하여 협의하고 심의하여 규격중앙지도 기관에 제출한다. 첨부되는 기술적인 심의 내용들은 6개월 전에 수정·보충하여 제출한다. 규격중앙지도 기관에서는 국가규격 심의 문건에 대한 비상설 국가규격 제정위원회를 조직하여 협의를 진행하고 국가규격을 제정하여 국가규격 번호를 등록한다.

표 2-13 / KS와 KPS의 주요 차이점

구분	KS	KPS
공개 여부	• 대외 공개	• 출판물로 타국 송부 시 중앙규격지도기관과 해당 기관의 승인 필요
강제 여부	• 임의	• 강제
위반시 법적 조치	–	• 정상에 따라 행정적·형사적 책임 부과
표준·규격의 종류	–	• 국가규격 • 부문규격 • 도(직할시)규격 • 시(구역)·군규격 • 기업소 규격
표준·규격 제정기관	• 국가기술표준원	• 국가규격: 중앙규격지도기관 • 그 밖의 규격: 해당 기관, 기업소 단체가 제정
표준·규격 심의기관	• 국가표준심의회	• 국가규격: 비상설규격제정위원회 • 그 밖의 규격: 해당 기관, 기업소, 단체의 규격합평회
개정	• 필요시	• 유효기간 적용
표준·규격 분류	• JIS 방식 • 21개 대분류 • 164개 중분류 • 세부분류 없음	• ISO 방식 • 18개 대분류 • 171개 중분류 • 1,328개 소분류
표준·규격 현황	• 21,436종 (2022년 12월 기준)	• 16,285종 (2015년 국규 목록 기준)

출처: 연구 내용을 정리하여 저자 작성

참고문헌

1. 국내문헌

국가기술표준원. 「산업표준화 50년사」. 과천: 국가기술표준원, 2011.

국가기술표준원. 「2020 국가기술 표준백서」. 음성: 국가기술표준원, 2021.

국가기술표준원. 「2021 국가표준백서」. 음성: 국가기술표준원, 2022.

김서경. 「ICT 분야 남북 국가표준 비교」. 남북표준품질연구회. 2022.

김용주. "KS의 국제표준 규격 부합화 필요성." 「The Monthly Technology and Standards」 제19권 제3호(2003): 5-7.

김용주. "The power of standards: 표준의 정의와 분류." 「임상검사정보학회 초록집」, 1호(2013): 185-209.

김찬우. "한국의 산업화와 표준화정책: 박정희 정권의 경제계획적 표준화 도입 배경과 국가 주도 표준화의 진수(進水)." 「대한정치학회보」, 제18집 제3호(2011): 161-181.

남성욱. "북한의 표준·규격화 체계와 남북한 통합방안." 「입법과 정책」, 제7권 제2호 (2015): 33-58.

남성욱·조정연·정다현. "A Study on the Characteristics of North Korea's Normalization and Standardization System in the Kim Jong-un Era: Focusing on the Reports of the Rodong Sinmun." 「Journal of Peace and Unification」, 제12권 제2호(2022): 105-129.

박영자·이교덕. 「김정은 시대 북한의 국가기구와 국가성」. 서울: 통일연구원, 2018.

서의영·이진수·박제영. "광해관리 분과위원회(ISO TC 82/SC 7) 국제표준 현황 분석." 「한국자원공학회지」, 제57호 제6권(2020): 609-618.

연합뉴스. 2014. 9. 5. "부산 ITU전권회의 역대 최대 규모 될 듯…북한도 초청".

이준웅. "국제표준 규격화의 어제와 오늘." 「The Monthly Technology and Standards」, 제21권 제6호(2003): 3-6.

이희진. 「표준으로 바라본 세상」. 파주: 한울엠플러스, 2020.

정병기·김찬우. "산업표준 보유 및 표준화 활동 추이로 본 한국 산업표준 정책의 특징과
　　변화." 「한국과 국제정치」, 제29권 제3호(2013): 155-188.

최현규. "북한의 표준 및 산업 규격 현황: 정보통신을 중심으로." 「지식정보인프라」. 통권
　　17호(2005): 91.

한국정보통신기술협회. 「ICT 표준화 추진체계 분석서: 국가별 표준화 전략편」 (성남:
　　TTA, 2016).

2. 북한문헌

로동신문. 2019. 4. 28. "실천적 의의가 큰 측정 설비들을 연구 개발".

로동신문. 2019. 11. 6. "현실적 의의가 큰 정보기술 제품들".

로동신문. 2019. 8. 19. "조선로동당 중앙위원회가 창립 70돐을 맞는 중앙계량과학연구
　　소 과학자, 기술자, 종업원들에게 보내는 축하문 전달 모임 진행".

로동신문. 2021. 2. 2. "위대한 수령 김일성동지께서 국가품질감독체계를 세워주신 70돐
　　기념보고회 진행".

로동신문. 2021. 11. 10. "계량계측 수단들을 연구 개발".

사회과학원. 「경제사전 1」. 평양: 사회과학원 경제연구소, 1970.

사회과학출판사. 「조선말대사전 증보판 1」. 평양: 사회과학출판사, 2017.

3. 외국문헌

Blind Knut. *The economic function of standards in the innovation process*.
　　Cheltenham: Edward Elgar Publishing, 2017.

Michael L. Katz and Carl Shapiro. *Network Externalities, Competition and Com-
　　patibility*. American Economic Review, Vol. 75, No. 3(1985): pp. 424-440.

「International Trade Administration」 https://www.trade.gov/

「British National Standards Organization」 https://www.bsigroup.com/

「Inetnational Organization for Standards」 https://www.iso.org/standards.html

「International Electrotechnical Commission」 https://www.iec.ch/standards-development

「International Telecommunication Union」 https://www.itu.int/

「ANSI」 https://ansi.org/

4. 인터넷

「국가기술표준원」

「한국표준협회」

「한국ITU연구위원회」

제3장

김일성 시대 표준·규격화 정책 기조

제3장

김일성 시대 표준·규격화
정책 기조

1 김일성 시대 표준·규격화 정책 기조

1) 한국전쟁 피해 복구에 규격화 제도 적극 도입

북한은 한국전쟁을 수행하면서 역설적으로 전쟁물자 조달 과정에서 표준과 규격화 정책이 매우 중요하다고 판단하였다. 단기에 전쟁 물자를 대량으로 조달하기 위해서는 표준화 제도의 확립이 필수적이었다. 의복, 건축 자재 및 총기류 등 전쟁 물자를 신속하게 보급하기 위해서는 규격의 표준화가 시급하였다. 군수 물자의 대량 생산을 위해 김일성은 1950년 중앙계량과학연구소(CIM, Central Institute of Metrology)를 설립하였고 2023년 창립 73주년을 맞았다. 중앙계량과학연구소는 북한의 계량과학 연구 및 검정의 중심기지로 발전하였으며 남한의 국가측정표준 대표기관인 한국표준과학연구원(KRISS, Korea Research Institute of Standards and Science)과 유사한 역할을 수행하고 있다.

중앙계량과학연구소는 표준 측정 수단 및 계량·계측장치 개발과 기구 관리·감독사업을 관장한다. 해마다 모든 부문의 표준측정 계기들에 대한 검정을 진행하여 표준값을 정확히 확정하며 독자적인 계량·계측 장치들을 개발하기 위한 과학연구사업도 지속하고 있다. 연구소에서는 중앙으로부터 공장, 기업소, 농장에 이르기까지 일원화된 계량 검정 체계를 세우고 계량·계측 수단들을 만들어냈다. 연구소에서 자체적으로 계량 전문가를 양성하여 이들이 다시 정밀 측정 수단들을 개발하는 등의 성과를 내고 있다.

최근 10년간 중앙계량과학연구소 실적 발표에 따르면 북한은 여러 종의 원기와 표준 적외선 복사 온도계를 비롯한 50여 종의 계기를 개발하였다. 또한, 전형적인 분석 수단인 광전비색계, 분광 광도계의 기준값을 정확히 설정하기 위한 검정 체계를 확립하였다. 이로써 화학, 경공업, 보건, 위생 방역, 환경 부문의 실험 및 분석의 과학성을 철저히 보장할 수 있게 되었다고 주장했다.[1] 북한은 중앙계량과학연구소를 설립하여 표준 통합체계(System Integration)를 도입하고 측정표준 분야의 업무를 지속해왔다. 북한은 김일성, 김정일 시대를 지나 김정은 집권기에 이르면서 전문화된 인력 양성을 통해 자체적으로 계량·계측 수단을 개발하는 수준에 이르렀다.

한국표준협회(KSA)의 2015년 발행 북한 국가규격(KPS) 분석에 따르면 북한의 측정계기 및 기구 분야 규격 보유 수는 453종이며 이는 대분류 18개 분야 가운데 11위에 해당한다. 이 분야의 국제규격 인용은 42종으로 국제규격 도입률은 9.27%이다.[2] 언론의 보도와 당국의 통제 속에 발표되는 논문 등 원전의 기록만으로는 측정계기와 기구의 품질 및 활용은 정확한 확인이 어렵지만 한국표준협회의 분석은 해당 분야에서 점진적인 발전이 있다는 것을 추측할 수 있게 한다. 또한, 측정계기 및 기구 분야의 발전이 2010년대 이후 김정은 집권기 강화된 규격화 사업에도 긍정적인 토대가 되었다. 요컨대, 1950년 김일성 시대에 시작된 표준·규격화 정책이 김정일 및 김정은 등 3대에 걸쳐 단계적으로 발전하고 있다.

김일성은 한국전쟁 동안 붕괴된 시설과 주택 등 각종 인프라 시설을 신속하게 복구하는 데 주력하였다. 당시 평양에는 미군의 폭격으로 온전한 건물이 단 두 채에 불과했다는 평가를 받을 정도로 붕괴되었다. 평양 시내의 각종 주거 및 업무 시설의 신속한 복구가 김일성 정권에게는 가장 시급한 정책 과제였다. 김일성은 전후 복구 과정에서 설계의 표준화·규격화로 시공의 용이성과 노동력의 효율성 제고를 통

1   "중앙계량과학연구소에서 이룩한 성과들," 조선의 오늘, 2020년 4월 21일.
2   한국표준협회, 「남북한 주요 표준 간 현황 비교분석을 위한 조사 연구」 (서울: 한국표준협회, 2022), p. 33.

해 건설의 속도와 질을 높여야 한다고 지속적으로 강조하였다. 이 교시는 김일성·김정일 시대에 건설 재료, 건물 설비, 건설 구조 및 부분품, 건설 도면, 기술 도면, 토목 등 다양한 분야의 국가규격 제정으로 이어졌다. 김정일은 집권 당시 "건축을 북한의 구체적 현실, 자연지리와 기후 조건, 인민의 정서와 생활풍습에 맞게 창조할 데 대한 원칙, 민족적 특성과 현대성을 바르게 결합시킬 데 대한 원칙, 건축의 질과 경제성을 높일 데 대한 원칙" 등을 제시하였다. 김정일은 "북한의 건축이 민족적 특성을 반영하고 사회주의 건축 본성에 맞으며 실용성, 사상 예술적 가치, 경제적 효과가 동시에 보장되는 건축으로 발전되어야 한다"라고 강조하였다.[3]

2) 국가정책으로서의 규격화 사업 출범

국제표준화기구(ISO)는 홈페이지에서 발표한 회원국 소개에서 북한 표준·규격화의 기원이 1930년대 항일무장투쟁 시기에 있다고 주장하였다.[4] 북한 당국은 "위대한 수령님께서 항일 무장투쟁 당시 대원들의 군복을 호수별로 만들어 공급하도록 체계를 세웠으며, 규격화된 기틀집을 짓도록 하시고, 숙영지를 통일적으로 규모 있게 꾸려 유격대의 질서로 삼았다"라고 북한 규격화의 효시를 일제 강점기로 공식화하였다.[5]

북한은 정권 수립 초기인 1949년 국가품질감독국을 설치하고 표준화 및 규격화 업무를 시작하였다. 이 시기 북한 당국의 규격화 사업에 대한 관심은 일제강점기에 일본 조선총독부가 시행한 '척(尺)·관(貫)제'와 '야드(yard)·폰드(pond)제'의 폐지, '미터(m)·그람(g)제' 등 기존 제도의 도입과 폐지를 검토하는 데 있었다.

1950년에는 군(郡) 단위 규격화 사업을 중앙에서 통일적으로 관리하기로 내각

---

3   김성일, "위대한 령도자 김정일 동지는 주체건축의 전성기를 펼쳐주신 창조와 건설의 영재," 김일성종합대학, 2019년 4월 22일.

4   ISO, https://www.iso.org/member/1657.html (검색일: 2022년 7월 16일).

5   리준혁. "규격화사업 발전에 쌓아 올리신 위대한 수령님과 위대한 장군님의 불멸의 업적," 김일성종합대학, 2019년 8월 2일, http://www.ryongnamsan.edu.kp/univ/ko/research/journals/13 (검색일: 2022년 6월 8일).

에서 결정하였다.[6] 동년 4월 12일에는 현 중앙계량과학연구소의 전신인 '중앙품질 및 계량과학연구소'를 설립하였다. 북한 당국은 이 기관이 "국제적인 계량 기준 단위 체계를 확립하여 전시 군수품 생산과 전후 복구건설을 추동하는데 크게 이바지하였다"고 선전하였다.

북한은 한국전쟁 기간에 군수물자의 원활한 조달을 위하여 규격화 사업을 국가 정책으로 시행하였다. 전쟁 기간에 필요한 의복과 건설자재 등 군수품과 인민 소비품 생산을 위해 규격화 사업을 추진하였다. 국가규격제정위원회를 구성하여 수백 건의 잠정 규격을 전시 조건에 맞게 새로 제정한 것이다. 이후 북한은 휴전 직후인 1953년 8월 5~9일 개최된 조선노동당 제6차 당중앙위원회 전원회의를 통해 "중공업을 우선적으로 발전시키면서 동시에 경공업과 농업을 급속히 발전시킨다"는 경제 건설의 기본 노선을 세우고 전후 경제 복구를 위한 준비 단계를 거쳐 3개년에 전쟁 이전의 경제 수준을 회복하고 5개년에 사회주의 공업화의 기초를 축성한다는 '전후 인민경제 복구와 건설 3단계 방안'을 마련하였다. 이를 근거로 1954~1956년 3년에 걸쳐 '전후 복구 3개년계획'을 시행하였다.

전후 복구 3개년계획의 기본과업은 북한 경제를 한국전쟁 이전 수준으로 복구하는 것이었다. 경제 분야의 목표는 1953년 대비 국민 소득의 75% 증가, 공업 총생산의 2.6배, 1949년 대비 곡물 수확고 119% 증가 등이었다.[7] 사회적으로는 전쟁으로 피폐해진 인민의 생활 수준을 향상시키고 과학, 문화 및 예술을 발전시키는 데 그 목적이 있었다. 북한이 야심차게 추진한 전후인민경제복구사업은 목표를 달성하는 데 성공하였다. 이 기간 공업 생산은 1953년 대비 생산 수단 4배, 소비재 2.1배 등 평균 2.8배 증가하였고 1949년 생산의 1.8배를 넘어서 공업 성장률은 42%에 이르렀다. 농업 생산은 1.2배 증가해 이전 수준을 회복하는 등 1956년 들어 한국전쟁 이전의 경제 수준으로 회복하였다. 이 시기 북한은 농업, 수공업, 중소 상공업의 협동화를 완료하고 사회주의 계획경제체계를 구축하였다.

전후 복구 3개년계획이 성공적으로 완수된 데는 여러 원인이 있지만 북한 지도

---

6   남성욱, "북한의 표준·규격화 체계와 남북한 통합방안," 「입법과 정책」 제7권 제2호(2015), pp. 33-58.
7   1954년 4월 23일 최고인민회의 상임위원회 회의.

부의 효율적인 지도와 인민 대중의 헌신적인 사업 참여가 결정적인 요인이었다. 북한 로동당은 광복 이후 한국전쟁 전까지 경제건설사업에서 얻은 경험과 제도를 바탕으로 정치 지도와 교양사업을 강화해 대중을 효과적으로 가동하는 동원경제(mobilization economy)를 작동하였다. 인민대중은 전쟁의 참혹함에서 하루빨리 벗어나기 위하여 헌신적으로 건설사업에 참여하였다.

한편 사회주의 국가들로부터 지원받은 원조가 전후 복구 사업이 조기 종료되는 데 영향을 미쳤다. 북한은 동독 등 동유럽 국가를 비롯하여 소련과 중국 등 사회주의 형제 국가들의 다양한 지원으로 경제 복구를 위한 물질적 재원을 확보하였다. 소련이 두 차례에 걸쳐 대규모 원조를 하였으며 중국의 원조는 북한의 전후 경제 복구에 절대적인 기여를 하였다. 이 시기는 북한의 규격화 역사에 있어서도 큰 의미가 있다. 북한은 구소련 등 동유럽 사회주의권에서 설비와 규격화된 자재와 기술을 들여오면서 국가 재건 인프라를 비롯한 산업 전반에 걸쳐 이들 국가의 자재, 설비, 기술에 의존하게 되었다. 상당한 경제 원조를 받은 중국으로부터도 적지 않은 영향을 받았다. 사회주의 형제 국가들의 지원으로 전후 복구 과정에서 공업 설비 및 자재의 규격과 기술의 표준은 북한의 독자적인 설정보다는 동유럽과 중국의 제도를 묵시적으로 도입하게 되었다.[8]

휴전 직후인 1954년 3월 김일성은 '건설의 속도와 질을 높이기 위하여 설계를 표준화·규격화하고 부재 생산을 공업화하며 시공을 기계화할 데 대한 과업'을 제시하였다. 이는 '전후 인민경제 복구와 건설 3단계 방안' 발표에 이어 전후 복구 3개년 계획 시행에 즈음한 것으로 당시 김일성이 국가재건사업의 기본적인 요소로서 규격화 선행의 중요성을 깊이 인식하고 있었다고 판단할 근거가 된다.

1955년 김일성은 교시를 통해 "표준화란 표준을 설정하고 그것을 적용하는 활동으로서 제품 및 건설물의 부품 등 개별적 요소들의 형태와 치수 및 품질에 대한 일관된 기준"이라고 정의를 내렸다. 이후 당국은 "위대한 수령 김일성 동지께서는 설계를 표준화하고 규격화하면 시공하기도 쉽고 로력도 절약되고 건재 생산도 공업화할

8   남성욱, "북한의 표준·규격화 체계와 남북한 통합방안," 「입법과 정책」 제7권 제2호(2015), pp. 33-58.

수 있다"고 교시하였음을 선전하면서 규격화를 국가정책으로 적극 추진하였다.[9]

북한은 1956년 3월 10일 내각 직속 국가규격제정위원회를 국가규격화위원회 (CSK, Committee for standardization of the Democratic People's Republic of Korea)로 개편하고 내각의 비준을 받아 국가규격을 제정 공포하도록 하였다.[10] 전후 복구 경제 건설 계획에서도 각 참여 주제는 국가가 제정한 규격에 기초하여 생산 활동을 하게 되었다. 이 시기에 전후 인민경제복구건설에서 절박하게 요구되는 철강재의 규격과 기계 제작에 대한 일반기준, 특히 기계 설계 문건에 대한 규격, 기계 제작에서 공통 으로 쓰이는 고정용 부분품 규격, 중공업을 발전시키기 위한 원료, 연료, 동력, 건재, 화학제품 및 농수산물과 공예작물, 식료품, 직물 등 분야별로 규격 작성 사업이 진행 되었다. 국가규격화위원회(CSK)의 개편은 규격화 사업의 토대 구축의 기반이 되었으 며 국가정책으로서 규격화를 추진하는 데 대한 당국의 의지 표명으로도 볼 수 있다.

인민경제복구 3개년계획을 수행하면서 북한 당국은 효율적인 사업 추진과 성과 제고를 위해서는 체계적인 규격화 사업이 필요하다는 인식을 확고히 하였다. 김일성 은 국가규격화위원회 개편을 앞둔 1956년 1월 30일 전국 건축가 및 건설자 회의에 서 이례적으로 "설계의 표준화와 규격화가 왜 필요합니까?"라는 주제의 연설을 하였 다. 연설을 통해 김일성은 "설계를 표준화하고 규격화하면 시공하기도 쉽고 로력도 절약되고 건재 생산도 공업화할 수 있습니다"라고 교시하였다.[11] 김일성의 교시는 전 후 복구의 한 축이 된 '조립식 건설에로 넘어갈 데 대한 방침'의 제시에 있어 조립식 건설의 필수 조건이 되는 설계의 표준화와 규격화의 중요성을 강조한 것이었으며 국 가정책으로서 규격화 사업 추진에의 강한 의지를 나타낸 것이기도 하였다.[12]

---

9   김일성, 「김일성전집 18」 (평양: 조선로동당출판사, 1955), p. 448.

10   리준혁, "규격화사업 발전에 쌓아올리신 위대한 수령님과 위대한 장군님의 불멸의 업적," 김일성종합대학, 2019년 8월 2일. (검색일: 2022년 8월 3일).

11   백과사전출판사, 「조선대백과사전 23」 (평양: 평양종합인쇄 공장, 1995), p. 448.

12   "전국 건축가 및 건설자 회의에서 하신 김일성 원수의 연설," 「민주조선」, 1956년 2월 4일.

그림 3-1 / 1956년 2월 4일 자 민주조선 사본

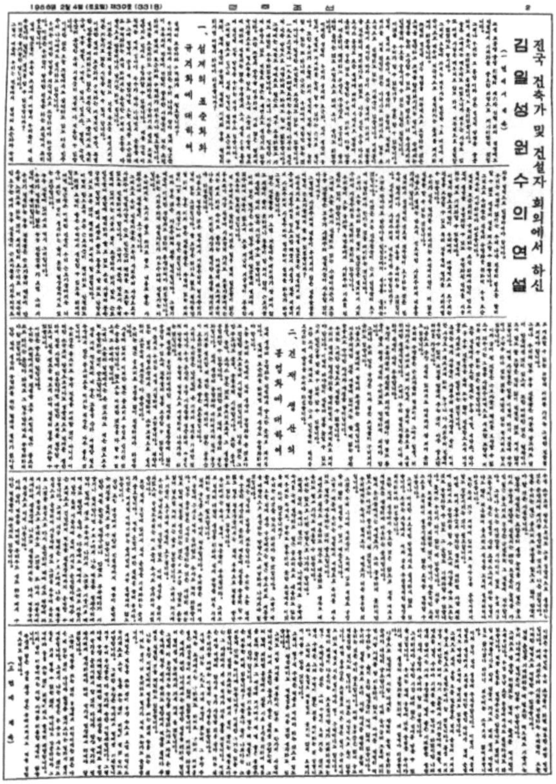
민주조선

전국 건축가 및 건설자 회의에서 하신

김일성 원수의 연설

一、설계의 표준화와 규격화에 대하여

二、건재 생산의 공업화에 대하여

1957년 10월 당중앙위원회 전원회의는 ‘평양 속도전’이라는 용어를 제시하였다. 도시 건설에 있어 설계를 표준·규격화하고 조립식 건설 방식을 적용하여 신속하게 건설 공사를 마무리하기 위한 것이었다. 1958년 북한 당국은 ‘건설에서 규격화, 기계화를 실현할 데 대한 우리 당의 건설 방침’을 발표하였다. 이에 따라 추진된 살림집 건설 사업은 “7천 세대분의 살림집 건설 자재로 2만 세대의 살림집을 건설하는 경이적인 성과를 달성하였다”는 보도를 통해 사업의 성과를 높인 규격화의 효율성을 증명하였다.[13]

13 리준혁, 앞의 인터넷 자료.

2 　김일성 시대 표준·규격화 정책의 함의

1) 경제 발전전략 원형 완성의 기반이 된 규격화 사업

북한은 1960년대 들어 경제 발전의 가속화를 위해 '규격의 일원화' 방침을 강화하였다. 이는 기업 차원에서는 1961년 도입된 '대안의 사업체계'에서 출발하였다. 대안의 사업체계는 1961년 김일성이 평안남도 대안전기공장을 시찰하고 발표한 기업관리 방침이다. 다수 노동자의 참여가 보장되는 공장 당위원회의 집단적 지도 밑에 공장과 기업소들을 관리 운영해나가는 사회주의 경제관리 형태이다. 경제관리에서 혁명적 군중노선을 구현한 것으로 일제강점기에 시행된 자본주의적 요소를 완전히 제거하고 사회주의 경제방식을 도입한 것이다.

대안의 사업체계는 공장지배인 유일관리제에서 관리간부, 공장 당 간부, 기술자를 포함한 공장 당위원회에 의한 집단 지도제로 바꾸고 종합적이고 집중적인 생산지도를 하고 자재를 중앙에서 집중적으로 공급, 각 직장을 생산에만 전념토록 하였으며 공장경영위원회가 주변의 농장 서비스 일용품 부문의 노동자 생활을 보장한다는 등이 기본 구조이다. 요컨대, 대안의 사업체계는 공장에 있어서 당의 주도성을 확립한 뒤 공장과 노동자의 일체감, 노동자의 전반적인 생활과정을 긴밀히 결합한 형태로 체계화한 것이 특징으로 북한 사회주의경제의 기본관리체계로 정립되었다.

북한의 규격화 사업은 김일성이 1961년 제시한 '대안의 사업체계'에 의하여 1964년부터 도입된 '계획의 일원화·세부화' 지침과 맞물려 보다 구체적으로 추진되었다. 계획의 일원화란 전국에 퍼져 있는 국가계획기관과 계획 세포가 하나의 계획화 체계를 형성해 국가계획위원회의 통일적인 지도하에 계획화의 유일성을 철저히 보장하도록 하는 것을 뜻한다. 계획의 세부화는 국가계획기관이 직접적으로 전반적 경제발전과 기업의 경영활동을 밀접하게 연결하는, 즉 중앙으로부터 지방과 기업에 이르기까지 국민경제의 부문 간, 기업 간 그리고 내부 상호 간의 모든 경제활동을 세

부에 이르기까지 계획에 구체적으로 맞물리게 하는 방법을 말한다.[14]

북한 정권의 이러한 정책은 결국 중앙집권적 계획경제 제도 하의 국가적인 경제 운영 체계 안에서 규격화를 유기적으로 운영하기 위한 목적에서 비롯되었다. 같은 맥락에서 1961~1970년 추진된 제1차 7개년경제계획 추진 시기 당국은 수천 건의 국가규격을 새로 제정하였다. 특히 자동화, 금속공업, 건설, 수송 분야 규격화가 강화되었다. 또한, 농업 분야의 규격화도 활발하게 추진되었다.

북한이 표준제도의 발전을 위해서 국제 교류를 강조하며 국제표준화기구(ISO)와 국제전기기술위원회(IEC)에 가입한 것도 이 시점이다.[15] 북한은 1963년 6월 21일 ISO에, 1963년 10월 25일 IEC에 각각 정회원으로 가입하였다. 북한의 국제표준화 활동에 관하여서는 4장에서 상세히 다룬다.

1965년 북한은 규격화 사업을 보다 체계적으로 확대 발전시키기 위하여 중앙규격계량연구소를 개편하였다. 이 기관은 1972년 규격연구소와 계량연구소로 각각 분리되었다가 1985년에 규격 및 품질감독 총국이 설립되면서 규격연구소는 국가규격제정연구소로 개명하였다. 국가규격제정연구소는 규격 제정 방법, 규격 용어 및 부호, 품질관리 방법, 규격화의 경제적 효과 및 계산 방법 등 국가규격 제정에 관계되는 연구와 심의, 규격화에 관련된 정부 사업 보급·출판, 상품 분류, 부·도 규격의 등록 및 감독, 품질감독 요원의 양성, 우량 상품 등록 및 감독·관리사업 등의 임무를 수행하며 북한 규격화 사업의 핵심 조직으로 오늘에 이른다.

도에는 규격화사업을 담당하는 전문과를 설치하였다.[16] 규격화 대상들을 국가의 과학기술발전계획에 포함하여 중요 공장, 기업소들과 설계기관, 연구기관, 대학들에 규격화 기초기관을 설치하였다. 중앙으로부터 기업소에 이르기까지 정연한 규격화 사업체계가 확립되었고 규격화 이론과 방법, 국제표준화의 발전 추세와 자료를 폭넓게 연구, 분석, 적용하기 위한 사업이 진행되고 있다.

1961~1970년 추진된 7개년경제개발계획은 여러 가지 어려움으로 당초 계획

---

14   양문수, "북한의 경제발전전략 70년의 회고와 향후 전망," 「통일정책연구」 제24권 제2호(2015), pp. 33-66.
15   "활발히 진행되는 규격화사업," 「조선중앙통신」, 2004년 10월 15일.
16   최현규, "북한의 표준 및 산업 규격 현황: 정보통신을 중심으로," 「지식정보인프라」 통권 17호(2005), p. 91.

보다 3년 연장하여 종료되었다. 그럼에도 불구하고 공업 생산은 18.1% 및 곡물 생산은 각각 연평균 8.2% 증가를 목표로 삼은 당초 계획에 크게 못 미쳐 12.8% 및 2.7%라는 증가율에 그쳤다.[17] 같은 시기인 1970년 김일성은 표준계량사업의 발전을 강조하며 규격화 추진에 대한 당국의 시설, 재원, 인원 등의 적극적인 지원을 지시하였다. 이에 따라 북한은 50만 달러 상당의 진공 저울, 기체와 유체유량 표준, 간섭계 등 정밀계량기기를 수입하였다. 북한은 1971~76년 서방으로부터의 대규모 차관을 통하여 대량의 공장 및 사회간접자본 플랜트를 도입하는 6개년계획을 추진하였다. 정밀계량기기의 대량 수입은 6개년 경제계획과 맞물리는 시기에 취해진 조치였다.

하지만 1974년의 '오일쇼크'로 인하여 북한 물자의 수출이 어려워지면서 일본 및 유럽 국가들로부터 수입한 플랜트 대금 지불이 불가능하게 되는 상황을 맞았다. 이 시기 북한의 표준개량 사업과 규격화 사업이 서방으로부터 각종 표준화된 자재와 시설을 도입했던 것은 경제개발계획의 효율성 제고의 일환으로 불가피한 선택이었다. 북한의 기존 표준화되지 못한 자재와 설비로는 효율성을 추진하는데 어려움이 많았기 때문에 최초로 서방으로부터 대규모 자재와 설비 도입을 추진하였다.

북한은 1970년대에도 규격화 사업을 적극 추진하였다. 1970년 국가과학위원회에서 '계량계측 사업에 관한 시행 세칙'을 발표하였다. 북한은 표준사업을 획기적으로 발전시키기 위해서는 각종 측정 단위를 정확하게 일원화하는 작업이 필요하다고 판단하고 1993년 계량법을 제정하였다. 당국은 계량법의 사명을 "경제발전과 국가와 인민의 이익 보호"[18]라고 규정하고 "계량 사업을 발전시키는 것은 생산과 유통, 소비에 대한 계산과 통제를 강화하는 데 있어 중요한 요소"[19]라고 명시하였다. 일찍이 받아들인 국제단위계를 법적 계량 단위의 기본 단위로 표시하는 내용을 계량법 제12조에 명시하였다. 1960~1970년대 추진된 북한의 규격화 정책은 사회주의 경제 발전전략의 원형(prototype)을 완성함과 동시에 어렵게 추진된 경제개발계획을 유기적으로 작동하며 단계적으로 기본체계를 구축하였다.

---

17   김석진, "경제발전 5개년 전략의 주요 내용과 평가," 「북한의 제7차 당대회: 평가와 전망」, 제13차 KINU 통일포럼, 2016년 5월 16일, pp. 66-67.; 통계청, 「남북한 경제사회상 비교」 (대전: 통계청, 1995), pp. 354-355.
18   「조선민주주의인민공화국계량법」 제1조 계량법의 사명.
19   「조선민주주의인민공화국계량법」 제2조 계량부분의 물질·기술적 토대 강화 원칙.

2) 농업의 규격화로 사회주의 경제체계 확립

북한은 1980년대 들어 자본과 기술보다는 노동 투입에만 의존하는 양적 성장 방식(quantitative approach)이 한계를 보이기 시작했다. 연 5~8%를 보이던 경제성 장은 둔화되기 시작했다. 북한은 1980년대 중반 이후 수출 부진에 따른 외환 고갈로 국가 채무 상환 능력을 상실하고 사실상 지불 포기 상태에 이르렀다. 이에 약 140개 은행으로 구성된 서방측 은행 차관단은 북한과의 상환 교섭에 들어갔고 최종 협상 이 결렬된 후 북한을 채무불이행(default) 국가로 지정하고 북한도 사실상 모라토리엄 (moratorium)을 선언했다.[20]

식량 생산량이 수요량에 미달되면서 식량 부족 현상도 심화되었다. 1986년부 터 북한의 곡물 수입량이 수출량을 상회하면서 만성적인 적자를 기록하기 시작하였 다. 적자 폭은 1990년대 식량 위기가 본격화되기 전까지 지속적으로 확대되었다. 쌀 과 옥수수가 북한의 새로운 수입 품목으로 등장했다. 그간 북한은 식량 자립을 위한 핵심 정책의 하나로 단위당 소출이 높은 쌀과 옥수수의 증산을 적극 장려해 왔다. 그 결과 주민들에 대한 식량 배급이 쌀과 옥수수를 기준으로 실시되었고, 곡물 무역 도 상대적으로 경작 규모가 줄어든 밀이나 다른 곡물 수입 대신 쌀과 옥수수를 수출 하는 형태로 진행되어 왔다. 1961~1985년 사이 쌀을 수입하기도 했으나 1979년 단 1회에 그쳤고 소량이라도 쌀을 수출하였다. 1986년 이후 쌀 수출은 1988년에는 생산량 부족으로 중단되었다.[21]

김일성 정권은 당면한 식량난 해결을 위하여 농업에 대한 생산성을 제고하기 위한 정책으로 규격화를 강화하였다. 일차적으로 당국은 논밭의 크기를 규격화하고 토지정리 사업을 추진하였다. 논과 밭의 경계를 허물어 규모의 경제를 실현하고 경 운기 등의 도로 진입을 가능하게 하는 농업 분야의 규격화 사업은 농업 생산의 효율 성을 도모하기 위하여 지속적으로 시행되었다. 또한, 수확물에 대한 수송에서도 여 러 가지 규격의 컨테이너들을 제작하였다.

---

20 양문수, "북한의 대외채무 문제: 추세와 특징," 「KDI 북한경제리뷰」 2012년 3월호, pp. 18-37.
21 이석, "1980년대 북한의 식량 생산, 배급, 무역 및 소비: 식량위기의 기원," 「현대북한연구」 제7권 제1호 (2004), pp. 41-86.

　　김일성은 일찍이 "기술혁명은 농촌경리를 현대적 기계와 기술로 장비하고 농업 과학의 성과로 농업 생산력을 고도로 발전시켜 농민들의 생활을 풍족하게 하고 로동 해방을 하기 위한 중요한 혁명 과업"이라고 교시하고 수리화, 기계화, 전기화 및 화 학화 등 4대 분야를 농촌 기술혁명의 기본과업으로 규정하였다.[22] 북한 당국은 1982 년 9월 30일 농촌 기술혁명의 일환으로 규격화 분야에서 주석명령 제30호 '기계부 속품을 규격화할 데 대하여'를 하달하고 기계 부속품들을 철저히 규격화하여 규격의 일원화를 실현할 데 대한 방침을 제시하였다.[23]

　　김일성의 교시에 따라 당국은 트랙터 등 농업기계 부속품들을 규격화하고 생산 모델을 통일하는 사업을 대대적으로 추진하였다. 해당 사업 성과에 대하여 북한 당 국은 "인민경제 모든 부문, 모든 단위들에서는 많은 로력과 자재를 절약하면서도 경 제건설에서 요구되는 질 높은 생산물들을 원만히 생산 보장하였으며 경제건설에서 커다란 실리를 보장할 수 있게 되었다"라고 선전하였다.[24]

22　　"우리나라 사회주의 농촌문제에 관한 테제"는 1964년 2월 25일 조선로동당 중앙위원회 제4기 제8차 전원회 의에서 채택되었다.

23　　조웅주, 앞의 인터넷 자료.

24　　리준혁, 앞의 인터넷 자료.

참고문헌

1. 국내문헌

김석진. "경제발전 5개년 전략의 주요 내용과 평가."「북한의 제7차 당대회: 평가와 전망」.
   제13차 KINU 통일포럼. 2016년 5월 16일.

남성욱. "북한의 표준·규격화 체계와 남북한 통합방안."「입법과 정책」, 제7권 제2호
   (2015): 33-58.

양문수. "북한의 대외채무 문제: 추세와 특징."「KDI 북한경제리뷰」, 3월호(2012): 18-37.

양문수. "북한의 경제발전전략 70년의 회고와 향후 전망."「통일정책연구」, 제24권 제2
   호(2015): 33-66.

이석. "1980년대 북한의 식량생산. 배급. 무역 및 소비: 식량위기의 기원."「현대북한연구」,
   7권 1호(2004): 41-86.

최현규. "북한의 표준 및 산업 규격 현황: 정보통신을 중심으로."「지식정보인프라」, 통권
   17호(2005): 91.

통계청.「남북한 경제사회상 비교」. 대전: 통계청, 1995.

한국표준협회.「남북한 주요 표준 간 현황 비교분석을 위한 조사 연구」. 서울: 한국표준협
   회, 2022.

2. 북한문헌

김일성.「김일성전집 18」. 평양: 조선로동당출판사, 1955.

김성일. 2019. 4. 22. 김일성종합대학 "위대한 령도자 김정일 동지는 주체건축의 전성기
   를 펼쳐주신 창조와 건설의 영재".

리준혁. 2019. 8. 2. 김일성종합대학 "규격화사업 발전에 쌓아 올리신 위대한 수령님과
   위대한 장군님의 불멸의 업적".

민주조선. 1956. 2. 4. "전국 건축가 및 건설자 회의에서 하신 김일성 원수의 연설".

백과사전출판사. 「조선대백과사전 23」. 평양: 평양종합인쇄공장, 1995.

조선의 오늘. 2020. 4. 21. "중앙계량과학연구소에서 이룩한 성과들".

조선중앙통신. 2004. 10. 15. "활발히 진행되는 규격화사업".

「조선민주주의인민공화국 계량법」

제4장

김정일 시대 표준·규격화 정책 기조

제4장

김정일 시대 표준·규격화 정책 기조

1 ## 김정일 시대 표준·규격화 정책 기조

1) 규격화 관련 법률 제정으로 품질개선 사업 추진

김정일 위원장은 1997년 "경제관리와 관련한 국가의 법규범과 규정, 세칙, 사업지도서와 같은 것을 옳게 제정하고 그에 엄격히 의거하여 경제활동을 조절통제하여야 합니다"라고 교시하였다.[1] 북한은 1990년대 김일성 집권 중반 및 김정일 집권(1994~2011) 시기에 경제건설의 소프트웨어라고 할 수 있는 「계량법」[2], 「규격법」, 「품질감독법」[3], 「수출입상품검사법」, 「상표법」, 「공업도안법」 및 「제품생산허가법」 등 관련 법령을 집중적으로 제정하였다. 법률로 정하면서 이행에 법적 강제성을 부여하기 시작했다. 김일성 집권 시기 정책적으로 시행해 온 표준·규격화 제도를 법제

---

1   김정일, 「김정일선집 11」 (평양: 조선로동당중앙위원회 조선로동당 출판사, 1997), pp. 371-372.

2   북한의 「계량법」은 1993년 2월 3일 최고인민회의 상설회의 결정 제29호로 채택, 1998년, 2009년, 2010년, 2021년 수정·보충되었다. 제1장 제1조에 계량법의 사명을 "계량 단위를 통일시키고 그 믿음성을 보장하며 계량을 정확히 하여 인민경제를 발전시키고 국가와 인민의 리익을 보호하는데 이바지"하는 것으로 명시하고 있다.

3   북한의 「품질감독법」은 1997년 7월 2일 최고인민회의 상설회의 결정 제88호로 채택, 1999년, 2002년, 2003년, 2006년, 2011년, 2015년, 2019년 2회, 2020년에 걸쳐 총 9회 수정·보충되었으며 「품질감독법」 제1장 제1조에서 '품질감독법'의 사명을 "품질감독사업에서 규률과 질서를 엄격히 세워 제품의 질을 높이고 인민경제 발전과 인민 생활을 높이는데 이바지"하는 것으로 명시하고 있다.

화함으로써 국가의 기본정책으로 집중 육성하기 시작하였다.

북한은 1997년 규격화의 기본적인 법적 토대인 「규격법」을 제정하였다. 「규격법」은 1997년 7월 23일 최고인민회의 상설회의 결정 제90호로 채택되었고 1999년, 2005년, 2015년, 2021년 네 차례 수정·보충되었다. 「규격법」은 제1장 규격법의 기본, 제2장 규격의 제정, 제3장 규격의 적용, 제4장 규격사업에 대한 지도통제의 내용으로 40조항에 이른다. 법 조항의 내용을 분석해보면 「규격법」을 관통하는 정책기조는 '사회경제 발전'과 '인민경제 강화'라는 것을 알 수 있다.

제1장 제1조에 "조선민주주의인민공화국 「규격법」은 규격의 제정과 적용에서 제도와 질서를 엄격히 세워 인민들의 생활상 편리를 보장하며 경제와 문화, 과학기술을 발전시키는 데 이바지한다"라고 그 사명을 명시하였다. 제3장 제25조는 "기관, 기업소, 단체가 생산을 늘리고 제품의 질을 높이며 인민경제 부문 사이의 연계를 강화할 수 있도록 인민경제 계획의 작성 설계 및 기술 규정의 작성, 가격과 물자 소비 기준, 노동 정량의 제정, 품질 검사, 제품 생산, 자재 공급 같은데 규격을 적용하여야 한다. 규격이 없거나 규격에 맞지 않는 제품에 대하여서는 생산계획, 허가, 가격, 상표 승인을 해줄 수 없다"라고 규정하였다. 국가규격이 공업설비, 자재, 기술 등을 국가가 일방적으로 제정해 산업체에 지시하고, 그 규격대로 산업생산이 이루어지도록 강제하며 법을 어긴 관계자에게는 행정적 또는 형사적 책임을 지우는 등 일종의 국가 법령과 같이 구속력이 작동하고 있음을 알 수 있다.

국가규격은 「규격법」, 「계량법」, 「품질감독법」 등 8개 법령에 의해 법적으로 보호되고 그 집행에 있어 엄격한 강제성이 작용한다. 사회주의 계획경제체계에서는 국가규격의 제정과 준수를 통해서만이 복잡하고 다양한 공업 생산물과 중간재, 기초 자재의 생산계획 작성을 용이하게 할 수 있고 수출 상품의 적기 적량 생산을 이뤄낼 수 있기 때문이다.[4]

「품질감독법」은 1997년에 제정되었으나 북한에서 국가품질감독 체계의 시초는 1949년으로 거슬러 올라간다. 2019년 1월 개최된 '국가품질감독 체계 건설 70돐

---

4   남성욱, "북한의 표준·규격화 체계화 향후 남북한 통합방안 연구," 「입법과 정책」 제7권 제2호(2015), pp. 33-58.

기념보고회' 당시 품질감독위원회 리철진 위원장의 보고에 의하면 1949년 8월 18일 김일성이 북조선임시인민위원회의 첫 의정으로 연필 생산 문제 토의를 주관하였고 이때 '연필의 질을 제고하는데 깊은 주의를 돌릴 데 대하여'를 직접 지도하였다. 북한은 바로 그날 김일성의 교시를 국가품질감독사업의 기원으로 삼고 있다. 김정일은 이미 김일성종합대학 재학 시절에 제품 검사의 근본원칙과 기본요구 준수를 강조하였으며 품질감독사업에서 새로운 전환을 일으켜 나가도록 지도하였다고 한다.

김정일 집권기 북한의 품질감독사업은 전력, 석탄, 금속, 화학공업 부문 생산품에 대한 수요를 질량적으로 보장하는 데 대하여 비중을 두었다. 이러한 정책 기조에 따라 「품질감독법」은 제품의 질 제고를 사명으로 한다. 모든 법 조항은 제품의 질 제고를 위한 품질관리에 관한 규정이다. 생산 공정, 제품 검사, 품질 검정, 공정검사의 강화와 이에 대한 감독에 대한 것은 모두 제품의 질을 개선하고 생산량을 보장하기 위한 조항이다.

북한은 김일성 집권 당시부터 자체적인 품질인증제도로 '2월2일제품' 제도를 시행해오고 있었다. 이 제도는 1981년 2월 2일 개최된 전국감독일꾼대회에서 김일성이 품질감독 강화를 지시함에 따라 시행된 제도로서 매년 '소비품 전시회'를 개최하여 우수한 상품에 인증을 부여해왔다. 당국은 「품질감독법」 제정 이후 질 제고에 주력해왔으며 품질개선사업의 일환으로 1999년 '7월 제품 질 제고 대책 월간'을 지정하였다. 이는 각 산업현장에서 생산되는 제품의 질을 높이기 위해 매년 7월을 제품의 품질 제고 대책 월간으로 정한 것이었다.

북한 당국은 "종합적 품질관리에 주력하여야 한다"라고 강조하며 품질개선 사업에 속도를 가하기 시작하였다. 품질감독기관과 기업소에 국가 품질감독 체계의 완벽, 규격화 사업과 계량 및 계측 사업, 검사검역사업을 비롯한 품질관리사업의 강화를 요구하였다. 이를 계기로 범국가적인 품질 제고 경쟁 분위기가 조성되었다. 전자공업성, 화학공업성, 건설건재공업성을 비롯한 성·중앙기관 들은 제품의 질을 높이기 위한 조직 정치사업에 주력하였으며 기업소들은 생산 공정을 개건·현대화하여 제품의 질을 높이기 위한 규격화 사업에 집중하고 있다고 당국에 보고되었다. 또한, "각지 일군들과 노동자들은 제품 질의 주인이라는 인식 속에서 개발·설계·생산 보

장 등 질 형성의 전 과정에 대한 품질관리 질서를 엄격히 세워나가고 있다"라고 보도되었다.[5]

　북한의 품질관리사업 강화는 목표량 달성에 급급한 실적 위주의 생산 방식이 품질 저하와 채산성 악화를 가져왔으므로 이러한 구조적 악순환에서 벗어나 보려는 나름의 실리적 조치로 평가되고 있다.[6] 양적 생산과 함께 질적 제고를 통해 품질의 전반적인 수준을 높이려는 의도이다. 이 시기 김정일은 "계량과학을 발전시키고 계량 및 계측 사업을 강화하는 것은 인민경제를 계획적으로 발전시키며 경제 지도와 기업관리를 과학적으로 보장하기 위한 중요한 사업입니다"라고 교시하였다.

　김정일은 "품질개선 사업의 성과 제고를 위해서는 품질 검사 수단과 방법을 현대화하여 품질 검사의 과학성과 객관성, 공정성을 높일 때 질 제고를 추동할 수 있다"라고 강조하였다. 인민경제의 모든 부문, 모든 단위가 생산과 경영활동 과정에 질적 지표를 따르는 과학 기술적 요구를 철저히 지키도록 감독 통제를 강화하기 위해서는 현대적인 품질 검사 수단과 검사 방법에 의거해야 한다는 것이었다.[7]

　1993년 제정된 「계량법」 제8조는 '계량의 현대화·과학화 원칙'을 규정하고 있다. "국가는 계량 부문에 필요한 과학기술 인재를 전망성 있게 양성하며 최신 과학기술의 성과를 적극적으로 받아들이고 새로운 계량 수단을 연구·개발하여 계량의 현대화·과학화 수준을 끊임없이 높여 나가도록 한다"고 규정하였다. 이에 따라 당국은 '품질검사 수단과 방법 현대화 사업'에 주요하게 참여하는 품질감독기관 일군, 과학연구기관· 교육기관의 과학자와 연구사, 검사 기술 수단 생산자들에게 세계적인 검사 수단과 방법의 발전 추세에 대한 연구와 분석을 요구하였다.

　또한, 검사 실천에서 제기되는 현실적 요구에 대한 이해가 깊은 품질감독 부문 일군, 검사 수단 제작 전문 생산자들에게는 축적된 경험에 발전의 요구에 맞게 여러 가지 계량 및 계측 수단과 부속품들의 지속적인 갱신의 임무를 맡겼다. 당국은 이들이 연구·개발 역량을 발휘할 수 있도록 업무 분장을 합리적으로 하는 한편 지시한

5　조선중앙TV, 2003년 7월 23일.
6　최현규, "북한의 표준 및 산업규격 현황: 정보통신을 중심으로," 「지식정보인프라」 통권 17호(2005), p. 92.
7　"계량계측 수단들을 연구개발," 「메아리」, 2021년 11월 12일.

목표를 적극적으로 달성할 수 있도록 사상 및 교양 사업을 공세적으로 전개하였다. 또한, 국가과학기술위원회와의 긴밀한 연계로 기일 내 과제 수행을 완료할 수 있도록 조치하였다. 이러한 과정을 통하여 계량 및 계측 기관에서 원기, 표준기 등 최신의 계량 및 계측 수단들을 자체적으로 개발하게 되었다.[8]

규격 관련 법을 제정한 이후 북한의 규격화 사업은 더 적극적인 양상을 보였다. 2000년 5월 16일 당국이 '규격화, 대형화, 경량화된 질 좋은 원부자재 생산 방침'을 발표하였고, 2001년 1월 18일과 22일에는 김정일 위원장이 '건재 생산의 규격화와 통일화 방침'을 제시하였다. 이 방침은 제품 규격을 전반적으로 검토해 규격화할 것은 규격화하고 통일할 것은 통일하며 제품 규격을 바로 정한 다음에는 규격대로 제품을 생산하는 질서를 세울 데 대한 지도였다. 당국은 해당 기간 과학기술의 국제적 발전 추세와 국가 발전에 필요한 수천 건의 규격을 검토하였다. 로동신문은 "그 가운데서 수많은 규격들이 갱신되어 과학성과 현실성이 보장되고 대부분의 규격들을 국제 규격과 일치시켜 생산경영 활동에 이바지할 수 있게 되었다"라고 보도하였다.

표 4-1 / 김일성 · 김정일 시대 북한의 규격 관련 법

시기	김일성 시대	김정일 시대
1993	계량법	
1996		수출입상품검사법
1997		규격법
1997		품질감독법
2008		상품식별부호법
2010		기업소법

출처: 조사 내용을 정리하여 저자 작성

---

8   "검사 수단과 방법의 현대화에서 주인은 누구인가," 「로동신문」, 2021년 2월 1일.

2) 규격정보 서비스 체계 구축

1990년대 들어 국제정세가 급변하였다. 1989년 11월 베를린장벽의 붕괴, 동년 12월 미소 양국의 냉전 종식 선언, 1990년 10월 독일 통일로 냉전체제가 해체되고 사회주의가 쇠락함에 따라 대외경제 협력 기반이 무너진 북한은 경제난에 직면하였다. 당국은 1980년대 말에서 1990년대까지 대내외적인 급격한 환경 변화 속에서 북한 나름의 생존 전략과 경제발전 전략으로서 정보화를 도입하였다.

1998년 북한은 국제표준에 의한 상품 유통 정보화를 위하여 북한코드관리기관(EAN DPR Korea)을 설립하였다.[9] 전자문서교환(EDI, Electronic Data Interchange) 등의 국제표준을 제정 및 관리하는 국제코드관리기관(EAN International)에 회원국 가입을 위한 업무 추진을 위해서였다. 1999년 북한은 회원국 전원의 동의로 국제코드관리기관의 90번째 정식 회원국이 되었으며 공식 국가코드 867을 부여받았다.[10]

이로써 북한은 국내외에 유통되는 자국 상품에 국제표준 상품 식별 코드를 부착할 수 있게 되었다. 이는 내부적으로는 정보화 추진 조치에 따른 것이었으며 외부적으로는 당국의 대외 개방 정책 기조에 따라 수출 증대에 역량을 집중하기 위한 것이었다. 북한에서 제조된 상품을 수입하는 국가에서 바코드 표기를 지속적으로 요구하는 등 국제표준 바코드 시스템의 도입 없이는 원활한 대외 무역거래가 어려웠기 때문이다.

북한은 2000년대 들어 정보통신의 발전 추세에 동참하기 위하여 정보화를 강조하기 시작하였다. 과거 단순히 체신의 개념과 과학 기술의 중요성에서 4차 산업혁명시대를 맞이하여 북한이 본격적으로 정보화를 강조하기 시작하였다.[11] 2001년 김정일 위원장은 "정보산업을 빨리 발전시키고 인민경제의 모든 부문을 정보화하여야

---

9 국제 상품 번호(International Article Number, 이전 이름: 유럽 상품 번호(European Article Number)) 또는 EAN-13 바코드는 미국에서 개발된 원래 12자리의 세계 상품 코드(UPC) 시스템의 일부인 13자리 (12개 번호 + 검사 번호)의 바코드 표준이다. EAN-13 바코드는 표준 단체 GS1이 정의한다.

10 "북한 상품 국가코드 '867' 부여받아," 「전자신문」, 1999년 5월 5일, https://www.etnews.com/199905050017 (검색일: 2022년 7월 22일).

11 남성욱, 「4차 산업혁명시대 북한의 ICT 발전전략과 강성대국 건설」 (파주: 한울아카데미, 2022), p. 5.

합니다"[12]라고 교시하였다. 집권 후 통치 담론의 실천 이데올로기로서 정보화를 이용하고 이를 통해 강성대국 건설이라는 새로운 국가 청사진을 제시한 것이다.[13] 당국은 붕괴한 국가 경제 시스템의 재건과 효율성 제고라는 경제적 목적 달성을 위하여 정보화 확산을 적극적으로 추진하였다.[14]

이에 따라 북한은 '인민경제의 정보화·현대화'를 내세워 정보산업 시대는 컴퓨터와 정보 기술이 급속한 발전에 토대하여 사회적 생산이 진행되고 정보산업의 조직화와 과학화 수준에 의하여 사회 경제발전이 좌우된다고 규정하였다.[15] 김정일은 "간부들은 누구나 컴퓨터에 대하여 잘 알아야 합니다"라고 교시하면서 간부들이 정보기술 학습에 솔선수범할 것을 강요하였다.[16] 곧 '인민경제 전 부문의 정보화'가 정책적으로 추진되었다.

이 시기 과학기술 중시 사상[17]을 정보산업과 연결하여 '모든 부문을 정보화' 하려는[18] 기초 작업으로 규격 부문의 자료들을 집대성한 규격 정보 자료 검색 체계가 완성되었다.[19] 북한은 규격 부문 데이터베이스(DB)를 탑재한 홈페이지 '래일'을 개설함으로써 규격정보서비스 체계를 정식으로 갖추게 되었다. 이로써 국가망을 통한 규격 문헌의 배포와 규격 심의, 초안 작성 등의 규격화 사업 진행이 가능해졌다. 홈페이지에는 북한규격(KPS), 국제표준화기구(ISO)·국제전기기술위원회(IEC) 등의 국제규격, 러시아, 중국 등 다른 나라 국가규격으로 구성된 규격화 사업에 필요한 규격

---

12 "정보산업을 빨리 발전시키고 인민경제의 모든 부문을 정보화하여야 합니다," 「로동신문」, 2001년 6월 11일.; 김정일, 「김정일 선집」 제15권 (평양: 조선로동당출판사, 2012), p. 114.; 강예성, "국가규격과 국제규격의 일치성평가에 대하여," 「계량 및 규격화」 제2호(2012), p. 35에서 재인용.

13 북한은 1999년 1월 1일 신년 공동사설 "새해를 강성대국 건설의 위대한 전환의 해로 빛내이자"를 통해 '사회주의 강성대국 건설'이라는 새로운 실천 담론을 제기하면서 '사상강국·군사강국·경제강국 건설'이라는 목표를 발표하였다.

14 박문우, "북한의 정보화 담론과 인식 구조에 관한 연구," 「지역발전연구」 제20권 제1호(2011), pp. 369-405.

15 「로동신문」 사설, 2001년 4월 22일.

16 "콤퓨터로 일하는 일군," 「로동신문」, 2001년 6월 13일.

17 김용환, 「북한 과학기술의 이해」 (서울: 통일부 국립통일교육원, 2006), p. 23.

18 김정일, 「김정일선집 5」 (평양: 조선로동당출판사, 2012), p. 114.; 강예성, "국가규격과 국제규격의 일치성평가에 대하여," 「계량 및 규격화」 제2호(2012), p. 34에서 재인용.

19 "규격계량 부문의 더 큰 과학연구 성과로 인민 생활 향상에 적극 이바지하자," 「계량 및 규격화」 (2011), pp. 2-3.

관련 문헌 자료가 게재되었다. 또한, 규격화 소식, 규격 공보자료도 게재하고 있다.[20] 이로써 구축된 규격정보 자료 검색 체계와 국내외 표준 정보 체계 '래일'은 앞으로 전개될 규격화 사업의 구심점으로의 역할을 하게 되었다.

북한은 2008년 3월 기관지 '민주조선'을 통하여 상품 유통의 정보화와 사회주의 상업 발전을 목표로 하는 「상품식별부호법」[21]의 제정 사실을 보도하여 국제표준화기구(ISO) 등 국제사회의 이목을 끌었다. 상품식별부호법 제22조는 "상품 식별 부호 지도 기관과 해당 기관, 기업소는 국가규격에 따라 상품 식별 부호를 제작하여야 하며 등록하지 않은 상품 식별 부호는 제작할 수 없다"라고 규정하고 있다.

3) 대외협력 강화와 국제표준화 활성화

김정일은 '국가 규격화 사업을 국제적 수준에서 진행할 데 대하여' 교시하고 규격 부문의 대외 교류와 국제표준화 기구들과의 사업 정형, 과학기술 용어, 기호들의 표기 방법에 이르기까지 구체적으로 지도하였다. 또한, '모든 부문에서 규격화에 깊은 관심을 돌려 국제적인 기준에 맞춘 규격을 제정하여 적용할 데 대하여'도 지도하였다.

북한은 1995년 1월 1일부터 실행하기로 방침을 정하고 [KPS 9897-94 국제규격과 국가규격의 일치 정도 표시법 (분류 T 92)]라는 규격을 제정하였다. ISO와 IEC 등의 국제규격과 국가규격이 일치하는 정도를 기술적 내용과 서술 방법이 전적으로 동일한 경우를 '일치(identical)'로, 기술적 내용은 동일하지만, 서술 방법이 동일하지 않은 경우를 '동일(equivalent)'로, 그리고 기술적 내용이 동일하지 않은 경우를 '불일치(not equivalent)'로 하여 세 단계로 표기하였다. 이는 북한의 산업표준 규격에 국제규격의 기술적 내용을 구체적으로 검토 분석하여 일치 정도를 표시한 것이다. 이것은 해당 시기부터 북한이 국제화를 위한 준비를 시작했다는 근거가 될 수 있다.[22]

20 강예성·엄경희, "국가망을 통한 규격정보봉사체계 《래일》," 「계량 및 규격화」 제3호(2012), p. 34.
21 북한의 「상품식별부호법」은 2008년 1월 9일 최고인민회의 상임위원회 정령 제2514호로 채택되었으며 2013년 3월 8일 최고인민회의 상임위원회 정령 제3019호로 수정·보충되었다.
22 한국표준협회 북한표준연구소, 「2003 북한의 표준화제도 현황조사: 남북한 산업표준 통일화를 위한 기초 연구」

김정일 정권은 표준화와 규격화를 경제적 실리를 보장하는 수단으로 여기고 대규모 인원과 예산을 투입하여 북한 규격의 국제화 작업을 수행하였다. 당국은 식료품, 의약품, 화장품을 비롯한 경공업 제품들의 품질을 세계적인 수준으로 끌어올리며 농축산물과 수산물 생산 및 가공 단위들의 현대화 수준에 맞게 품질감독사업을 개선해나갈 것을 강조하였다.

이에 따라 당국은 로동신문 2002년 8월 9일 자 보도를 통해 '통일적인 경제 지도관리', '생산의 실리 보장', '제품의 질적 향상' 등을 위해 모든 경제 부문에 국제규격을 도입해야 한다고 강조하였다. 2002년 북한에서는 국규 1-10:2002 [국가규격화사업-10: 규격에 국제규격을 일치시키는 방법]이 제정되었다. 이는 국제규격 일치화 비율을 높여 품질 제고를 통한 경제사업에서의 실리를 취하고자 한 것이었다. 궁극적으로는 실리의 원칙 아래서 과학적인 품질관리를 통해 생산량을 늘리고 제품의 질을 높이겠다는 의지였다.

1997년 제정된 「품질감독법」 제11조는 품질감독 분야의 국제기구들과의 교류와 협조를 발전시킨다고 규정하고 있다. 이 조항은 "제품의 질을 높이는 것은 다른 나라와의 경제 교류를 발전시키는 데서도 절실한 문제로 나서고 있습니다. 제품의 질이 높아야 대외시장에 더 많이 진출할 수 있으며 대외무역을 발전시킬 수 있습니다."[23]라고 한 김정일의 교시가 반영된 부분이다. 김정일 집권기 북한 품질관리사업 정책 기조 가운데 중요한 특징은 대외협력의 강화였다.

2000년 남북 정상회담을 계기로 북한은 국제표준화 무대에 다시 모습을 드러냈다.[24] 북한은 2001년 아시아·태평양 측정표준 협력기구(APMP, Asia-Pacific Metrology Programme)에 정회원 자격으로 가입하였다. 2002년에는 1994년부터 분담금을 내지 못해 회원 자격이 상실된 국제전기기술위원회(IEC)에 준회원 자격으로 재가입하였다. 같은 해 북한은 다시 준회원 자격으로 유럽·아시아계량협력기구(COOMET)에 재

(서울, 산업통상자원부, 2000).

23   강창봉, "국제무역에서 시험소 인정의 역할에 대하여," 「계량 및 규격화」 제2호(2022), p. 28에서 재인용.

24   이진랑·정병기, "북한의 국제표준화 활동 및 전략: 계량 및 규격화를 중심으로," 「국가정책연구」 제28권 제3호(2014), pp. 181-207.

가입[25]하였으며 국제법정계량기구(Organization Internationale de Métrologie Légale)에
도 대표단을 파견하였다.[26] 이 시기에 북한은 양자 간 표준 협력을 추진하기도 했는데
2000년에는 러시아와 독일, 2003년 중국, 베트남 등과 '품질·규격화 협조 협정'을 체
결하는 등 선진 기술 도입과 협력사업에 주력하였다. 2002년 1월 북한은 평양에서 품
질관리 부문의 발전을 위해 러시아 국가 규격화 및 계량위원회와 양자 간 규격화 문제
를 협의하였다. 동년 4월 다시 평양에서 독일 물리공학연구소와 북한 중앙품질 및 계
량과학연구소 간 '양해각서'를 체결하였다.

표 4-2 / 김일성 · 김정일 시대 북한의 주요 국제표준화 활동

시기	성문 표준 분야	측정 표준 분야	양자 간 표준 협력
1947년		국제단위계(SI) 사용	
1963년	ISO, IEC 가입		
1995년	[KPS 9897-94국제규격과 국가 규격의 일치정도 표시법] 제정		
1999년	국제유통정보표준화기구(EAN) 회원 가입		
2001년		APMP에 정회원 가입	
2002 - 2006년	IEC 재가입 국규 1-10:2002 [국가규격화사업-10:규격에 국제규격을 일치시키는 방법] 제정	COOMET에 준회원으로 가입 국제법정계량기구, OIML의 활동을 주도하는 국제법정계량위원회에 대표단 파견	러시아, 독일, 중국, 베트남, 라오스와 양자 간 표준 협력 추진
2008년	「상품식별부호법」 제정		

출처: 연구 내용을 정리하여 저자 작성

---

25   앞에서 기술한 바와 같이 북한은 2021년 11월 EURO-ASIAN COOPERATION OF NATIONAL
     METROLOGICAL INSTITUTIONS 총회에서 제명되었다.
26   박현우·정혜순·원동규 외, 「2006년 남북 산업표준 통합 기반구축사업 산업기술 기반 조성에 관한 보고서」
     (세종: 산업통상자원부, 2006).

2　김정일 시대 표준·규격화 정책의 함의

1) 경제 운용 시스템으로서의 규격화

김정일 집권기 들어 정보화를 통한 경제 효율성 제고가 강성대국 건설의 주요 정책으로 제시되었다. 김정일은 2001년 3월 발표한 담화를 통해 21세기를 정보산업 시대로 규정하고 시대 특성에 따라 나라의 모든 것을 바꾸어야 한다고 주장하였다. 여기에는 정보산업 시대에 적응하기 위해서 사회주의 이론, 경제 정책, 경제 구조, 교육 내용, 과학기술 정책, 간부 선발 기준 등이 다 변화해야 한다는 부연이 따랐다. 김정일 위원장의 담화 이후 당국은 '경제의 정보화' 정책 기조하에 생산과 경영 전반에서 컴퓨터 이용 확대를 통한 산업구조 개선, IT 등 첨단 과학기술 육성, 과학기술 인재와 지능 노동자 양성 확대, 전국적인 통신망 등 IT 인프라 확충을 중요한 목표로 삼았다.[27]

김정일의 교시에 따라 규격화 분야에서도 정보화가 추진되었다. 이 시기 정책적으로 추진된 '모든 부분의 정보화' 방침은 김정은 집권기 강화된 규격화 사업의 중요한 방침인 생산 공정의 컴퓨터 자동제어기술인 CNC(Computer Numerical Control) 도입의 기반이 되었다. 2011년 12월 김정일 사망 후 정권을 잡은 김정은은 국가 정책에 따라 공장과 기업소에 표준화되고 규격화된 설비와 생산 공정의 CNC로 무인화를 실현하여 생산 효율을 높이는 한편 인민들에게 호평을 받은 인기 제품, 세계적인 경쟁력을 가진 제품들을 더 많이 생산할 것을 강조하였다.[28]

김일성 시대 표준·규격화 정책은 최고 지도자의 교시에 따라 사회적·경제적 기준과 규범으로 작용하였다. 김정일 시대에는 「규격법」 제정에 따라 규격화가 제도적인 범주를 넘어 국가 전체의 가용 물자를 체계적으로 관리하는 경제 운용 시스템으로 기능하였다. 1991년 냉전체제가 종식되고 구소련이 해체됨에 따라 사회주의권 경제협력기구였던 경제상호원조회의(COMECON, Council for Mutual Economic Assistance)

27　"북한이 IT를 강조하는 이유는?," 「NK경제」, 2018년 6월 22일, http://www.nkeconomy.com/news/articleView.html?idxno=83 (검색일: 2022년 9월 1일).

28　"질 제고의 열풍을 세차게 일으키자," 「로동신문」, 2014년 7월 3일.

체제가 와해되었다. 사회주의 경제협력기구의 해체는 원유 등 핵심적인 원부자재와 필요한 물품들을 조달했던 북한 산업 전반에 지대한 영향을 미쳤다.

1994년 김일성이 사망함에 따라 북한은 내부적으로 체제의 혼란을 겪었다.[29] 설상가상으로 1995년부터 1998년까지 가뭄과 홍수 등 자연재해가 계속되자 식량과 외화 부족 등 경제난에 빠지면서 공장과 기업소의 가동률이 급감하였다.[30] 이러한 국가적 혼란의 수습 방법으로 북한 당국은 회생 가능한 공장과 기업소는 우선적으로 구제하고 낡거나 부실한 공장과 기업소는 재편하는 구조조정을 단행하였다.[31] 산업 전반에 걸쳐 불필요한 분야는 정리되고 반드시 필요한 산업 분야는 전문성과 효율성을 제고할 수 있도록 조정되었다. 김정일 정권은 「규격법」을 제정함으로써 산업 전반에서 물자의 규격을 통일하여 규격의 차이로 발생하는 재료 및 자재의 낭비를 막고 사용 가능한 물자는 체계적으로 이용·관리할 수 있도록 규정하였다.

2) 국제표준화 활동 강화

김일성 시대 표준화·규격화의 토대가 마련되었다면 김정일 시대에는 규격화 분야 법률 제정, 규격화 데이터베이스 구축, 적극적인 국제표준화 도입과 대외협력 강화로 김정은 시대에 규격화 발전의 동력이 생성되었다. 김정은은 국가 경영에 있어 과학화·정보화·현대화의 기치 아래 선대의 규격화 정책을 확장하고 구체화하여 규격화 사업을 적극적으로 추진하고 있다. 표준·규격화의 원료와 자재의 보장, 기술 장비의 개선, 생산 조직과 기술관리, 생산자의 우리식 제일주의 사상을 주요 요소로 인민 소비품의 생산 증대와 품질 제고에 집중하고 있는 규격화 사업의 기본방침은 김일성·김정일 시대를 관통하는 일관된 정책 기조이다.[32]

---

29 오형근·윤병율·이상규, "남북한 규격 법제의 통합방안 연구," 「북한법연구」 제25호(2021), pp. 47-74.

30 오형근, 「남북한 자연재난 협력의 법제도 연구」, (박사학위 논문, 국민대학교, 2019), pp. 73-75.

31 이석기·변학문·나혜선, 「김정은 시대 북한의 산업 및 정책」 (세종: 산업연구원, 2018), pp. 23-24.

32 최현규는 2022년 한국정보통신기술협회에 제출한 연구보고서에서 김정은 집권기에 해당하는 2012년부터 2021년까지 최근 10년간 북한의 뉴스 매체에 나타난 표준 및 품질 관련 기사 약 900건을 분석하여 김정은 시대 북한의 표준·규격화 사업 현황을 요약하였다. 출처: 한국과학기술정보연구원, 「북한 ICT 표준화의 품질 관리 현황 조사 연구」 (서울: 한국과학기술정보연구원, 2022).

참고문헌

1. 국내문헌

김용환. 「북한 과학기술의 이해」. 서울: 통일부 국립통일교육원, 2006.

남성욱. 「4차 산업혁명 시대 북한의 ICT 발전과 강성대국」. 서울: 한울아카데미, 2021.

_____. "북한의 표준·규격화 체계와 남북한 통합방안." 「입법과 정책」, 제7권 제2호 (2015): 33-58.

박문우. "북한의 정보화 담론과 인식 구조에 관한 연구." 「지역발전연구」, 제20권 제1호 (2011): 369-405.

박현우·정혜순·원동규. 「2006년 남북 산업표준 통합 기반구축사업 산업기술 기반 조성에 관한 보고서」. 2006.

오형근. 「남북한 자연재난 협력의 법제도 연구」. 박사학위 논문, 국민대학교, 2019.

오형근·윤병율·이상규. "남북한 규격법제의 통합방안 연구." 「북한법연구」, 제25호 (2021):. 47-74.

이석기·변학문·나혜선. 「김정은 시대 북한의 산업 및 산업정책」. 세종: 산업연구원, 2018.

전자신문. 1999. 5. 5. "북한 상품 국가코드 '867' 부여받아".

정병기·이진랑. "북한의 국제표준화 활동 및 전략: 계량 및 규격화를 중심으로." 「국가정책연구」, 제28권 제3호(2014): 181-207.

최현규. "북한의 표준 및 산업 규격 현황: 정보통신을 중심으로." 「지식정보인프라」, 통권 17호(2005): 91.

한국과학기술정보연구원. 「북한 ICT 표준화와 품질관리현황 조사 연구」. 2022.

한국표준협회, 「2003 북한의 표준화제도 현황조사: 남북한 산업표준 통일화를 위한 기초 연구」. 2003.

NK경제. 2018. 6. 22. "북한이 IT를 강조하는 이유는".

2. 북한문헌

강예성. "국가규격과 국제규격의 일치성평가에 대하여." 「계량 및 규격화」, 제2호(2012): 35.

강예성·엄경희. "국가망을 통한 규격정보봉사체계 《래일》." 「계량 및 규격화」, 제3호 (2012): 34.

강창봉. "국제무역에서 시험소인정의 역할에 대하여." 「계량 및 규격화」, 제2호(2022): 28.

계량 및 규격화. 2011. "규격계량 부문의 더 큰 과학연구 성과로 인민 생활 향상에 적극 이바지하자".

김정일. 「김정일선집 5」. 평양: 조선로동당출판사, 2012.

로동신문·민주조선. "새해를 강성대국 건설의 위대한 전환의 해로 빛내이자." 1999년 1월 1일 신년 공동사설.

로동신문. 2001. 6. 11. "정보산업을 빨리 발전시키고 인민경제의 모든 부문을 정보화하 여야 합니다".

로동신문. 2001. 6. 15. "콤퓨터로 일하는 일군".

로동신문. 2014. 7. 3. "질제고의 열풍을 세차게 일으키자".

로동신문. 2021. 2. 1. "검사 수단과 방법의 현대화에서 주인은 누구인가".

메아리. 2021. 11. 12. "계량계측 수단들을 연구개발".

조선중앙TV. 2003. 7. 23.

「조선민주주의인민공화국 계량법」

「조선민주주의인민공화국 규격법」

「조선민주주의인민공화국 품질감독법」

「조선민주주의인민공화국 상품식별부호법」

제5장

김정은 시대
표준·규격화 정책 기조와 특징

김정은 시대
표준·규격화 정책 기조와 특징

1 품질 제고 사업과 규격화 사업의 동기화

1) 규격화를 통한 품질 제고 사업

김정은 집권기에 북한의 표준·규격화를 관통하는 정책 기조는 선질후량(先質後量)을 내세운 '품질 제고 사업'이다. "규격화 사업은 곧 질 제고 사업"이라고 규정한 김정은 정권은 '천년 책임 만년 보증'이라는 슬로건을 내걸고 제7기 제5차 전원회의를 통해 모든 부문, 모든 단위에서 '선질후량'의 원칙에서 제품의 질을 높이기 위한 강령적인 과업을 제시하였다.

김정은은 취임 이듬해인 2013년 1월 1일 신년사를 통해 경제 강국 건설이 사회주의 강성국가 건설 위업 수행의 가장 중요한 과업임을 밝히고[1] "규격화 사업은 제품의 질을 종합적으로 규정하고 담보하는 중요한 사업"[2]이라고 규정하였다. 당의 정책적 요구는 규격·계량 부문의 과학자, 기술자들이 모든 공장 기업소들에서 현대화, 컴퓨터를 통한 기계제어 자동화(CNC)에 박차를 가하고 원료와 자재의 국산화를 늘려가기 위한 과학연구 사업을 적극적으로 추진해달라는 것이었다. 자원을 재활용하

---

1   "김정은 원수님께서 하신 신년사," 조선신보, 2013년 1월 1일.
2   박혜정, "종합적 규격화는 높은 단계의 규격화방법,"「계량 및 규격화」제1호(2022), p. 26.

여 생산량을 증대하고 생필품이 인민 수요에 모자람이 없도록 하되 세계적인 경쟁력을 가진 국제규격 수준의 제품을 생산하여 무역 역량을 갖춰야 한다는 북한의 실정과 시대적인 요구가 결합된 정책이다.

　품질 제고를 통한 생산성 향상을 위해서 우선 필요한 것은 규격화 사업을 강화하는 것이었다. 당국은 2015년 2월 더욱 엄격해지고 강화된 「규격법」 3차 개정안을 발표하였다. 구체적인 변화는 〈표 5-1〉과 같다.

표 5-1 / 「조선민주주의인민공화국 규격법」 2차 · 3차 수정안 비교 내용

(2005.9.13. 개정본)	조문 및 수정·보충 주요 내용		(2015.2.25. 개정본)
(규격에는) '표기방법, (…) 상표표식'	제2조 (규격의 종류)	규격에 포함되는 범위 일부 변경	'표기 및 표식방법'
(국가는 과학기술발전수준과 현실의 요구에 맞게) '사회경제적 효과성이 높은 규격을 제정하도록 한다'	제3조 (규격의 제정 원칙)	규격 제정 사업의 목적을 더욱 구체적으로 명시	'제품의 질을 높이고 원가를 낮추며 로동생산 능률을 높이는 것을 비롯하여 사회경제적 효과성을 최대로 낼 수 있게'
(국규가 제정된 경우에는 다른 규격을 제정할 수 없다) '그러나 표준국규에 준하여 (…) 제정할 수 있다'	제12조 (규격제정의 제한조건)	국규 외 규격 제정에 제한을 뒀던 기존 조건을 유연화	'필요에 따라 국가표준규격이나 정해진 규격제정원칙과 방법론에 준하여 제정할 수 있다'
(국규는 비상설규격제정위에서 심의·승인)	제15조 (규격의 심의)	심의기간에 대한 문구 추가	'이 경우 정해진 기간을 정확히 지켜야 한다'
	제26조 (상품의 규격 표시)	상표 규격에 △생산년도 △보관기일 △보관조건을 표기할 것을 보충(강제조항)	
	조문 명칭 및 번호는 신법·구법 동일		
제17조(규격의 수정 보충) '규격지도기관과 해당 기관·기업소·단체는 (…) 규격을 제때에 수정 보충하여야 한다'	제17조	△규격 갱신의 주체를 기존의 중앙부처와 경제관련 기관에서 연구기관으로 확장, △규격 수정·보충 행위를 연구·선진규격 도입 등을 통해 수행할 것을 주문	제17조(규격의 연구, 도입, 갱신)'중앙규격지도기관과 연구기관, 해당기업 등은 (…) 선진적인 규격에 대한 연구와 도입사업을 강화하여 (…) (규격을) 부단히 갱신하고 통일시켜야 한다'
	조문 명칭 변경		

출처: 남성욱 · 조정연 · 정다현, "A Study on the Characteristics of North Korea's Normalization and Standardization System in the Kim Jong-un Era: Focusing on the Reports of the Rodong Sinmun," Journal of Peace and Unification, 제12권 제2호(2022), pp. 105-129.

개정안 제3조 규격의 제정 원칙을 보면 기존 조문 "국가는 과학기술 발전 수준과 현실의 요구에 맞게 사회 경제적 효과성이 높은 규격을 제정하도록 한다"를 "규격의 제정 원칙에 있어 제품의 질을 높이고 원가를 낮추며 로동 생산 능률을 높이는 것을 비롯하여 사회 경제적 효과성을 최대로 낼 수 있게 규격을 제정하도록 한다"로 수정했다. 국가 정책으로서의 규격화 사업을 더욱 엄중하게 취급하는 방침을 밝혔다.

개정된 규격법의 특징은 심의 기간의 엄격한 준수를 강조하고 규격 갱신의 주체를 기존의 중앙 부처 및 경제 관련 기관에서 연구기관으로 확장한 것이다. 규격을 부단히 갱신하고 통일시켜야 하는 당위성을 강조하였다. 개정된 모든 내용은 궁극적으로 품질 개선과 효율성 제고라는 「규격법」의 목적에 일치한다.

규격법의 개정 시기를 기점으로 북한의 규격화 사업 체계는 더 적극성을 띠면서 산업 현장의 과학화, 현대화, 컴퓨터제어자동화 및 무인화 생산 체계 확립의 중추적인 역할을 하게 되었다. 당국은 「계량 및 규격화」 2017년 제1호 시론을 통해 "규격 계량 부문의 과학자, 기술자들이 '공장, 기업소들의 현대화는 곧 설비의 현대화이며 설비 현대화의 목표는 국산화'라는 것을 명심하고 결사 관철의 투쟁 정신과 자강력을 높이 발휘하여 우리식의 현대화를 실현하는 데 크게 기여하였다."라고 평가하였다.

2019년 7월 19일 자 민주조선은 1면에 "평양시의 품질관리 부문 일군들이 인민경제 모든 부문에서 '만리마속도창조운동'의 불길 높이 국가경제발전5개년전략 목표 수행을 위한 투쟁이 힘 있게 벌어지고 있는 현실적 요구에 맞게 규격화 사업을 더욱 개선하여 생산과 건설을 적극 추동하고 있다"라고 보도하였다.

김정은 집권기 북한은 산업 전반에 걸쳐 품질관리 강화를 통해 품질 제고 사업을 적극적으로 추진하고 있으며 사업의 영역은 중공업, 경공업, 농·수·축산 분야는 물론 복지, 안전, 사회 서비스 분야까지 포함된다. 품질 제고 강화에 따라 당국의 품질관리 감독은 더욱 엄격해졌다. 김정은 집권기 북한의 품질 제고를 위한 규격화 사업의 강화는 역설적으로 북한경제가 처한 어려움에 비례하였다.

김정은 집권기 표준·규격화 사업의 정책 기조와 특징 이해를 위해서는 먼저 북한의 경제 정책과 경제 현황을 분석해 볼 필요가 있다. 북한은 2018년 4월 21일 로동신문을 통해 '경제건설 총력 집중노선'의 목표와 사업 내용을 발표하였다. 인민경제의 주체화, 현대화, 정보화 및 과학화를 높은 수준에서 실현하며 풍요로운 인민의 삶 보장을 위해 당과 국가의 전반 사업을 사회주의 경제건설에 총집중하고 각급 당 조직과 정치 기관들이 새로운 전략노선의 과업을 철저히 관철하며 최고인민회의 상임위원회와 내각은 새로운 전략노선 관철을 위한 법적, 행정적, 실무적 조치를 시행한다는 내용이었다.

북한은 2016년~2020년 '제1차 국가경제발전 5개년 전략'을 추진하였다. 장기 목표는 경제의 주체화, 현대화, 정보화 및 과학화를 높은 수준에서 달성하는 것이었고 당면 목표는 경제발전 5개년 전략 기간에 공장·기업소의 생산 및 정상화 실현이었다. 당국은 경제발전 전략 문제의 해결, 석탄, 금속 및 철도운수 부문의 획기적인 발전, 기계, 화학, 건설, 건재 공업 부분과 농업, 수산업, 경공업 부문의 발전, 대외무역, 합영·합작, 경제개발구 등 대외경제 관계의 확대 발전, 사회주의 기업 책임관리제의 실효성 제고를 약속하였다.

그러나 김정은은 2020년 조선로동당 중앙위원회 제7기 제6차 전원회의를 통해 "혹독한 대내외 정세가 지속되고 예상치 않았던 도전들이 겹쳐 드는데 맞게 경제사업을 개선하지 못하여 계획되었던 국가 경제의 장성 목표들이 심히 미진되고 인민 생활이 뚜렷하게 향상되지 못하는 결과도 빚어졌다."[3]라며 이례적으로 사업의 실패를 인정하였다.

김정은은 국가경제발전 5개년 전략 수행 미달의 원인이 "제재 봉쇄 책동의 후과, 자연재해, 세계적인 보건 위기의 장기화에 기인한다"라고 밝혔다.[4] 국제사회의 대북 제재, 대규모 홍수 및 코로나바이러스(COVID-19)의 장기화 등을 목표 달성의 실패 원인으로 결론지었다. 이와 관련 당중앙위원회의에서도 실패에 대한 종합적인 분석이 제시되었다. 국가경제발전 5개년 전략 수립에 과학적인 타산과 근거 부재, 국가경제사업을 견인하지 못하는 무기력한 과학기술, 불합리한 경제사업 체계와 질서, 정비 및 보강 사업 추진의 미비함이 제1차 국가경제발전 5개년 전략을 실패하게 했다는 평가였다.

---

3 "조선로동당 중앙위원회 제7기 제6차 전원회의 결정서: 주체109(2020)년 8월 19일 조선로동당 제8차 대회를 소집할 데 대하여," 「로동신문」, 2020년 8월 20일.

4 "우리식 사회주의 건설을 새 승리에로 인도하는 위대한 투쟁 강령: 조선로동당 제8차 대회에서 하신 경애하는 김정은 동지의 보고에 대하여," 「로동신문」, 2021년 1월 9일, p. 1.

북한은 2021년~2025년 제2차 국가경제발전 5개년계획을 실시하고 있다.[5] 지속적인 경제 성장과 인민 생활의 뚜렷한 개선을 모토로 금속, 화학 등의 기간 공업 부문에 집중적으로 투자하여 경제 전반의 생산 정상화를 실현하고 농업 부문에서 물질·기술적 기반 마련, 경공업 부문에서 원자재의 국산화, 재자원화를 통해 인민 소비품을 증산한다는 목표를 내걸었다. 교통 운수 부문에서 철길의 안전성 보장과 표준 철길 구간 확장, 체신 부분에서 유선방송과 텔레비전 방송 체계 정비 수송사업 개선, 금강산 지구의 현대적인 우리식(북한식) 문화관광지로의 전변 등도 사업 내용에 포함되어 있다.

김정은은 조선로동당 제8차 대회 보고를 통해 원가 저하와 품질 제고를 경제관리 개선의 기본과제로 규정하였다.[6] 그는 "소비품의 질 제고는 경공업 혁명에서 종자이고 기본 방향"임을 강조하고 경공업 부문의 원료 및 자재의 질 보장과 생산공정의 현대화, 품질감독 사업의 강화와 과학자, 기술자, 노동자들의 기술 기능 수준 향상을 주문하였다. 더욱이 제2차 국가경제발전5개년 계획 종료 시기인 2025년 말 국내 총 생산액은 2020년 수준보다 1.4배 이상, 인민 소비품 생산은 1.3배 이상 증산될 것으로 전망함으로써 사실상 반드시 달성해야 할 목표치가 되었다.

북한에서 수령의 교시는 법 위에 규범으로 목표 달성에 총력을 경주하고 있으나 현실은 매우 엄중하여 결과를 예측하는 것은 용이하지 않다. 2017년 국민총소득 36.6조원을 정점으로 2018년 35.9조원, 2019년 35.6조원, 2020년 35조원으로 연이은 하락세를 보이는 등 북한의 어려운 경제 상황 속에서 절대자의 교시에 의해 추진되는 품질 제고 사업의 박차를 위해 규격화 사업은 한층 더 강화되고 엄격해지고 있다.

2) 기업책임관리제 시행에 따른 기업소 규격화 사업 강화

북한의 「사회주의 헌법」[7] 제33조는 "국가는 생산자 대중의 집체적 지혜와 힘에

5   앞의 신문, p. 1.
6   "조선로동당 제8차 대회 4일 회의 진행," 「로동신문」, 2021년 1월 9일, p. 1.
7   「조선민주주의인민공화국 사회주의헌법」은 1972년 12월 27일 최고인민회의 제5기 제1차 회의에서 채택되어 제정되었다. 제1장 정치, 제2장 경제, 제3장 문화, 제4장 국방, 제5장 공민의 기본 권리와 의무, 제6장 국

의거하여 경제를 과학적으로, 합리적으로 관리 운영하며 내각의 역할을 결정적으로 높인다. 국가는 경제관리에서 사회주의기업책임관리제를 실시하며 원가, 가격, 수익성 같은 경제적 공간을 옳게 리용하도록 한다"라고 명시하였다.

　　사회주의기업책임관리제는 경영 권한을 기업의 현장에 확대 부여한 것으로 계획 수립에서부터 생산, 생산품 및 수익의 처분에 대해 기업의 권한을 대폭 확대한 김정은 정권의 산업 분야 경제 개혁 조치이다. 김정은은 사회주의기업책임관리제가 공장, 기업소, 협동단체들이 생산 수단에 관한 사회주의적 소유에 기초하여 실질적인 경영권을 가지고 기업 활동을 창의적으로 함으로써 국가 경제발전에 이바지하고 근로자들이 생산과 관리에서 주인의식을 갖고 책임과 역할을 다하게 하는 기업관리 방법이라고 설명하였다. [8]

표 5-2 / 북한 기업소의 구분과 종류

구분 기준	구분	특징
생산 수단의 사회화 정도	국영기업소	• 국가, 특히 내각의 각 성 산하의 기업소
	협동단체 기업소	• 농장 등 협동단체 기업소에 소속된 근로자들의 집단 소유로 되어 있는 기업소
관리 소속에 따른 구분	중앙기업소	• 내각의 각 성 산하의 기업소
	지방기업소	• 지방인민위원회, 지방의 무역국 등 지방조직 산하의 기업소
	특수기업소	• 내각 외 군부나 당이 직접 운영을 관리하는 기업소
규모에 따른 구분	합영·합작	• 외국(법)인의 투자 지분이 포함되어 있는 기업소
	대규모기업소	• 연합기업소, 종합기업소로 분류
	중소규모기업소	• 노동자의 수나 생산량이 낮은 수준으로 분류

출처: 양문수, 「북한경제의 구조: 경제 개발과 침체의 메커니즘」 (서울: 서울대학교출판문화원, 2001), p. 223.

가가구, 제7장 국장, 국기, 국가, 수도로 구성되어 있으며 9차례 개정되었다. 최근 개정은 2019년 8월 29일 최고인민회의 제14기 제2차 회의에서 수정·보충되었다.

8　　렴병호, "현실발전의 요구에 맞게 우리식 경제관리방법을 확립하시여," 김일성종합대학, http://www. ryongnamsan.edu.kp/univ/ko/research /journals (검색일: 2020년 4월 22일).

　　북한에서 기업소는 '일정한 노력, 설비, 자재, 자금을 가지고 생산 또는 봉사활동을 직접 조직·진행하는 경제 단위'로 정의된다.[9] 기업소 조직은 국가적 조치 또는 기관, 기업소, 단체의 요구에 따라 이루어지는데[10] 기업소의 급수와 중요성에 따라 내각, 중앙 노동 행정 지도기관, 도(직할시)인민위원회, 시(구역), 군인민위원회, 해당 기관이 조직한다.[11]

　　김정은 집권기 북한이 국가 경제 발전을 위해 강조하는 핵심 요소는 경영활동의 주체화, 현대화, 과학화 원칙이다. 품질 제고 사업과도 일맥상통하는 이 원칙은 산업 현장에서 기술 및 경제적 지표를 개선하고 기술 규정과 표준 조작법에 따라 공정관리를 시행할 것과 규격·표준의 적시 갱신을 전제한다. 규격화 사업의 강화로 자재를 비롯한 필요한 조건 충족 하에서도 생산 조직 운영의 문제로 생산계획이 미달되면 기업소가 책임져야 한다. 또한, 질이 낮아 유통 과정에서 발생하는 재고나 상품의 반품도 기업소의 책임이다.

	표 5-3 / 기업소 규격체계와 기타 관리체계와의 상호관계			
체계	**기업소규격체계**	**품질관리체계**	**환경관리체계**	**안전관리체계**
적용 대상과 범위	기업 활동 (모든 영역)	제품 품질	환경	안전
중시하는 문제	생산, 경영, 관리 전과정	품질 형성 과정	환경 요소	위험 요소
공통점	체계의 이론과 방법을 기초로 하고 PDCA 순환의 관리 방법을 준수하며 수단이 동일			

출처: 조원철, "기업소 규격체계에 대하여", 「계량 및 규격화」 2014년 제4호, p. 25.

　　기업소는 기술규격 체계를 위주로 관리규격 체계와 작업규격 체계를 서로 배합하여 생산과 경영, 관리의 효율성을 최대한 높일 수 있도록 운용하고 있다. 관리규격

9　　북한의 「기업소법」 제1장 기업소법의 기본 제2조 기업소의 정의. 북한의 「기업소법」은 2010년 11월 11일 최고인민회의 상임위원회 정령 제1194호로 채택되어 제정되었고 2014년과 2015년 그리고 2020년 세 차례에 걸쳐 수정·보충되었다.

10　　「기업소법」 제2장 제12조 : 기업소의 조직근거.

11　　「기업소법」 제2장 제11조 : 기업소의 조직기관.

체계와 작업규격 체계는 기술규격 체계의 집행을 보장할 수 있게 하며 규격체계 안의 규격들이 서로 협조할 때 기업소의 규격화 사업이 품질 제고로 이어질 수 있다.

	표 5-4 / 기술규격의 종류
규격	종류
기초규격	규격화 작업 지도 원칙, 통용 기술 언어 규격, 수치와 단위 규격, 안전성 규격, 통용 기술 방법 규격
제품규격	완전 규격, 비완전 규격 / 하나의 규격, 여러 가지 규격 / 제품에 대한 계층
설계규격	설계 도형·부호·기호·술어 규격, 설계 준칙, 전문 설계 규범, 설계 문건 규격, 설계 및 설계 프로그램 규격
가공기술규격	기술 공정 기초규격, 기술 공정 규격, 기술 공정 능력 규격, 기술 공정 조종 규격
검사와 시험규격	화물 구입 검사 규격, 기술 공정 검사 규격, 제품 검사 규격, 설비 설치 검수 규격, 공정 준공 검수 규격 / 시험 방법과 관련되는 표본잡이, 통계 방법의 응용, 실험단계
설비규격	기초 시설과 에너지 규격, 설비 및 주요 부분품 규격, 설비 조작 규정과 설비 유지 보호 규정, 기술 공정 장비 규격
위생규격	직업 장소 먼지, 오염물 등 유독 유해 물질의 농도 한계 규격, 소음과 진동 조종 규격, 전자 복사 방지 보호 규격, 기온 차이 방지 보호 규격, 생물 위험 방지 보호 규격
안전규격	통용 안전 규격, 안전 공정 규격, 생산 과정 안전 규격
환경규격	사회 환경 규격, 생산 환경 규격
기타규격	정보 표식, 포장, 운반, 저장, 설치, 교체, 유지수리, 봉사 등과 관련한 규격

출처: 김송미, "기업소 기술규격체제," 「계량 및 규격화」 2015년 제1호, p. 32.

김정은 집권기 품질 제고 사업의 적극적인 추동을 위해 품질감독이 강화되었다. 당국은 기업소의 제품 생산에서 질적 지표에 따르는 과학 기술적 요구를 철저히 지키도록 감독한다. 또한, 통제를 강화하여 제품의 질을 높이기 위한 공정감독, 제품 검사, 품질검정, 공증시험을 시행하고 있다. 공정검사 강화는 불량품, 불합격품 생산, 원료·자재의 낭비를 막고 품질 제고를 위한 기본을 담보하기 때문이다. 기업소는 제품별 공정검사 규정과 생산 공정별 기술규정, 표준 조작법을 만들어 해당 기관의 승인을 받은 후 각 공정별로 검사원을 배치하여 기준에 따라 공정검사를 실시해야 한다.

품질감독 강화에 따라 제품 검사도 엄격해졌다. 제품 검사는 품질감독 기관이 진행하는 국가검사와 중앙 품질감독 지도기관이 정하는 기업소 자체검사가 있다. 이 경우에는 기업소 생산 현장에서 제품별 감독 규정과 견본품에 준하여 실시하고 해당 규정과 견본품이 없을 시에는 해당 제품규격이나 국제규격에 준하여 시행한다. 국가는 품질감독 과정에서 제기되는 문제의 토의와 대책 수립을 위해 정권 기관 일군, 품질감독 기관 일군, 기업소 기술 일군으로 조직된 비상설 품질감독 3인조를 생산현장에 배치하도록 법으로 정하고 있다.[12]

3) 규격화를 통한 품질인증 강화

김정은은 "소비품의 질 제고는 경공업 혁명에서 종자이고 기본 방향"이라고 교시하였다.[13] 북한 기업소는 「기업소법」 제35조에 의해 생산 및 판매한 제품의 질과 신뢰성을 일정한 기간 의무적으로 보증하는 사업, 품질인증제도에 맞게 품질관리 체계 인증과 개별적 제품에 대한 품질인증을 받도록 규제되고 있다.[14]

품질감독위원회는 2017년 초부터 식품, 의약품, 화장품, 운전기재, 전자제품, 의료기구, 농약에 대해서 의무적으로 품질관리 체계를 실시할 것을 성, 중앙기관을 통해 하위 단위에 지시하였다. 이에 따라 모든 생산 단위에서는 인증을 받기 위해 규격화 활동을 강화하고 품질 제고를 통해 품질 개선에 적극적으로 나서고 있다.[15]

북한은 지난 1998년부터 산업 전반에 걸쳐 제품의 질을 높이기 위하여 매년 2월과 7월을 '품질 제고 대책 월간'으로 정하고 있다.[16] 또한, 범국가적인 품질 제고 분위기 조성을 위해 '2월2일 제품'과 '12월15일품질메달' 등의 품질인증제도를 운용해오고 있다. 자체 품질인증제도 외에도 품질관리 체계 인증으로 국제표준(ISO) 9001,

---

12 북한의 「품질감독법」 제1장 품질감독법의 기본, 제2장 공정검사, 제3장 제품 검사의 조항들을 정리하여 기술하였다.

13 "위대한 우리 국가의 무궁한 번영을 위하여 조선민주주의인민공화국 최고인민회의 제14기 제7차 회의에서 하신 경애하는 김정은 동지의 시정연설 주체111(2022)년 9월 8일," 2022년 9월 9일, 「로동신문」, p. 1.

14 「기업소법」 제4장 기업소의 경영 제35조 (품질관리).

15 "품질인증으로 제품의 질 제고: 인민대중 중심사상의 구현," 조선신보, 2019년 5월 27일.

16 「품질감독법」 제5장 품질감독사업에 대한 지도통제 제48조 (질 제고를 위한 사회적 분위기 조성), 제49조 (질 제고 대책 월간).

환경관리 체계 인증으로 ISO 14001, 식품 안전관리 체계 인증으로 HACCP(Hazard Analysis and Critical Control Point), 의약품 제조관리 기준 인증으로 GMP(Good Manufacturing Practice)를, 전기·전자 표준화기구 안전기준 인증으로 IEC(International Electronical Commission) 제도를 운용하고 있다. 국제품질 인증은 ISO, IEC 등으로부터 권한을 부여받은 품질감독위원회가 자체적으로 심사하여 인증한다.

개별 공장과 기업소는 국제 기준 생산설비 건설 및 품질, 위생 및 안전관리 매뉴얼 작성 등 품질관리 체계를 구축하여 국가품질감독위원회에 국제 인증을 신청한다. 신청 접수 후 각 국제표준협회의 심사 방법에 따라 품질·공정 등을 심사하여 인증 여부를 결정한다.[17]

북한에서 국제규격에 따른 품질인증 사업이 시작된 것은 2000년대부터다. 중앙과 지방의 공장, 기업소에서 ISO, GMP를 비롯한 국제적인 제품 인증, 관리체계 인증을 받기 위한 사업이 전개되어 생산공정에 대한 관리체계 인증, 제품 인증을 받은 단위들이 늘어나고 있다.

2008년 ISO 9001 인증, 2010년 HACCP 인증, ISO 22000 인증을 받은 기업소인 대동강맥주는 2019년, 미켈러 브루어리가 덴마크 코펜하겐에서 매년 개최하는 코펜하겐 미켈러맥주축제(MBCC)에 초청받아 참여하기도 했다. 대동강맥주에 이어 수십 개 단위가 식품안전관리체계 인증을 받았으며 제약 부문에서는 2007년 평스제약합영회사를 시작으로 수십 개 단위가 GMP 인증을 받았다. 업체들은 제품의 포장지나 상자에 인증 획득 사실을 인쇄하여 마케팅에 활용하고 있다.

---

17   이유진, "북한의 품질인증제도 운영 현황," 「주간 KDB 리포트」 제940호(2021), pp. 4-5.

표 5-5 / 북한의 국제품질인증 제도	
구분	인증 획득 주요 공장·기업소
ISO 9001	• 대동강맥주공장 • 평양화장품공장 • 신의주화장품공장 • 천리마타일공장 • 룡악산비누공장
ISO 14001	• 평양기초식품공장 • 평양화장품공장 • 평양326전선종합공장
HACCP	• 류경김치공장 • 평양식료공장 • 룡악산샘물공장 • 선흥식료공장, • 운하대성식료공장 • 원산식료공장 등
GMP	• 평양화장품공장 • 평스제약공장 • 토성제약공장
IEC	• 국가과학원 에너지연구소 • 조선천연흑연개발교류사

출처: 이유진, "북한의 품질인증제도 운영 현황," p. 3의 내용을 보완하여 재작성.

품질감독위원회 자료에 의하면 2019년에 40여 개 단위에서 생산한 200여 가지 제품이 '2월2일제품'으로 등록되고 60여 개 단위의 190여 가지 제품 생산공정이 품질관리체계 인증을 받았다.

제품명	기업명	수여 연도
맥주	대동강맥주공장	2012년
화장품	신의주화장품공장	2014년
수액 3개	보건성 건강합작회사	2015년
고려약 엑스 5개	강계고려약공장	
10kv종이전력케이블 3kv수지전력케이블	평양326전선공장	
평양주, 고려술	대동강식료공장	
시멘트	상원시멘트연합	
놋제품	평양대성보석가공공장	
통용기관윤활유SJ/CH40	천지윤활유공장	2016년
타일 3종	천리마타일공장	
목욕수건, 세수수건	사리원대성타올공장	
흰쌀튀기과자	만경대경흥식료공장	2017년
겨울용 남여구두	원산구두공장	2019년
통배추김치	류경김치공장	
위생자기	나래도자기공장	
능동형 전기보일러	황해북도지능제품제작소	2020년
학습장	민들레학습장공장	2021년
수산물가공식품	갈마식료공장	
요구르트, 우유 3종	오일건강음료종합공장	

표 5-6 / 12월15일품질메달 대상

출처: 「민주조선」, 2012.6.18.; "3개의 품질메달을 받은 비결—보건성건강합작회사수액직장에서," 「로동신문」, 2015.1.25.; "최우수 제품들에 12월15일품질메달 수여," 「로동신문」, 2017.12.8.; 「조선중앙통신」, 2019.12.26; "최우수제품에 메달, 질 경쟁열의 추동," 「로동신문」, 2017.2.16.; "인민들의 수요가 높은 명상품, 명제품 생산에서 성과 이룩," 「아리랑메아리」, 2017.12.15.; "제품의 질 제고에서 이룩한 성과," 「조선의 오늘」, 2021.2.9.; "제품의 질을 부단히 제고하기 위한 투쟁 힘있게 벌려 성과 이룩," 「아리랑메아리」, 2017.12.27.; "민들레학습장공장을 찾아서," 「조선의 오늘」, 2021.5.6.; "갈마식료공장을 찾아서," 최현규, 「북한의 뉴스매체에 나타난 표준/규격 및 품질 제고 활동」, p. 37의 내용을 보완하여 재작성.

　구체적으로 보면 평양326전선종합공장을 비롯한 수십 개 단위가 품질관리체계 인증을, 평양기초식품공장과 평양화장품공장을 비롯한 여러 단위가 환경관리체계 인증을 받았다. 또한, 대안친선유리공장, 강서분무기공장을 비롯한 수십 개 단위의 제품이 '2월2일제품'으로 등록되고 원산구두공장, 류경김치공장, 나래도자기공장의 여러 제품에 '12월15일품질메달'이 수여되었다. 그 외 경공업, 상업 서비스 부문의 많은 단위가 식품안전관리체계 인증을, 만년제약공장을 비롯한 수십 개 단위가 GMP 인증을 받았다. 이 가운데 평양326전선종합공장은 표준·규격화 사업 추진 우수 사례로 꼽히며[18] 대안친선유리공장은 원료·자재의 국산화 실현과 자체적인 기술혁신으로 2021년도 연간 판유리 생산계획을 122% 달성하였다.[19]

　북한 당국은 품질 제고 사업 추진 성공 사례를 선전하는 한편 질 제고 사업 부진의 원인과 문제점도 지적하였다. 과학·기술적 수준에 못 미치는 원료와 부원료 및 자재의 사용, 생산공정에서 질적 지표에 못 미치는 과학기술과 표준조작, 품질 제고 사업에 대한 근로자들의 그릇된 사상 관점이 극복해야 할 편향으로 발표되었다. 대책으로는 질적 지표에 따른 원료와 부원료 및 자재의 수준 향상, 생산공정에서 기술규격과 표준 조작의 엄격한 준수, 최고 수준의 제품의 질 보장을 위한 선진 기술 도입, 품질감독기관 일군들과 품질감독원들의 질 제고에 관한 사회 분위기 조성과 규격화 사업 및 계량계측 사업을 비롯한 품질관리 사업에 대한 무한 책임을 제시하였다.

2 표준·규격화 대상의 확대

1) ICT 분야 표준·규격화 확대

중국의 글로벌시장조사기관인인 마이어 리서치(Maia Research)사는 2021년 북

18　"나라를 위하고 자기 단위를 위한 일: 선질후량의 원칙에서 더 좋은 우리의 창조물을 내놓자,"「로동신문」, 2020년 2월 5일, p. 3.
19　"상반년 기간 질 제고 사업에서의 성과와 편향은 무엇을 새겨주는가,"「로동신문」, 2022년 7월 2일, p. 5.

한의 ICT 산업 시장가치가 연평균 8.63% 성장하여 21.8억 달러에 달한다고 분석하였다. 북한 정보통신(ICT) 시장의 가치 가운데 개인사용(Personal use)에 대한 시장가치는 연평균 9.46% 성장, 3.5억 달러에 이르고 전체 시장가치의 약 62% 비중을 차지할 것으로 전망하였다. Maia Research사는 또 북한의 ICT 산업 중 이동통신 가치는 연평균 12.2% 성장하여 2024년에는 약 10억 달러에 이를 것이라고 전망하였다. 이는 북한의 이동통신 가입자 증가세가 그 근거가 되는데 국제전기통신연합(ITU)은 북한의 이동통신 가입자 수가 2010년 43.2만 명에서 2020년 600만 명으로 연평균 30.1% 성장하였다고 발표하였다.

그림 5-1 / 북한 ICT 산업 시장가치와 성장률

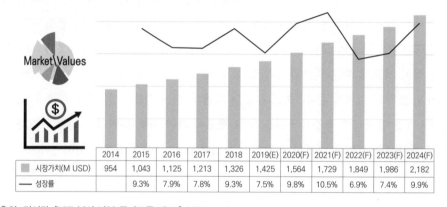

	2014	2015	2016	2017	2018	2019(E)	2020(F)	2021(F)	2022(F)	2023(F)	2024(F)
시장가치(M USD)	954	1,043	1,125	1,213	1,326	1,425	1,564	1,729	1,849	1,986	2,182
성장률		9.3%	7.9%	7.8%	9.3%	7.5%	9.8%	10.5%	6.9%	7.4%	9.9%

출처: 김서경, "ICT 분야 남북 국가표준 비교," 2021, p. 7.

북한의 ICT 분야에서 ISO·IEC 국제표준을 도입한 KPS는 1,228개 가운데 399개로 32.49% 수준이다. 이는 남한의 도입률 68%에 절반 이하의 수준이라고 평가된다.[20] 그러나 광업, 유용광물, 원유 제품, 금속 및 비금속 제품 등 18개 전체 산업 분야 KPS의 평균 국제표준 도입률 11.36%에 비하면 현저히 높다. ICT 분야 국제표준 부합률(IDT·완전일치)은 70.93%(283개)로 97% 부합하는 남한의 수준과는 격차가 크나

---

20   김서경·류광기, "남북한 ICT 분야 국가표준의 비교·분석 연구," 「차세대융합기술학회논문집」 제5권 제2호 (2021), pp. 176-181.

북한의 다른 분야 KPS의 국제표준 부합률에 비하면 상대적으로 매우 높은 편이다.

한국표준협회의 2015년 발행 KPS 분야별 보유 현황 분석에 따르면 북한의 전자, 통신 및 정보기술 분야 KPS는 1,228종으로 보건 및 위생(4,607종), 기계, 설비 및 공구(2,004종), 화학, 고무 및 돌솜제품(1,608종)에 이어 KPS 보유 4위이다. 전자, 통신 및 정보기술 분야 KPS의 국제규격 인용 수는 387종으로 392종의 국제규격을 인용하고 있는 기계, 설비 및 공구 분야에 수적으로는 뒤지나, 국제규격 도입률은 31.51%로 19.56%의 국제규격 도입률을 보이는 기계, 설비 및 공구 분야에 크게 앞선다.[21] 해당 통계는 김정일 시대에서 김정은 정권으로 이어지는 정보화 정책의 단면을 보여준다.

표 5-7 / 북한의 ICT 분야 국제표준 도입 및 부합률

구분	중분류 명칭	규격수	국제표준 도입률	국제표준 부합(IDT)
ㅉ0	일반 규정 및 기준	117	43.59%(51개)	90.20%(46개)
ㅉ1	전자재료	12		
ㅉ2	전자기구 및 요소	559	14.13%(79개)	1.27%(1개)
ㅉ3	방송 및 텔레비전	51	11.76%(6개)	50%(3개)
ㅉ4	정보기록 및 재생기구	19	26.32%(5개)	
ㅉ5	통신기구 및 설비	19		
ㅉ6	정보처리장치	117	47.01%(55개)	90.91%(50개)
ㅉ7	전자 및 통신기구	4		
ㅉ8	프로그람	74	9.46%(7개)	57.14%(4개)
ㅉ9	정보처리	256	76.56%(196개)	91.33%(179개)
합계		1,228	32.49%(399개)	70.93%(283개)

출처: 김서경, "북한의 ICT 분야 국가표준 주요 현황," 2021, p. 25.

---

21 한국표준협회, 「남북한 주요 표준 간 현황 비교분석을 위한 조사 연구」 (서울: 한국표준협회, 2022), p. 41, 47, 48.

미국에 기반을 둔 인터넷 매체 민족통신은 2018년 11월 6일 자 보도에서 "김정은 국무위원장의 지시에 따라 조선은 정보기술 개발을 세계적인 수준으로 끌어올리기 위해 2016년에 국가정보화국을 창설했다"라고 보도하였다.[22] 김정은은 "이동통신은 미래통신의 주류이며 통신에서 이동통신이 차지하는 비중은 날로 커진다"라며 이에 따라 "네트워크, 장비 등 이동통신 발전에 힘쓰도록" 주문하였다. 북한은 2010년대 후반 들어 디지털 경제를 의미하는 '수자경제', 빅데이터를 의미하는 '대자료' 등을 강조함으로써 급속하게 변화하는 세계적인 추세에 적극 동참하기 시작하였다.[23]

2019년 8월 3일 북한의 관영 매체들의 보도를 통해 새로 개발한 대구경조종방사포 발사 장면을 지켜보는 김정은의 사진이 공개되었다. 보도 사진에는 김정은의 태블릿 PC와 스마트폰이 함께 노출되었다. 벽면에 걸린 스마트 TV도 로동신문을 통해 공개되었다.[24] 이동통신은 김정은 집권기 북한 정보통신(ICT) 분야 가운데 가장 빠른 속도로 성장하고 있다. 2015년 이전까지 중국 수입 단말기를 사용하던 북한은 2017년 이후 조립식 단말기 생산 체계를 갖추고 수입한 중국 부품을 조립하여 '아리랑', '평양터치', '진달래', '푸른하늘', '아리랑171' 등을 출시하였다.[25]

정보통신(ICT) 산업 발전에 대한 당국의 관심에도 불구하고 북한은 통신 성숙도 평가에서는 아시아 38개국 가운데 33위의 순위를 보인다. 북한의 불안정한 정치적 상황과 국내 예산의 중공업 치중으로 전반적인 통신 인프라 개발이 저조한 것이 근본적인 원인이다. 또한, 오라스콤이 고려링크에 대한 투자를 중단한 것도 주요한 원인으로 평가된다. 마지막으로 네트워크 통제권이 모두 정부로 넘어간 것이 또 다른 원인이다.[26]

2022년 말 기준 북한의 ICT 수준은 1990년대 말과 비교해서 각 분야에서 상당한 성과를 거두고 있다. 600만 대의 '손전화' 가입자를 보유한 데다, 2019년에는

22 "김정은 지시로 탄생한 北국가정보화국, 정보기술 발전 주도," 「연합뉴스」, 2019년 6월 4일, https://www.yna.co.kr/view/AKR20190604125600504 (검색일: 2022년 9월 7일).

23 "전 사회적으로 숫자를 중시하는 기풍을 세워야 한다," 「로동신문」, 2019년 8월 22일.

24 "스마트폰 또 노출한 김정은 … 정보기술 발전 과시 포석," 「중앙일보」, 2019년 8월 4일. https://www.joongang.co.kr/article/23543416 (검색일: 2022년 9월 7일).

25 남성욱, 「4차 산업혁명 시대 북한의 ICT 발전과 강성대국」 (서울: 한울아카데미, 2021), pp. 108-109.

26 김서경, 「ICT 분야의 남북 국가표준 비교」, 제22회 북한 ICT 연구회 세미나, 2022년 10월 20일.

평양에서 미국 국적의 암호화폐 전문가를 초청해 비트코인 등 첨단 암호화폐 기술에 대한 국제세미나를 개최했다. 북한의 이러한 동향은 2015년 KPS 목록 발행 이후 다수의 ICT 규격이 발행되었을 것으로 추정할 수 있는 근거가 된다.

2) 산업 전반에 안전관리 규격화 확대

북한에서 1950년대 전후 복구 시기와 1960~1990년대 경제건설 시기에 강조된 표준·규격화는 주로 통일된 건설 원·부자재의 생산으로 건축, 공장, 도로 건설 등에 한정되었다. 1995~1998년 사이 식량난에 의한 고난의 행군 시기 이후에는 경제사무관리, 각종 서비스 산업 등으로 대상이 확대되었다. 김정일 집권기(1994~2011)에 북한 당국은 규격화의 대상이 사회·경제생활 전반을 포함하며 그 내용이 매우 방대하다며 모든 공장, 기업소들에서 생산되는 각종 제품으로부터 시작하여 기초과학 분야의 용어, 단위, 기호들과 기업소, 농장 관리 및 거리와 마을의 일상적인 관리 유지까지 규격·표준화의 대상이라고 규정하였다. 또한, 의료 약제 분야의 표준·규격화도 강조하였다.

2005년 9월 17일 흥남제약공장을 방문한 김정일은 "흥남제약공장은 제약 공업의 모체 공장"이라고 격려하며 인민들이 무상 치료의 혜택을 충분히 누릴 수 있도록 약품을 증산할 것을 지시하였다. 그러면서 '고려약' 생산을 과학화·공업화하기 위한 사업을 심화하여야 한다고 지도하였다. 이를 계기로 해당 분야에서 교시에 따르는 적극적인 사업 추진이 이루어졌으며[27] 의약품 생산과 품질관리 기준을 국가규격으로 제정하였다.[28] 김정일은 2007년에 강계고려약공장을 방문하여 전통 약제의 규격화를 지시하였고 이는 즉각적으로 이행되었다.[29] 로동신문은 이후 여러 차례에 걸쳐 흥남제약공장의 규격화 활동과 사업 성과를 보도하였다. 2018년 5월에는 가공의 약품공장에서 무동력 유리 용해로를 자체 제작하여 전기를 전혀 쓰지 않으면서도 주

---

27   "고려약 생산의 엑스화, 표준화 실현에서 이룩한 성과," 「로동신문」, 2006년 9월 17일, p. 3.

28   "규격화 표준화 사업을 현실발전의 요구에 맞게," 「로동신문」, 2006년 11월 12일, p. 1.

29   "수십 종의 고려약 엑스제들 표준화 실현," 「로동신문」, 2007년 7월 26일, p. 4.

사약 앰플을 자체적으로 생산할 수 있게 되었다.[30]

2018년 1월 평양제약공장 현지지도에 나선 김정은은 "제약 공장은 사람들의 생명과 관련된 약품을 생산하는 곳이므로 최상의 위생 조건과 환경이 보장되어야 한다"라고 말했다. 그는 또 "의약품들의 안전성과 신뢰성을 철저히 담보하기 위한 사업에 특별한 관심을 돌리며 생산과 검정, 보관, 취급에서 엄격한 규율과 질서를 세워야 한다"라고 강조하였다. 규격화 사업의 중요성을 지도한 부분이다. 이날의 교시에는 포장 용기의 도안을 국제적 기준에 부합하게 잘 만들어야 한다는 내용도 포함되었다.[31] 김정은의 제약 산업 분야의 현지지도는 김정일 집권기와 달리 위생 안전관리에 관련한 규격화를 강조하고 있다.

북한은 '국규 8511-10:1994 [생산물의 질지표명세-10부:안정성 지표]'를 규정한데 이어 1995년에는 '국규 10155:1995 [노동보호-생산에서의 위험 및 유해요인의 분류]'와 '국규 9907:1995 [화학제품-유해물질의 일반 안전성 요구]'를 제정함으로써 국제적 추세에 맞춘 노동위생 안전관리 체계 규격화 실현을 위한 기초를 마련하였다. 2008년에는 공업 기업소들에서 노동 안전관리 규격화 체계를 바로 세우고 운영하는 것을 목적으로 '국규 11921:2008 [노동보호-작업장공기 중의 유해물질 안전에 대한 요구]'를 비롯하여 제품 생산 과정에서 발생할 수 있는 위험 요소와 대상들에 대한 안전성 규격들을 제정하였다.

이 규격들은 첫째, 공업 기업소들에서 기본 생산 구역과 보조 연관 구역 그리고 기업소 환경보호 구역에서의 위생학적 안전기준을 정하고 그 기준 집행에서 발생하는 일반적 요구와 위험요소 검출 및 측정, 시험 방법들을 서술하였다. 둘째, 제품 생산 과정에 위험 요소들을 찾아내는 방법과 예방 대책을 세우며 안전한 노동보호 대책 수립에 있어 나타나는 추가적인 안전 기술 수단과 보호 설비들의 설치 문제 등 작업장의 위생 안전관리와 관련된 문제들을 반영하였다. 셋째, 작업 중 설비와 기술 공정에서 나타날 수 있는 화재와 폭발, 기계 및 전기적 파괴와 같은 돌발 사고가 발생하는 경우 긴급 대책을 세우는 안전관리 문제들도 규정하였다. 당국은 이러한 규격

---

30   "우리식의 무동력 유리 용해로 제작 완성," 「조선중앙통신」, 2018년 5월 25일.

31   "경애하는 최고령도자 김정은 동지께서 평양제약공장을 현지지도 하시였다," 「로동신문」, 2018년 1월 25일, p. 1.

의 제정과 규격화 활동이 국제규격 제정의 시류에 맞춘 것으로 선전하고 있다.[32]

김정은 시대에는 방직제품의 위생 안전도 강조되고 있다. 당국은 소비자들이 방직제품을 사용하는 과정에 생명과 건강상 피해를 보지 않도록 방직제품의 개발, 설계, 생산 및 공급과 관련된 모든 공정에서 필요한 조건과 대책을 세워 위생 안전성이 보장된 방직제품을 생산하도록 하고 있다. 방직제품 사용 시 피부에 나타날 수 있는 이상 반응 또는 체내 발병 요인을 사전에 제거해 위생 안전을 담보하고 수출 상품의 국제적 경쟁력을 강화하기 위해서이다. 또한, 방직제품의 환경보호 기술에 대한 요구가 커지고 있으며 생태 환경을 위협하는 제품생산과 판매는 금지하는 등 섬유산업 분야의 규격화 강화로 경쟁력을 키워가고 있다.

섬유산업의 규격화 사업 부문에서는 환경 안전기준을 지킨 제품임을 보증하는 'Eco-Label'과 유해 물질 테스트를 거친 섬유임을 인증하는 'Oeko-tex Standard 100'의 생산, 소비, 처리 과정에서의 생태성에 주목하고 국제 동향을 연구하고 있다.[33]

3) 환경관리 체계 인증 확대

김정은 집권기에는 김일성·김정일 집권기와 달리 북한의 환경관리 부문에서의 규격화 사업도 적극 강조되고 있다. 산림 황폐화로 자연재해의 충격이 컸던 북한은 '산림 복구 전투'라 명명하는 산림녹화 사업을 진행하면서 산업 부문에서도 환경보호 규격화를 국가적 사업으로 추진하고 있다. 인민들의 건강한 생활환경 마련과 자원의 적극적인 보호에서 환경오염 방지까지 보장되는 환경보호 실현을 위한 기준을 마련하겠다는 취지이다.

김정은은 2018년 7월 락산바다연어양어사업소를 방문하여 생산 정형을 지시하였다. 해당 현지지도의 특이점은 최고 지도자의 환경관리에 관한 중요성 강조이다. 김정은은 먼저 연어 가공품 생산의 과학화, 자동화, 현대화 수준을 높이고 위생 안전성과 품질을 철저히 담보하며 규격화, 표준화를 실현할 것을 강조하였다. 이어

32 김일영, "공업기업소에서의 위생 안전관리 규격화의 발전 추세," 「계량 및 규격화」 제1호(2013), pp. 28-29.
33 리혁철, "방직제품의 위생 안전을 보장하여야 할 필요성에 대하여," 「계량 및 규격화」 제1호(2017), pp. 33-34.

양어장 운영에 있어 깨끗한 환경 조성과 위생방역 체계를 철저히 세울 것, 수역의 수온과 산소량 등을 검측할 수 있는 종합 수질 측정 기재의 설치와 정기적인 수질검사 시행 등 과학적인 수질 관리를 지속할 것, 그리하여 오염되지 않은 깨끗한 바다의 생태 환경을 유지·보호할 것을 강조하였다.[34]

김정은 집권기 들어 「계량 및 규격화」, 김일성종합대학보 또는 언론 매체를 통하여 환경 인증에 관한 논문과 보도가 늘었다. 연구 기능이 강화된 것이다. 북한의 선전 매체 '내나라'는 "2010년에 처음으로 평양326전선 종합공장이 환경관리 체계와 관련한 '국가규격 14001'을 받은 것에 이어 많은 공장, 기업소들이 환경관리 체계 인증을 받았으며 그 수가 날로 늘어가고 있다"라고 보도하였다. 김정은 정권 출범 초기 당국은 기업의 환경경영 체제를 평가하여 국제규격임을 인증하는 제도 ISO 14000 계열의 국제 동향을 알리고 '국규 10901 품질관리체계-요구조건 [ISO 9001:2000, IDT]', '국규 14001 환경관리체계-요구조건 14001 [ISO 14000]'의 제정 사실을 홍보하였다. 이를 통해 생산자들은 이 규격의 요구에 따라 생산되는 제품들이 환경을 오염시키지 않도록 일정 기준을 갖게 되었으며 소비자들은 자신들의 건강과 편의를 위한 기준을 가지게 되었다고 요약하였다. 또한, ISO 14000 계열의 실시에 따라 제품의 가치가 결정된다고 평가하였다.

북한에서 환경관리 체계 인증을 받기 위해서는 먼저 '국규 14001'과 '국규 14004'의 규정에 따른 환경관리 체계를 확립하는 것이 중요하다. 환경관리 체계는 환경보호 문제를 기업소 경영활동의 전 과정에 반영하여 자원의 효과적 이용, 에너지 절약, 오염 방지, 폐기물의 자원화를 중요한 경영 전략, 기업 전략으로 내세우고 이에 기초해 기업소의 관리자에서부터 최하위 근로자에 이르기까지 환경보호 사업에 참가하도록 하는 경영관리 체계이다.

환경관리 체계를 수립하기 위해서는 환경관리 전략을 세우고 구체적인 실행 계획을 작성하게 된다. 북한 당국의 환경관리 전략은 기업소 책임자가 공식적으로 발표한 환경관리와 관련한 공장의 전반적인 의도와 생산경영 활동을 환경보호의 견지

---

34 "경애하는 최고령도자 김정은 동지께서 조선인민군 제810군부대산하 락산바다련어양어사업소와 석막대서양련어종어장을 현지지도 하시였다," 「로동신문」, 2018년 7월 17일.

에서 어떻게 진행할지 방향을 제시한 것이다.

전략의 첫 부분에는 항상 김일성·김정일의 유훈과 김정은의 환경보호 부문 교시를 게시한다. 이어 공장의 환경보호 사업과 관련한 실태조사 자료 분석 반영, 환경보호와 인증을 위한 발전 동향을 국제 추세에 맞게 반영, 환경 전략의 기본내용 서술, 환경 전략 실현을 위한 활동 규범 제기와 환경 전략의 주관 부서와 분담 관계, 추진 절차, 총화와 대책의 내용과 방법을 반영한다. 전략이 수립되면 그에 따라 목표 실현을 위한 계획 작성 후 기업소 실정에 맞게 주요 환경 요인들을 밝혀내 국가 기준과 비교하게 된다. 이때 발생하는 차이를 줄이기 위한 사업을 기업소의 생산 활동과 결합하여 추진한다. 만성적인 에너지 부족에 시달리는 북한은 환경관리 체계 수립에 있어 에너지의 효과적인 이용을 위한 경제 조직 사업에 적극적인 입장이다.[35]

3 규격정보 서비스 체계 발전과 연구 강화

1) 국가규격(KPS) 목록 2015년판 발행

북한의 국가규격제정연구소는 2015년, 1960년부터 2015년 4월까지 제정된 KPS 16,285종을 수록하여 670쪽 분량의 '국가규격(KPS) 목록'을 발행하였다. "국가적으로 모든 제품에 대하여 규격을 올바로 제정하고 그것을 철저히 지키도록 규율을 강하게 세워야 한다"라는 김정은의 교시에 따른 것이었다. 목록 서문에는 "인민경제 여러 부문 일군들에게 많은 도움이 되길 바란다"라고 기술하여 규격화 사업이 기관 및 기업소의 책임자뿐만 아니라 전체 근로자가 이행해야 하는 기본 업무임을 밝혔다.

2015년판 국가규격(KPS) 목록은 Ⅰ. 규격 분류, Ⅱ. 분류순 목록, Ⅲ. 번호순 목록, Ⅳ. 대신 규격 목록, Ⅴ. 실마리어 검색어로 구성되어 있다. KPS 16,258종 보유 현황은 제2장 KPS 현황에서 18개 대분류 분야별로 나누어 보유 규격 수, 보유 규격

---

35   장자명·장철준, "환경관리체계인증을 받는데 서 나타나는 중요한 문제," 「계량 및 규격화」 제4호(2013), p. 33.

순위를 기록하여 다루었다. KPS의 예시로 '국규 7669-1:1990 (채광, 채탄 용어-일반)' 을 나타내면 아래 〈그림 5-2〉와 같다. 규격 첫 페이지에 규격명(예: 채광, 채단 용어-일 반)과 규격번호(예: 국규 7669-1:1990), 분류(예:ㄱ00), 규격 제정 기관(예: 국가품질감독 위 원회), 승인 및 실시 일자가 나타난다.

그림 5-2 / 국규 7669-1:1990의 예시

조선민주주의인민공화국
국 가 규 격

문류 ㄱ 00   국규 7669-1:1990

채광, 채탄 용어 - 일반

조선민주주의인민공화국 국가규격

국규 7669-1:1990

채광, 채탄 용어 - 일반

7669-1:1986 대신

승인: 주체 79(1990)-10-04   실시: 주체 79(1990)-11-01 부터
                                        주체 84(1995)-12-31 까지

조선민주주의인민공화국
국가품질감독위원회
주체 79(1990)

출처: 국가규격제정연구소, 「조선민주주의인민공화국 국가규격목록」, 2015, p. 2.

한국표준협회(KSA)는 2015년판 북한국가규격(KPS) 데이터를 활용하여 북한의 국가표준 발행 현황을 분석해 시각화하고 남북한 주요 표준 간 현황의 비교분석을 위한 데이터베이스를 구축하였다.[36] 한국표준협회의 연구는 KPS를 포괄적인 범위에 서 다양한 관점으로 분석하였는데 1960년부터 2015년까지 KPS 발행에 있어 특징 을 나타내는 연도는 더욱 세밀하게 분석하였다.

분석 결과 1990년은 전체 기간 중 가장 많은 2,884종의 KPS가 제정된 연도로 1960년~2015년 기간 전체 발행 건수 가운데 약 18%가 해당 연도에 제정되었다. 주 로 기계, 설비 및 공구 분야가 651종 제정된 것이 특징이다. 2007년도에는 2,177종 의 KPS가 제정되었는데 고려약재, 순환기 혈관 계통 관련 보건 및 위생규격이 75%

---

36   한국표준협회, 「남북한 주요 표준 간 현황 비교분석을 위한 조사 연구」 (서울: 한국표준협회, 2021).

를 차지하였다. 이와 같은 특이점은 김정은이 집권을 시작한 2012년에도 유사하게 반복되었다. 이 해에는 1,746종의 KPS가 발행되었는데 2007년과 같이 고려약재, 순환기 혈관 계통 관련 보건 및 위생규격의 비율이 64%에 달한다.

그림 5-3 / KPS(2015) 분석을 통한 KPS 현황(1960~2015) 시각화

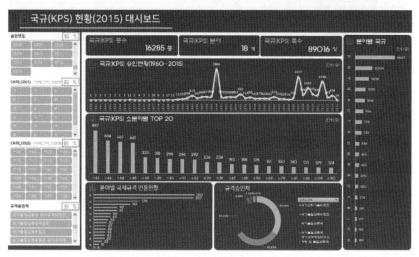

출처: 한국표준협회, 「남북한 주요 표준 간 현황 비교 분석을 위한 조사 연구」, p. 45.

한국표준협회는 KPS의 국제규격 인용 현황도 분석하였다. 18개 대분류 분야 가운데 (ㄹ)기계, 설비 및 공구, (ㅉ)전자, 통신 및 정보기술, (ㅋ)화학, 고무 및 돌솜제품 순으로 국제규격을 인용하는 것으로 분석하고 이를 시각화하였다.

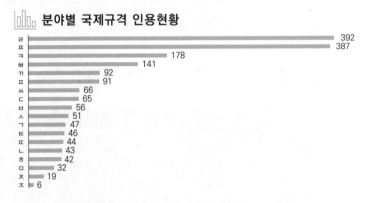

그림 5-4 / KPS의 분야별 국제규격 인용 현황

출처: KSA, 「남북한 주요 표준 간 현황 비교분석을 위한 조사 연구」, p. 49.

2) 규격정보 서비스 체계의 발전

북한은 김정일 집권기인 2005년 "현대화 기준은 무엇보다 내부 네트워크에 의한 현대적인 정보관리 시스템을 구축하는 것"이라고 발표하였다. 즉 공장의 일간, 주간 사업 계획 통지, 각종 정보 수집과 처리, 기술자료와 설비관리, 재정 업무 등을 처리하는 컴퓨터 시스템을 갖춰야 하다는 것이었다. 김정은은 2018년 4월 20일 당 중앙위원회 제7기 제3차 전원회의를 통해 경제건설 총력 집중노선을 발표하였다. 노선의 실현을 위한 투쟁의 전망 목표로는 '현대적인 사회주의경제와 지식경제의 공고화'가 제시되었다.[37] 여기서 언급된 사회주의경제, 지식경제는 인민경제의 현대화, 정보화가 높은 수준에서 실현되는 경제로 규정된다.[38]

북한은 대상이 확대된 규격을 관련 산업계에 체계적으로 전달하기 위하여 규격화 데이터베이스를 구축하고 국가망을 통한 규격 문헌의 배포와 규격 심의, 초안작성 등의 규격화를 진행하고 있다. 규격정보 서비스 체계인 '래일' 홈페이지를 통해 여

---

37   "조선로동당 중앙위원회 제7기 제3차 전원회의 진행: 조선로동당 위원장 김정은 동지께서 병진로선의 위대한 승리를 긍지 높이 선언하시고 당의 새로운 전략적 로선을 제시 하시였다," 「로동신문」, 2018년 4월 21일, p. 1.

38   임을출, 「김정은 시대의 자력갱생 계승과 변화」 (파주: 한울아카데미, 2021), pp. 114-115.

러 부문에 필요한 규격정보를 적시 적소에 정확히 알려주고 규격 분야에 대한 교육, 자료 보급을 시행하고 있다.

홈페이지 주요 내용은 첫째, 김일성, 김정일 및 김정은의 품질관리 분야 영도 업적이 주제별로 연재되어 있다. 둘째, 규격화 사업에 필요한 규격 문헌 자료 기지가 있다. 규격 문헌 자료 기지는 국가규격, 국제규격과 중국, 러시아 등 다른 나라들의 자료 기지로 구성되어 있다. 또한, 규격화 사업에 필요한 규격화 동향과 규격화 보도 자료 기지가 있다. 문헌 검색은 규격번호와 규격 제목으로 검색할 수 있다. 래일 홈페이지는 여러 나라의 관련 잡지들과 단행본을 비롯한 규격화 사업 관련 자료를 게재하여 국제표준 동향을 파악할 수 있도록 기능하고 있다.[39]

북한 당국의 보도와 자료 분석 결과 김정은 시대 규격정보 서비스 체계는 김정일 시대보다 발전된 것으로 보인다. 그러나 서울대학교 통일평화연구원이 2015년 발표한 '북한 주민 정보통신기기의 이용 실태' 조사 결과를 보면 정보화를 국가 정책으로 추진하고 있는 가운데도 북한의 컴퓨터 보유율은 27.4%에 불과한 것을 확인할 수 있다.[40] 북한 주민은 원칙적으로 인터넷 사용이 금지되어 있다는 점을 고려하면 인트라넷 '광명'을 통해 '래일'을 이용한다고 하더라도 이용률과 효율성은 높지 않을 것으로 추측된다. 결과적으로 규격화 정보 서비스의 보급과 이용 환경이 규격정보 서비스 체계 발전을 따라가기에 역부족이다.

3) 규격화 연구 강화를 통한 데이터베이스 확대

김정은 집권기 북한은 규격화 연구 장려를 위해 데이터베이스 확대에 힘쓰고 있다. 이는 한국과학기술정보연구원이 2012년 1월부터 2021년 4월까지 북한 표준 정책을 연구할 수 있는 주요 원전인 「계량 및 규격화」에 게재된 규격 및 품질관리 분야 논문 310편을 분석한 결과에 잘 나타난다. 학술지 데이터의 연도별 분포는 2012년 19건, 2013년 18건, 2014년 35건, 2015년 23건, 2016년 21건, 2017년 42건,

---

39   강예성·엄경희, "국가망을 통한 규격정보봉사체계《래일》," 「계량 및 규격화」 제3호(2012), p. 34.

40   김경민·정은미, 「북한 사회변동 2015」 (서울: 서울대학교 통일평화연구원, 2016), pp. 76-78.

2018년 38건, 2019년 51건, 2020년 28건, 2021년 35건으로 2019년에 가장 많은 수의 논문이 발표되었다. 이를 근거로 동년 규격화 사업이 가장 활발했다는 추론이 가능하다. 또한, 품질 제고가 강조되는 시기 규격화 및 품질 부문의 연구는 늘어나고 계량과학 부문의 연구개발은 축소되는 것으로 분석되었다.

표 5-8 / 계량 및 규격화 학술지 연도별 논문 수

구분	2012	2013	2014	2015	2016	2017	2018	2019	2020	2021	합계
계량과학	48	49	37	64	54	34	43	33	31	35	429
규격화	19	18	35	23	21	42	38	51	28	35	310
규격화 부문비중	28.4%	26.9%	48.6%	26.4%	28.0%	55.3%	46.9%	60.7%	47.5%	50.0%	41.9%
전체	67	67	72	87	75	76	81	84	59	70	739

출처: 한국과학기술정보연구원, 「북한 ICT 표준화와 품질관리 현황조사 연구」, p.66.

한국은행의 분석결과에 따르면 실제 2019년 북한의 국내총생산(GDP)은 전년 대비 0.4% 증가하였다. 이는 2016년 3.9%의 증가율 이후 3년 만에 소폭 증가로 전환된 것이다.[41] 품질 제고를 앞세운 북한의 규격화 사업이 경제발전 정책과 긴밀한 연관성이 있음을 보여주는 통계이다.

표 5-9 / 남북한의 경제성장률 추이

연도	'00	'05	'10	'11	'12	'13	'14	'15	'16	'17	'18	'19
북한	0.4	3.8	-0.5	0.8	1.3	1.1	1.0	-1.1	3.9	-3.5	-4.1	0.4
남한	9.9	9.6	9.1	4.3	6.8	3.7	2.4	2.8	2.9	3.2	2.9	2.0

출처: 한국은행, 북한의 GDP 추계 (2020).

한국과학기술정보연구원의 「계량 및 규격화」 수록 논문의 내용별 분류를 보면 규격화(A)에서는 규격 제정에 관한 논문이 가장 많고 규격화 일반, 위생 안전에 관한 논문이 이어서 많이 발표된 것을 알 수 있다. 이는 북한의 규격화 사업에서 규격 제

---

41 한국은행, 「2019년 북한 경제성장률 추정 결과」, 2020년 7월 31일.

정 부분에 많은 노력을 기울이고 있음을 보여주는 결과이다.[42] 품질관리(B)는 전체 내용(310건) 중 60%인 186건이 있는데 이는 데이터베이스 확대가 품질 제고 활동의 일환임을 나타낸다. 품질관리(B)의 하위분류 중에서 품질평가에 관한 논문이 압도적으로 많다. 특히 생산품질관리, 품질관리, 품질경영 등에 관한 논문이 다수다.

그림 5-5 / 계량 및 규격화 학술지 키워드 분석 결과

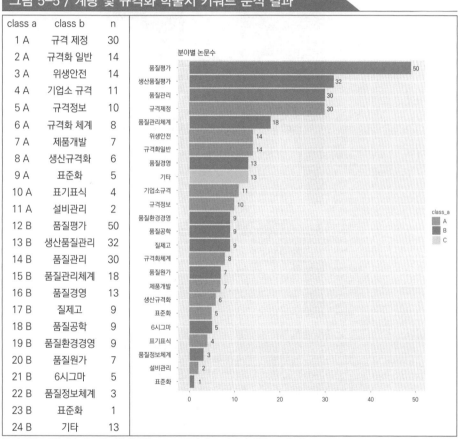

class a	class b	n
1 A	규격 제정	30
2 A	규격화 일반	14
3 A	위생안전	14
4 A	기업소 규격	11
5 A	규격정보	10
6 A	규격화 체계	8
7 A	제품개발	7
8 A	생산규격화	6
9 A	표준화	5
10 A	표기표식	4
11 A	설비관리	2
12 B	품질평가	50
13 B	생산품질관리	32
14 B	품질관리	30
15 B	품질관리체계	18
16 B	품질경영	13
17 B	질제고	9
18 B	품질공학	9
19 B	품질환경경영	9
20 B	품질원가	7
21 B	6시그마	5
22 B	품질정보체계	3
23 B	표준화	1
24 B	기타	13

출처: 한국과학기술정보연구원, 「북한 ICT 표준화와 품질관리 현황 조사 연구」, p.71.

2012년부터 2021년까지 출현 키워드를 통해 시계열적으로 보면 2012년부터 2015년까지는 규격화를 강조한 반면, 2016년부터 2021년까지는 품질관리, 기업소,

---

[42] 규격화(A)와 품질관리(B), 기타(C)로 분류하고 규격화(A)는 다시 11개의 하위분류로, 품질관리(B)는 12개로 하위분류를 두어 분석하였다.

질 제고를 강조하고 있다. 최근 10년의 전반적인 추세는 초기에는 규격화를 중점으로 하다가 후반부로 가면서 품질 부분이 강조되어 나타난다. 이는 김정은 집권기 품질 제고를 중심 가치로 두는 표준·규격화 정책 방향과 같은 맥락이다.

그림 5-6 / 계량 및 규격화 학술지의 연도별 다빈도 키워드

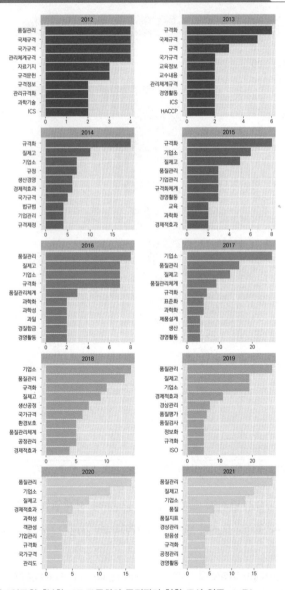

출처: 한국과학기술정보연구원, 「북한 ICT 표준화와 품질관리 현황 조사 연구」, p.71.

김정은 시대 규격화 사업이 강화되면서 규격화 효과성 평가도 진보하였다. 효과성 평가는 정성 평가에서 정량 평가로 구체화 되었으며 규격 실시 후 효과성 평가가 이루어지던 것과 달리 규격 제정 전 예측과 논증이 이루어지는 형태로 발전하였다. 또한, 정적 상태 계산으로부터 동적 상태 계산으로 변경되었다. 〈표 5-10〉은 체계 평가 방법의 하나인 '모호 종합 판단법'을 응용하여 북한 당국이 규격을 평가한 실례이다. 어떤 기업소에서 규격의 효과성을 평가할 때 표와 같은 평가항목으로 25명의 전문가가 평가한 결과이다.

표 5-10 / 규격화 효과성 평가 결과

평가항목(무게) \ 평가등급	좋다	비교적 좋다	일반적이다	비교적 낮다
규격 내용의 과학성(0.15)	9	14	2	0
자금 절약(0.10)	3	14	7	1
품질 제고(0.10)	5	15	5	0
자원 절약(0.15)	1	10	11	3
생산 주기 단축(0.10)	2	11	12	0
갱신에서의 편리성(0.10)	5	14	6	0
환경보호(0.15)	4	6	13	2
실시 요구의 엄격성(0.15)	3	8	12	2

출처: 김명찬, "규격화의 효과성 평가에서 나서는 문제," 「계량 및 규격화」 2014년 제1호, p. 25.

규격화 종합평가 결과에 기초하여 종합평가 결과를 분석하면 〈표 5-11〉과 같다. 당국은 이러한 규격의 평가 방법을 여러 가지 방안이 제기될 때 가장 합리적인 규격화 방안을 선택하거나 규격 심의, 규격 검토 등 여러 목적에 이용하고 있다.[43]

---

43   김명찬, "규격화의 효과성 평가에서 나서는 문제," 「계량과 규격화」 제2호(2022). pp. 25-26.

평가등급 평가항목(무게)	좋다 (100)	비교적 좋다 (85)	일반적이다 (70)	낙후하다 (55)
규격 내용의 과학성(0.15)	0.36	0.56	0.08	0
자금 절약(0.10)	0.12	0.56	0.28	0.04
품질 제고(0.10)	0.2	0.6	0.2	0
자원 절약(0.15)	0.04	0.4	0.44	0.12
생산 주기 단축(0.10)	0.08	0.44	0.48	0
갱신에서의 편리성(0.10)	0.2	0.56	0.24	0
환경보호(0.15)	0.16	0.24	0.52	0.08
실시 요구의 엄격성(0.15)	0.12	0.32	0.48	0.08
평균무게	0.162	0.444	0.348	0.046
종합분석	80.83			

표 5-11 / 규격화 종합평가 결과

출처: 김명찬, "규격화의 효과성 평가에서 나서는 문제," 「계량 및 규격화」 2014년 제2호, P. 26.

북한 규격화 사업의 핵심 조직이라고 할 수 있는 국가규격제정연구소는 규격화 사업에 대한 과학 이론적, 방법론적 연구를 심화하고 있다. 이 연구소는 지구온난화로 인한 이상 기후로부터 인민들의 생명과 재산, 국가 자원을 보호하기 위하여 산림 조성, 환경보호를 위한 수십 건의 국가규격을 제정하였다. 특히 대기, 물, 토양 시험법에 관한 규격을 만들어 국토 관리와 환경보호 사업을 과학적으로 진행하는 데 있어 규격화가 중요한 역할을 할 수 있게 하였다.

국가규격제정연구소는 인민들이 나은 의료 혜택을 받을 수 있도록 하기 위하여 의료 서비스를 정보화하고 의료 서비스 체계의 품질을 평가하기 위한 다수의 국가규격을 제정하였다. 인민들이 건강하게 문화를 향유하며 풍요로운 삶을 살 수 있도록 사회·경제·환경 등 모든 분야에서 진보와 혁신을 지속하기 위하여 노력하는 당국의 방침이 연구 결과로 나타났다고 밝혔다.[44]

---

44 "국가규격제정연구소에서 과학리론적, 방법론적 연구 심화," 「메아리」, 2022년 10월 17일.

4 표준·규격화 교육 강화로 전문 인력 양성

1) 규격화 교육을 통한 인력 개발

북한은 국가 경제 부흥과 자력갱생을 위해 기술교육을 정책적으로 시행하고 있다. 1945~1952년의 기간에 사회주의 계획경제체제를 도입하여 경제와 교육 체제를 수립하였는데 기본적으로 경제와 교육이 유기적으로 연결되는 구조이다. 1953~1960년의 전후 복구 시기에 북한에는 소련, 중국 등 사회주의 진영의 원조를 배경으로 한 경제 성장에 힘입어 사회주의 체제가 정착되었다. 이 시기 초급 기술인력을 양성하고 정치 사회화를 통해 노동력 동원 체제를 구축하였다.

1961~1970년 기간은 경제 성장이 다소 둔화된 시기로 기술교육과 사상교육을 병행하여 인력을 양성하였다. 1971~1986년은 점차 사상교육의 과잉으로 기술인력 양성과 사상교육의 충돌이 발생한 시기이다. 당국은 1987년 이후 경제 침체 회복을 위해 경제관리개선조치를 하면서 실용주의 교육을 이어갔다.[45] 1998년 「공업도안법」[46]이 제정되면서 기술교육의 사명이 품질 제고로써 사회주의 계획경제를 발전시키는 데 있음을 규정하였다.

2012년 김정은 집권 이후 당국은 과학기술 발전과 당국의 품질 제고 정책에 따른 과학기술 교육 및 규격화 교육을 강화[47]하고 있다. 김정은은 "규격화 사업을 발전시키는 데서 규격화에 대한 교육을 강화하고 연구 사업을 심화시키는 것이 중요하다"라고 교시하였다. 김정은의 교시가 의미하는 바는 규격화 교육을 통해 생산 및 기업관리를 과학화, 정보화 및 규범화하여 원가는 낮추고 품질은 높이면서 생산량을 증대하는 두 가지 목적을 달성하는 것이다. 규격화 교육이 기업관리 개선을 위한 가

---

45   한만길 외, 「북한의 경제발전과 교육의 역할」 (서울: 한국교육개발원, 2003), p. 7.

46   북한의 「공업도안법」은 1998년 6월 3일 최고인민회의 상설회의 결정 제117호로 채택되어 제정되었다. 제1장 공업도안법의 기본, 제2장 공업도안등록의 신청, 제3장 공업도안등록의 심의, 제4장 공업도안권의 보호, 제5장 공업도안사업에 대한 지도통제의 내용으로 5장 50개 조항을 이룬다.

47   김광익, "선질후량의 원칙을 구현하는데서 나서는 중요문제," 「김일성종합대학학보」 제66권 제2호(2022).

장 중요한 수단이라는 의미이다. 북한의 대표적인 관영 매체인 로동신문은 규격화 교육을 체계적으로 실시하여 품질 제고를 이룬 기업소들의 사례를 일상적으로 보도하며 산업 현장의 규격화 교육을 독려하고 있다.

2018년 신의주화장품공장 현지지도에 나선 김정은은 제품의 표준화·규격화 실현, 과학적인 품질관리 체계 확립과 엄격한 준수, 과학 연구와 생산이 일체화된 기술집약형 공장으로의 발전, 화장품 원료의 수입 의존도 하향 조정, 국산화 비중 제고, 다양한 화장품의 다량 개발·생산 등을 지시하였다. 신의주화장품공장은 자체 규격화 교육을 지속적으로 실시하면서 그에 따라 화장품 원료의 배합, 숙성, 주입, 포장, 용기 소독, 물세정제 등 공정 전반을 현대화하고 원료 투입에서 제품 완성에 이르기까지의 통합 생산 체계를 구축하여 생산공정의 무인화, 자동화, 계열화를 달성하였다.[48] 또한, 위생 통과실과 공기 정화 설비를 갖추어 공정의 무균화, 무진화를 실현하였다.[49] 그 결과 '봄향기' 화장품은 ISO 9001, 화장품과 의약품 생산 및 품질관리기준인 GMP(Good Manufacturing Practice) 인증, 국가 품질인증, 스위스 SGS 검사·검역에 통과하였다.[50] 그뿐만 아니라 생산의 과학화 수준을 높여 여러 화장품 생산공정에 GMP 인증을 획득하였다.[51] 이 공장은 규격화 사업의 일환으로 작업 현장 바닥과 벽체를 에폭시 수지와 아크릴 수지 도료로 마감해 정갈한 생산환경도 유지하는 등의 성과를 이루었다.[52]

신의주화장품공장은 김정은 시대 규격화 사업체계의 성공적인 사례로서 평가 되고 있다. 첫째, 국가 최고지도자가 직접 기업소의 규격화 교육에 나서 '제품의 표준·규격화 실현'을 교시하였다.[53] 최고지도자의 높은 관심으로 당국의 물적 인적 지원체계가 효과적으로 작동하였다. 둘째, 김일성종합대학, 평양리과대학, 함흥화학공업대학 등을 졸업한 우수한 연구개발 인력이 신제품 개발, 품질관리와 규격 갱신, 생산공정 프로그램을 설계하였다.

---

48 "경애하는 최고령도자 김정은 동지께서 신의주화장품공장을 현지지도 하시였다," 「로동신문」, 2018년 8월 7일, p. 1.

49 "영원한 봄향기," 「로동신문」, 2021년 3월 8일. p. 2.

50 조선의 무역, (검색일: 2022년 9월 20일).

51 "제품의 질 제고 사업에서 이룩된 성과: 인민경제 여러 단위에서," 「로동신문」, 2019년 1월 26일.

52 "경애하는 최고령도자 김정은 동지께서 신의주화장품공장을 현지지도 하시였다," 「로동신문」, 2018년 8월 7일.

53 "못 잊을 그날이 전하는 이야기들: 인민에게 제일 훌륭한 것을," 「로동신문」, 2018년 7월 18일.

셋째, 과학기술보급실의 설치와 기술교육 강화로 직장장, 작업반장, 고급 기능공 등 직원들이 겸직 연구사가 되어 기술혁신, 신제품 개발, 품질 향상에 기여하였다. 넷째, 분석용 설비의 부단한 갱신과 보충 등 적극적인 투자와 기능성 재료의 연구개발에 집중하였다.[54] 다섯째, 화장품 전시장 방문 고객의 피부 점검 및 상태에 따른 기능제품 추천 등 시장 수요와 고객 니즈의 정확한 파악을 통해 소비자 만족도를 제고하였다.[55]

규격화 교육의 메커니즘은 모든 경제 주체가 실천해야 한다는 사상 교양을 바탕으로 한 규격화 교육으로 기업소 규격화 사업을 발전시킴으로써 생산품의 품질을 제고하고 소비자 수요를 충족할 뿐 아니라 나아가 무역을 활성화하고 이러한 순환 체계의 지속적인 반복을 통하여 기업소 규격화 사업에 필요한 인재를 자체적으로 양성하는 데 있다. 훈련된 연구 인력들은 기업소 내 자체 기술을 개발해내는 중요한 인적 자원으로 활용된다.

2) 규격화 전문 인력을 통한 자체 기술 개발

김정은 시대, 다수의 품질 제고 사업 관련 로동신문의 보도 내용을 분석한 결과 김일성·김정일 시대와는 확연히 구분되는 규격화 사업의 특징을 분석하였다. 기업소 내에서 자본주의 체제하의 민간기업에서 주로 행해지는 자유로운 토론과 의사 결정 형태인 브레인스토밍(Brain-storming) 형식의 아이디어 회의를 통해 자체적으로 신기술을 개발하고 물적, 기술 장비 및 운영 시스템을 개선하는 사례 다수가 존재한다. 자체 기술 개발 및 시스템 개선 연구 그룹에 속한 인력들 가운데 다수가 기업소 내 규격화 사업을 주도하고 있는 일군들이다. 김일성종합대학 등 유명 대학을 졸업하고 기업소 연구 분야에 배치된 과학자들도 있으나 이 경우엔 기업소 자체 교육과 업무 경력에 따라 전문 인력으로 양성된 일군임을 뜻한다.

2018년 1월 1일 김정은은 신년사를 통해 김책제철련합기업소의 업적을 소개하

---

54   이상근, "신의주화장품의 성공 사례와 북한경제의 미래상," 「국가안보전략연구원 이슈 브리프」 18-26(2018). pp. 1-6.

55   앞의 신문, p. 2.

면서 "금속 공업의 주체화를 실현하기 위한 투쟁을 힘있게 벌려 김책제철련합기업소에 우리식의 산소열법용광로가 일떠서 무연탄으로 선철 생산을 정상화할 수 있게 되었으며 화학공업의 자립적 토대를 강화하고 5개년 전략의 화학 고지를 점령할 수 있는 전망을 열어놓았다"라고 높이 평가하였다. 김정은의 발표대로 김책제철련합기업소는 내부 근로자들이 자발적으로 기술 혁신 회의를 거쳐 산소 취입관의 권양 장치를 개조하여 설비 가동률을 높였는데[56] 당국은 "현장의 기술 노동자를 인재로 육성해 기술혁신 과제 수행에 투입하여 자체 기술력을 제고하였기 때문"이라고 높이 평가하였다.[57]

김책제철련합기업소는 국산 자원, 자체 기술력으로 철 생산 체계를 확립한다는 품질전략으로 에너지 절약형 산소 열법 용광로 운영 기술 및 철강재의 질을 높일 수 있는 상하 취련 기술을 도입[58]하고 산소 전로의 과학기술적 운영으로 강괴 생산실적이 향상하였다.[59] 그 결과 김책제철련합기업소는 2017년 100% 북한 기술 및 연료·원료에 의한 철 생산공정을 수립하였으며 '용융 환원 공법'[60]에 성공하여 산소 열법 용광로와 유동층 가스 발생로를 건설하여 무연탄으로 선철 생산을 정상화하고 화학공업의 자립적 토대를 강화하였다.[61]

대안친선유리공장의 사례도 주목할 만하다. 이 공장은 품질 제고 전략을 과학적인 원료 구입 방법에 두었다. 자체적으로 원료 분석 체계를 세워 모래, 고회석 등 원료를 산지에서 시료 채취·분석 후 규격 부합 시에만 구입하였다.[62] 또한, 자체 기술력으로 용해로와 석로대 보수에 필요한 각종 내화물과 강철 구조물을 해결하였다. 그

---

56 "철강재 생산 성과로 당을 받들 철석의 신념과 의지 안고 자력갱생, 견인불발의 정신으로 일터마다에서 자랑찬 위훈을 창조해간다: 김책제철련합기업소 일군들과 로동계급," 「로동신문」, 2020년 11월 27일, p. 4.

57 "당의 인재 중시 정책의 생활력 뚜렷이 과시: 각지 공장, 기업소의 많은 기술자, 로동자들이 단위발전에서 핵심적 역할을 수행," 「로동신문」, 2022년 9월 12일, p. 1.

58 "과학기술의 위력으로 주체화의 성과를 공고히 해간다: 김책제철련합기업소 로동계급과 여러 단위 과학자, 기술자들의 투쟁," 「로동신문」, 2021년 12월 16일, p. 5.

59 "김책제철련합기업소에서 증산 투쟁 전개," 「조선중앙통신」, 2022년 9월 9일.

60 수직 환원로에서 공업용 산소로 정광 속의 철산화물을 금속철로 환원시키고 다시 용해로에서 연속적으로 녹여 선철을 얻어내는 방식이다.

61 "2018년 김정은 신년사," 「로동신문」, 2018년 1월 1일, p. 1.

62 "최고인민회의 제14기 제6차 회의에서 한 토론, 공장, 기업소들의 생산 정상화를 위한 조직과 지휘를 짜고 들어 필요한 시멘트, 판유리를 무조건 생산 보장하겠다," 「로동신문」, 2022년 2월 8일, p. 3.

결과 2021년도 연간 판유리 생산계획의 122%를 달성하였다.[63]

규격화 사업이 품질관리 사업으로 규정되는 기업소의 모든 공정은 규격화 활동에 속한다. 교육을 통해 해당 분야 규격화 전문 인력으로 성장한 근로자들은 지속적인 규격화 전문 지식을 습득하고 현장에 적용하는 과정을 되풀이하면서 기업소 규격화 사업체계를 발전시켜 감으로써 기업소 내 규격화 활동의 주도권을 갖게 된다. 전문 인력 그룹으로 성장한 규격담당자의 권한은 기업소 내 자체 기술 개발 연구 참여에 이르게 되며 규격화 사업체계에 대한 깊은 이해를 바탕으로 생산공정의 개선과 신기술 개발에 성과를 내는 주요한 성원이 된다.

김정은 집권기 들어 경제난과 유엔 대북제재 등에 따른 국제사회의 고립으로 선진 기술 도입과 국제표준화 활동이 어렵게 된 북한은 범국가적인 규격화 교육사업을 통해 일반 근로자들을 인재로 양성하고 산업 분야 요소에서 자체 기술 개발의 동력으로 이용하고 있다.

3) 규격화 교육을 통한 사상교양 사업 강화

북한은 사상성을 전문성보다 더 중요시하며 모든 교육은 사상교육 위에 놓여 있다. 김정은 집권기는 사상 교양의 중요성이 강조되고 있다. 김일성·김정일 집권기와는 사뭇 다르다. 김정은 정권은 5대 교양 즉, 신념 교양, 도덕 교양, 위대성 교양, 김정일 애국주의 교양, 반제 계급 교양을 핵심 교양으로 하여 교양 활동의 현실성, 일상성, 실천성을 강조하고 있다.[64] 2020년 4월 21일 자 로동신문 논설은 "우리에게는 기술 지상주의의 상아탑 속에 파묻혀 실천적 의의가 없는 순수 학술적인 것만을 연구하는 인재는 필요 없다. 우리 당이 바라는 참다운 인재는 당과 혁명, 조국과 인민을 알고 사회주의 건설에 복무하는 혁명 인재, 심도 있는 전문지식과 다방면적인 지식, 높은 탐구 능력과 응용 능력을 지닌 창조형의 인재이다"[65]라고 강조하였다.

63 "상반년 기간 질제고 사업에서의 성과와 편향은 무엇을 새겨주는가," 「로동신문」, 2022년 7월 2일, p. 5.
64 김지수·한승대, "북한에서 사상 교양의 변천과 '5대 교양'의 등장 배경 및 의미에 관한 연구," 「교육사회학연구」 제30권 제4호(2020), pp. 65-88.
65 "교육사업을 근본적으로 개선하는 것은 혁명 발전의 중요한 요구," 「로동신문」, 2020년 4월 21일, p. 2.

김정은 집권기 당과 혁명, 조국과 인민을 알고 사회주의 건설에 복무하는 혁명 인재 양성을 위한 사상 교양 강화는 산업 분야에서 기업의 사회적 책임에 대한 인식 교양과 노동 안전 교양 사업 강화로 이어졌으며 규격화 교육에서도 사상 교양이 강조되었다.

김정은 집권 만 10년을 맞는 2022년 시점에 북한은 국가발전경제개발 5개년계획의 실패와 국제사회의 대북 제재, 자연재해 및 COVID-19 사태의 장기화, 핵무기 개발에 따른 국가 예산 불균형으로 유례없는 경제난에 처해 있다. 국제적으로 고립된 북한은 산업 전반에 걸쳐 선질후량의 품질관리 사업을 강조하며 자력갱생의 힘으로 사회주의 건설에의 난관을 돌파해야 한다고 인민을 선동하고 있다. 자원의 재생화를 강조하고 있으며 국산품이 수입품보다 우월할 때 국가제일주의가 공고해진다며 국가제일주의를 강조하였다. 당국은 선질후량 원칙 구현에 있어 가장 중요한 문제를 사상교양과 투쟁 강화를 통한 형식주의, 요령주의, 패배주의 타파로 꼽으며 교육기관에서 우리식(북한식)으로 규격화에 대한 교육을 강화하여야 한다고 지시한다.

북한에서 규격화 사업은 「규격법」이나 「품질감독법」, 「기업소법」 등 관련 법령을 우선적으로 추진하고 최고 지도자의 교시를 위시하여 당의 규격화 정책과 당의 정치적 지도 아래에 기술·관리·작업규격 체계의 설정과 이행이 이루어진다. 기업소는 10일, 월, 분기, 6개월, 연 단위로 실시하는 경영 총화를 통해 경영 성과와 결함, 경험과 교훈을 찾고 직장, 작업반과 일군들의 활동 정형을 평가하여 기업관리를 개선하고 인민경제 계획 수행 대책을 수립하는데 총화의 저변에는 사상 교양이 존재한다.

선질후량 사업 추진 중심에는 '재자원화'라는 키워드가 있다. 기업소의 규격화 사업에 있어서 기업소의 기술적 가능성에 대한 연구 분석에 기초해 자체 실정에 맞는 품질전략을 수립하고 지속적인 품질 제고가 요구되는데 그 자체 실정이란 이미 낡은 재료를 재자원화(Recycling)하여 이전보다 나은 품질의 제품을 생산해야 한다는 정책이다.

한편으로는 「사회주의헌법」 제33조에 명시된 사회주의 기업책임관리제, 「기업소법」 제4조에서 정한 기업소의 경영 원칙, 제32조의 생산 조직 및 생산공정 관리규정이 사회주의 기업책임관리제의 올바른 시행을 통해 사회주의 원칙을 준수하는 가운데 실리를 극대화할 것을 강제한다. 원료 및 자재를 비롯한 필요한 조건 보장 하에서도 생산 조직 운영의 문제로 생산계획에 미달할 시에는 기업소가 책임져야 한다. 또한, 품질이 낮아 유통 과정에서 재고가 발생하거나 반품되는 상품에 대해서도 기업소는 결코 책임을 면할 수 없다. 원자재가 부족하여 문제가 발생할 경우 기업소가 완전히 책임을 져야 하는 모순된 상황 속에서도 당국은 사회주의 애국 사상을 강조하며 산업화 전반에 규격화 사업의 강화를 요구하고 있다.

5 국제표준화 활동의 성과와 한계

1) 국제표준 수용과 국제표준화 활동

김정은 시대 북한의 국제표준화 활동은 정권 초기 3대 국제표준화기구 즉 국제표준화기구(ISO), 국제전기기술위원회(IEC) 및 국제정보통신연합(ITU)의 동향을 연구하는 한편 원유 가공 공업, 금속 공업, 식료 공업, 의약, 환경 등 다양한 분야에서 국제표준을 도입하는 것으로 나타났다. 대내적으로는 품질 제고를 통한 품질관리 차원에서 국제표준화의 중요성을 강조하고 있으나 대외적으로는 국제표준화 활동에 소극적인 행보를 보인다. 북한이 2002년에 회원으로 가입한 COOMET은 2021년 11월 온라인으로 개최한 정기총회에서 투표를 통해 북한의 회원 자격을 박탈하기로 하였다. COOMET은 "북한이 회원국으로서 오랜 기간 활동을 하지 않았다"라고 제명의 사유를 밝혔다. 장기간 지속된 국제사회의 대북제재와 핵 무력화 강화에 따른 국가 예산 부족으로 북한의 국제기구 참여 및 활동이 어려웠기 때문이다.

2) 국제표준 연구동향

북한의 규격화 연구 경향을 파악하기 위하여 북한에서 발표된 논문 310편을 분석하였다. 연도별 다빈도 키워드 분석 결과 북한이 국제표준 연구를 매우 중요시하는 것으로 나타났다. 김정은이 취임한 2012년 국제표준의 빈도는 매우 높게 나타났다가 2013년 다소 줄어드는 추세를 보였다. 2014년의 결과에서 국제표준은 20개 키워드 순위에 들지도 못하는 결과를 보였다. 이후에는 2015년과 2019년 매우 낮은 빈도로 나타났다. 국제사회의 대북 제재 조치에 따라 자력갱생에 의한 경제발전 전략을 추진할 수밖에 없었다. 북한이 2020년 사용한 자원을 다시 재활용하는 방침을 법제화한 「재자원화법」[66]을 공표하고 자원의 재생산과 국산품 제일주의를 강조하는 것은 외화부족으로 원부자재의 수입이 급감하는 등 국제무역의 추진 동력을 상실한 결과다.

국제표준에 관한 소수의 논문은 국제표준을 국가규격으로 받아들인 기초 위에서 자체의 기술적 특성에 근거한 기업소 규격 체계를 확립해야 한다는 논지를 이어가고 있다.[67] 규격화 사업에서 생산품 수요와 국제표준을 잘 반영한 규격화 사업체계를 세우는 것이 중요하다는 교시도 여러 차례 강조되었다.[68] 품질인증 획득을 위해서 국제표준화기구(ISO)가 제정한 규격에 맞게 품질관리 체계를 세워야 한다는 연구도 어렵지 않게 찾아볼 수 있다.[69]

국제표준화의 중요성은 전망 지표 확정시 고려할 점에서 과학기술 성과와 생산 발전 수준을 기초로 국제표준과 국가 선진 규격에 의거 일정 기간 내 도달해야 할 수준을 규정해야 한다는 의견도 제시되었다.[70] 규격화 체계 평가의 중요한 요소로 국제표준과 국가규격의 일치성을 제시한 논문도 있다.[71]

현재 북한의 규격화 기준은 국제표준의 적용과 부합 및 확대 등에서 어려움을 겪고 있다. 이에 따라 관련 연구와 정책 등은 국제사회와의 접촉이 축소되고 유엔의 대북제재 등으로 침체기를 맞고 있다. 국가 관련 기관들의 국제표준화에 대한 높은

---

66   북한의 「재자원화법」은 2020년 4월 12일 최고인민회의 법령 제4호로 채택되었다. 생태 환경보호에 관한 정책 시행을 위해 만들어진 이 법은 경제의 지속적 발전과 생태 환경보호에 관한 법을 4개 장, 46개 조로 구성하였다.

67   김성일, "규격화 사업에서 기업소들의 역할을 높이는 데서 나서는 몇 가지 문제," 「계량 및 규격화」 2014년 제2호(2014), pp. 31-32.

68   김송미·강인성, "규격화사업 체계의 기본 임무," 「계량 및 규격화」 제4호(2014), pp. 24-25.

69   김광익, "선질후량의 원칙을 구현하는데서 나서는 중요문제," 「김일성종합대학보 경제학」 제66권 제2호(2020).

70   유은주, "전망 규격화의 일반적 절차," 「계량 및 규격화」 제1호(2015), pp. 36-37.

71   조원철, "규격화 체계의 특징과 평가," 「계량 및 규격화」 제3호(2014), pp. 30-33.

관심과 이해는 추후 남북한 표준·규격화 통합의 원동력으로 작용할 수 있다는 점에서 의의가 있다.

3) 북한 국가규격(KPS)의 국제표준·국내표준(KS) 부합률

최근 북한 표준의 국제표준 부합률은 매우 저조하다. 2021년 12월 31일 기준 국제표준 부합률이 98.8%에 이르는 남한의 부합률에 비교할 수 없을 정도로 낮은 실정이다. 2016년 4차 핵실험 이후 채택된 유엔의 대북제재와 북한의 열악한 경제 상황은 낮은 국제표준 부합률의 근본적인 원인으로 작용한다. 국제사회는 남한의 경우와 같이 각국의 표준 부합률을 공개하고 국제표준화 활동에 활용하고 있으나 북한의 국제표준 부합화 현황은 북한 당국이 자료를 공식적으로 제출하지 않아 정확하게 알 수 없다.

표 5-12 / 남한의 최근 10년간 국제표준 부합률

연도	대상 표준수	부합화 실적				
		일치 (IDT)	수정 (MOD)	동등하지 않음 (NEQ)	계	부합률(%)
2012	289	230	40	19	270	93.4
2013	2641	2431	152	58	2583	97.8
2014	677	571	86	20	657	97
2015	170	111	27	32	138	81.2
2016	107	93	12	2	105	98.1
2017	132	102	22	8	124	93.9
2018	2922	2639	205	78	2844	97.3
2019	2883	2622	194	67	2816	97.7
2020	2324	2156	122	46	2278	98
2021	3215	2904	272	39	3176	98.8

출처: 국가표준인증통합정보시스템 홈페이지(www.standard.go.kr)

국내 연구진에 의해 분석된 북한의 ICT 분야 KPS의 국제표준 부합화 연구 결과에 의하면 2015년 재발행된 국규 목록 기준 북한 ICT 분야 KPS 1,228종 가운데 국제표준과 완전히 일치하거나 부분적으로 일치하는 비율은 32.3%이다.

표 5-13 / KPS ㅉ. 전자, 통신 및 정보처리기술의 국제표준 부합률				
중분류	제목	KPS 보유 수	국제표준 일치 수 *	국제표준 부합률
ㅉ0	일반규정 및 기준	117	51	44%
ㅉ1	전자재료	12	0	0%
ㅉ2	전자기구 및 요소	559	75	13%
ㅉ3	방송 및 텔레비죤	51	8	16%
ㅉ4	정보기록 및 재생기구	19	5	26%
ㅉ5	통신기구 및 설비	19	0	0%
ㅉ6	정보처리장치	117	56	48%
ㅉ7	전자 및 통신기구, 검사시험설비, 생산설비	4	0	0%
ㅉ8	프로그람	74	7	9%
ㅉ9	정보처리	256	195	76%
합계		1,228	397	32.3%

* 국제표준에 일치 혹은 부분 일치하는 경우를 모두 포함

출처: 현성은 · 이승윤, "제4차 산업혁명시대의 남북한 ICT 표준협력 추진방안," 「표준인증안전학회지」 제9권 제4호(2019년), p. 38.

분석 결과에 따르면 교체되거나 폐지된 국제표준을 제외하면 유효한 국제표준 부합률은 10.8%로 떨어진다. 중분류 ㅉ0. 일반규정 및 기준은 상당수가 2015년 당시 이미 유효하지 않은 국제표준을 채택하고 있어서 실질적인 국제표준 부합률은 6%에 불과하였다. ㅉ2. 전자기구 및 요소의 경우 채택한 국제표준 75건 모두가 국가규격 목록이 재발행된 2015년 이미 유효하지 않은 국제표준이었던 것으로 조사되었다.[72] 77%로 가장 높은 국제표준 부합률을 보였던 ㅉ9. 정보처리의 경우 24%의 유

효 국제표준 부합률을 나타냈다.[73]

표 5-14 / KPS ㅉ. 전자, 통신 및 정보처리기술의 유효한 국제표준 부합률					
중분류	제목	KPS 보유 수	국제표준 일치 수	유효한 국제표준 수	국제표준 부합률
ㅉ0	일반규정 및 기준	117	51	7	6%
ㅉ1	전자재료	12	0	0	0%
ㅉ2	전자기구 및 요소	559	75	0	0%
ㅉ3	방송 및 텔레비전	51	8	2	4%
ㅉ4	정보기록 및 재생기구	19	5	0	0%
ㅉ5	통신기구 및 설비	19	0	0	0%
ㅉ6	정보처리장치	117	56	20	17%
ㅉ7	전자 및 통신기구, 검사시험설비, 생산설비	4	0	0	0%
ㅉ8	프로그람	74	7	3	4%
ㅉ9	정보처리	256	195	61	24%
합계		1,228	397	133	10.8%

출처: 현성은 · 이승윤, "제4차 산업혁명시대의 남북한 ICT 표준협력 추진방안," 「표준인증안전학회지」 제9권 제4호(2019년), p. 38.

국가규격 전체 목록을 분석 대상으로 하면 국제표준 부합률은 8.6%로 떨어진다. 2015년 기준 8.6%의 국제표준 부합률은 2004년 북한의 국제표준 부합률 6.8%보다는 높아졌다. 2016년 4차 핵실험 이후 유엔 대북제재 조치가 연속 채택되어 국제표준화 활동이 저조한 북한의 현실을 고려하면 2022년 말 기준 국제표준 부합률의 결과는 예측하기 어렵다. 국제표준의 부합은 북한이 선진 기술을 도입할 수 있는 효율적인 수단이며 대외무역 발전을 위한 통로로서 작용해 온 만큼 국제표준의 수용

(2019), pp. 31-44.

을 장려하는 정책은 유엔의 대북제재에 상관없이 지속되는 것이 바람직하다.

    산업 표준화의 진전은 제품 생산의 효율성을 획기적으로 개선함으로써 대외무역을 비롯하여 전반적인 경제 성장과 명확한 연계 관계가 있다.[74] 저조한 국가규격의 국제표준 부합률과 매우 부진한 유효 국제표준 부합률 등은 김정은 집권기 규격화 사업이 여전히 가야 할 길이 멀다는 것을 시사한다. 국내표준의 국제표준 부합화는 산업 발전과 국제 경쟁력 제고 이전에 일차적으로 국내 산업 성장의 동력으로 작용한다. 표준과 품질은 불가분의 관계이다. 예를 들어 품질이 좋은 데이터는 표준화가 정립된 데이터이다. 실질적으로 국경이 없는 글로벌 무역전쟁에서 선제적인 국제표준의 수용과 선점은 품질 제고를 위한 정확한 해답이다. 사업에 투자할 재정 여건이 여의치 않을 경우에도 제품의 경쟁력 제고를 위해서는 국가 예산의 국제표준화 사업에의 우선 조정 배정이 필요하다.

---

74   한국정보통신기술협회, 「ICT 표준화 추진체계 분석서: 국가별 표준화전략 편」 (성남: 한국정보통신기술협회, 2016), p. 90.

참고문헌

1. 국내문헌

김경민·정은미·장용석·박명규. 「북한사회변동 2015 : 시장화. 정보화. 사회분화」. 서울: 서울대학교 통일평화연구원, 2016.

김서경. "ICT 분야의 남북 국가표준 비교." 「제22회 북한 ICT 연구회 세미나」. 2022년 10월 20일. SK텔레콤 세미나실.

김서경·류광기. "남북한 ICT 분야 국가표준의 비교·분석 연구." 「차세대융합기술학회논문집」, 제5권 2호(2021): 175-181.

김지수·한승대. "북한에서 사상교양의 변천과 '5대 교양'의 등장 배경 및 의미에 관한 연구." 「교육사회학연구」, 제30권 제4호(2020): 65-88.

남성욱. 「4차 산업혁명 시대 북한의 ICT 발전과 강성대국」. 서울: 한울아카데미, 2021.

남성욱·조정연·정다현. "A Study on the Characteristics of North Korea's Nor-malization and Standardization System in the Kim Jong-un Era: Focusing on the Reports of the Rodong Sinmun." Journal of Peace and Unification, 제12권 제2호(2022): 105-129.

연합뉴스. 2019. 6. 4. "김정은 지시로 탄생한 北 국가정보화국, 정보기술 발전 주도".

이상근. "신의주화장품의 성공 사례와 북한경제의 미래상." 「국가안보전략연구원 이슈 브리프」, 18-26 (2018): 1-6.

이유진. "북한의 품질인증제도 운영 현황." 「Weekly KDB Report」, 북한포커스 8월 17일자(2021).

임을출. 「김정은 시대의 자력갱생 계승과 변화」. 파주: 한울아카데미, 2021.

중앙일보. 2019. 8. 4. "스마트폰 또 노출한 김정은 … 정보기술 발전 과시 포석".

최현규. 「북한의 뉴스매체에 나타난 표준·규격 및 품질 제고 활동」. 서울: 한국과학기술정보연구원, 2015.

한국은행. 「2019년 북한 경제성장률 추정 결과」. 2020.

한만길·남성욱·김영하. 「북한의 경제발전과 교육의 역할」. 서울: 한국교육개발원, 2003.

현성은·이승윤. "제4차 산업혁명시대의 남북한 ICT 표준협력 추진방안." 「표준인증안전학회지」, 제9권 제4호(2019): 31-44.

한국과학기술정보연구원. 「북한 ICT 표준화와 품질관리 현황조사 연구」. 성남. 한국정보통신기술협회, 2022.

한국정보통신기술협회. 「ICT 표준화 추진체계 분석서: 국가별 표준화전략 편」. 성남. 한국정보통신기술협회, 2016.

한국표준협회. 「남북한 주요 표준 간 현황 비교분석을 위한 조사 연구」. 2022.

2. 북한문헌

강예성·엄경희. "국가망을 통한 규격정보봉사체계《래일》." 「계량 및 규격화」, 제3호 (2012): 34.

김광익. "선질후량의 원칙을 구현하는데서 나서는 중요문제." 「김일성종합대학학보」 제66권 제2호(2020): 56.

김명찬. "규격화의 효과성 평가에서 나서는 문제." 「계량과 규격화」, 제2호(2014). 25-26.

김성일. "규격화사업에서 기업소들의 역할을 높이는데서 나서는 몇 가지 문제." 「계량 및 규격화」, 제2호(2014): 31-32.

김송미. "기업소 기술규격체제." 「계량 및 규격화」, 제1호(2015): 32.

김일영. "공업기업소에서의 위생안전관리규격화의 발전추세." 「계량 및 규격화」, 제1호 (2013): 28-29.

렴병호. "현실발전의 요구에 맞게 우리 식 경제관리방법을 확립하시여." 김일성종합대학. 2020년 9월 22일.

로동신문. 2006. 9. 17. "고려약 생산의 엑스화, 표준화 실현에서 이룩한 성과".

_____. 2006. 11. 12. "규격화 표준화 사업을 현실 발전의 요구에 맞게".

_____ . 2007. 7. 26. "수십 종의 고려약 엑스제들 표준화 실현".

_____ . 2013. 5. 12. "쏘프트웨어 산업의 특색 있는 분야를 개척한 무용보편집프로그램《백학》".

_____ . 2015.1.25.; "최우수 제품들에 12월15일품질메달 수여".

_____ . 2017.2.16. "인민들의 수요가 높은 명상품, 명제품 생산에서 성과 이룩".

_____ . 2018. 1. 1. "2018년 김정은 신년사".

_____ . 2018. 1. 25. "경애하는 최고령도자 김정은 동지께서 평양제약공장을 현지지도 하시였다".

_____ . 2018. 4. 21. "조선로동당 중앙위원회 제7기 제3차전원회의 진행: 조선로동당 위원장 김정은 동지께서 병진로선의 위대한 승리를 긍지 높이 선언하시고 당의 새로운 전략적 로선을 제시 하시였다".

_____ . 2018. 7. 17일. "경애하는 최고령도자 김정은 동지께서 조선인민군 제810군부대산하 락산바다련어양어사업소와 석막대서양련어종어장을 현지지도 하시였다".

_____ . 2018. 7. 18. "못 잊을 그날이 전하는 이야기들: 인민에게 제일 훌륭한 것을".

_____ . 2018. 8. 7. "경애하는 최고령도자 김정은 동지께서 신의주화장품공장을 현지지도 하시였다".

_____ . 2019. 1. 26. "제품의 질제고 사업에서 이룩된 성과: 인민경제 여러 단위에서".

_____ . 2019. 8. 22. "전 사회적으로 숫자를 중시하는 기풍을 세워야 한다".

_____ . 2020. 2. 5. "나라를 위하고 자기 단위를 위한 일: 선질후량의 원칙에서 더 좋은 우리의 창조물을 내놓자".

_____ . 2020. 8. 20. "조선로동당 중앙위원회 제7기 제6차 전원회의 결정서: 주체 109(2020)년 8월 19일 조선로동당 제8차 대회를 소집할 데 대하여".

_____ . 2020. 11. 27. "철강재 생산 성과로 당을 받들 철석의 신념과 의지 안고 자력갱생, 견인불발의 정신으로 일터마다에서 자랑찬 위훈을 창조해간다: 김책제철련합기업소 일군들과 로동계급".

_____ . 2021. 1. 9. "조선로동당 제8차대회 4일 회의 진행".

_____ . 2021. 3. 8. "영원한 봄향기".

_____ . 2020. 4. 21. "교육사업을 근본적으로 개선하는 것은 혁명 발전의 중요한 요구".

_____ . 2021. 10. 13. "표준화된 도과학기술도서관 종합정보봉사체계 개발도입".

_____ . 2021. 12. 16. "과학기술의 위력으로 주체화의 성과를 공고히 해간다: 김책제철련합기업소 로동계급과 여러 단위 과학자, 기술자들의 투쟁".

_____ . 2022. 2. 8. "최고인민회의 제14기 제6차 회의에서 한 토론, 공장, 기업소들의 생산 정상화를 위한 조직과 지휘를 짜고 들어 필요한 시멘트, 판유리를 무조건 생산 보장하겠다".

_____ . 2022. 7. 2. "상반년 기간 질 제고 사업에서의 성과와 편향은 무엇을 새겨주는가".

_____ . 2022. 9. 12. "당의 인재 중시 정책의 생활력 뚜렷이 과시: 각지 공장, 기업소의 많은 기술자, 로동자들이 단위발전에서 핵심적 역할을 수행".

민주조선. 2012.6.18. "3개의 품질메달을 받은 비결-보건성건강합작회사수액직장에서".

리혁철. "방직제품의 위생안전을 보장하여야 할 필요성에 대하여." 「계량 및 규격화」, 제1호(2017): 33-34.

박혜정. "종합적규격화는 높은 단계의 규격화방법." 「계량 및 규격화」, 제1호(2022): 26.

아리랑메아리. 2017.12.15. "제품의 질 제고에서 이룩한 성과".

_____ . 2017.12.27. "민들레학습공장을 찾아서".

유은주. "전망규격화의 일반적 절차." 「계량 및 규격화」, 제1호(2015): 36-37.

장자명·장철준. "환경관리체계인증을 받는데서 나타나는 중요한 문제." 「계량 및 규격화」, 제4호(2013): 33.

조선신보. 2013. 1. 1. "김정은 원수님께서 하신 신년사".

조선의 오늘. 2021.2.9. "제품의 질을 부단히 제고하기 위한 투쟁 힘있게 벌려 성과 이룩".

_____ . 2021.5.6. "갈마식료공장을 찾아서".

조선중앙통신. 2018. 5. 25. "우리 식의 무동력 유리 용해로 제작 완성".

_____ . 2019.12.26. "최우수제품에 메달, 질 경쟁열의 추동".

_____ . 2022. 9. 9. "김책제철련합기업소에서 증산 투쟁 전개".

조원철. "규격화체계의 특징과 평가." 「계량 및 규격화」, 제3호(2014): 30-33.

「조선민주주의인민공화국 사회주의헌법」

「조선민주주의인민공화국 기업소법」

「조선민주주의인민공화국 공업도안법」

「조선민주주의인민공화국 재자원화법」

「조선민주주의인민공화국 품질감독법」

제6장

독일과 유럽연합의 표준화
통합 사례 남북한 적용 시사점

독일과 유럽연합의 표준화
통합 사례 남북한 적용 시사점

1 동·서독 표준화 교류와 통일독일 표준화 통합 사례

1) 독일표준협회(DIN)의 설립과 활동

독일이 수학 및 물리 등 기초과학뿐만 아니라, 기계, 전기, 화학 등 과학기술 부문에서 최고 수준에 오를 수 있었던 근간에는 표준화가 매우 중요한 역할을 하였다.[1] 독일의 비스마르크 정부는 1872년 기초과학 및 측정표준 마련을 위하여 제국물리기술청(Physikalisch-Technische Reichsbundesanstalt)을 설립하였다. 일차적으로 정부기구의 설립에도 불구하고 독일의 산업표준은 거시적으로 정부의 정책을 포괄적으로 동참하면서 미시적으로는 민간기업들의 현장 요구를 체계적으로 수용하는 등 이원적인 기능을 수행한 독일표준협회(DIN)에 의하여 정착되었다. 민간과 정부와의 유기적인 협력으로 효율적인 독일표준제도를 정립한 독일표준협회는 사실상 독일 산업표준화의 살아있는 역사로 평가되고 있다.[2]

독일표준협회(DIN)는 제1차 세계대전에서 강력한 전투력의 동원을 위하여 군수

---

1   박정관, "독일 표준통합 사례 및 우리의 대응전략," 「남북 표준 심포지엄」 (서울: 한국과학기술정보연구원, 2005), p. 8.

2   류길홍, "독일 표준통합사례의 시사점과 향후 남북 표준통합 방향," 「북한과학기술연구」 제3집(2005), pp. 171-184.

산업 분야에서 기술표준 제정과 집행을 집중하던 프로이센 제국의 움직임에 대항하기 위하여 1917년 5월 민간기업들이 중심이 되어 조직한 독일산업표준위원회(Normenausschuß der deutschen Industrie)로부터 시작되었다. 창립 초기 독일산업표준위원회(NADI)는 핵심 참여단체인 독일기술자협회(Verein Deutscher Ingenieure)의 주장에 따라 독일의 산업표준 수립에 집중하였으나, 1926년부터는 활동 범위를 확대하여 독일표준위원회(Deutscher Normenausschuß)로 명칭을 변경하였다. 당시 독일표준위원회의 약자로 "이것이 표준이다(Das Ist Norm)"라는 의미의 DIN을 사용하였으며, 1975년 들어 기구명이 독일표준협회(DIN)로 개칭되면서 기구명과 약자가 일치하게 되었다.[3]

1975년 독일표준위원회에서 명칭이 독일표준협회로 변경된 이유는 서독 정부와 표준협정(Normenvertrag) 체결로 조직의 성격이 일부 변하였기 때문이다. 1970년대 가속화된 국제화 추세뿐만 아니라 유가 파동을 거치며 시작된 경제공황을 극복하기 위하여 독일은 다른 공업국에 비해 상대적으로 늦었던 공적 표준화기구 수립 추진을 시작하였다. 독일 정부와 독일표준협회는 1973년부터 협의를 본격적으로 시작하여 '정부의 영향력'을 규정하는 협정 제4조와 관련하여 오랜 논쟁 끝에 1975년에서야 협정이 체결되었다.

핵심 쟁점은 '정부는 독일표준협회에 표준 제정을 요구하며 그 기간을 정할 수 있고, 독일표준협회는 정부가 요구한 표준에 대하여 우선적으로 작업해야 한다'라는 협정 제4조였다. '해당 규정은 독일표준협회의 동의가 필요하다'고 명시하고 정해진 기간 정부는 어떠한 방식으로도 관련 규정을 제정하거나 제3자에게 제정을 위임할 수 없다'는 전제 조건이 붙으며 가까스로 합의에 이르게 되었다. 정부와 민간협회가 표준 제정과 관련해서 서로의 이해를 조정하는 균형점을 모색하려는 타협의 결과였다. 정부는 민간의 이해를 수용하고 협회도 당국의 정책과 조율하며 표준화 업무를 체계적이면서도 효율적으로 수행하기로 합의하였다.

체결된 독일표준협정 제1조 제1항과 제3항에는 독일 정부가 독일 전역에 독일

---

3   정병기, "독일의 표준정책과 독일표준협회(DIN)의 표준화 활동,"「사회과학연구」제25집 (진주: 경상국립대학교 사회과학연구원, 2007), pp. 37-67.

표준협회(DIN)를 국가표준화기구로 인정하고 직간접적으로 협회를 지원하도록 규정하였다. 제1조 제2항에서는 협회가 헌법과 법률을 준수하여 공공이익을 위하여 표준을 제정하도록 명시하였다. 이에 따라 협회는 독일 전역에 자체적으로 조직한 표준위원회를 설치하였다. 예외적으로 음향·소음 축소·진동 공학 부문, 대기 보전 자문 부문, 전기·전자·정보 공학 부문 등 세 영역에 관하여서는 해당 분야 단체들과 공동으로 표준위원회를 설립하였다.

과거 1·2차 세계대전을 일으켰던 독일은 급증한 전쟁 물자의 수요에 부응하기 위해 일찍이 생산 효율화 압박으로 산업 표준화의 필요성을 절감하였다. 전쟁 중에 군수품의 효율적 조달이 표준화로 가능했다는 점을 절감한 독일 사회는 경제 분야에서 국가와 이익단체 간의 협력이라는 국가적 전통으로 인하여 '국가와 민간이 협력하여 만드는 표준화야말로 생산 증진의 중요한 요소'로 인식하였다. 정부와 민간이 각자의 영역을 준수하면서도 효율성을 추구하는 독일문화의 전통이 표준화 분야에서도 긍정적인 역할을 하였다.

일련의 과정을 거쳐 독일은 공공의 이익을 고려하면서 민간에 의해 표준화가 진행되어 체계적이고 현장의 의견을 반영한 독특한 표준화기구를 가지게 되었다. 독일표준협회는 독일의 표준화로 인한 전반적인 경제적 이익을 연간 170억 유로로 추산하고 있으며, 2021년 5월 기준 자체 수입 62%, 사업 프로젝트 자금 18.5%, 회비 9.9%, 공공사업 자금 9.6%의 수익구조로 운영되고 있다.[4]

2 분단 시대 동서독의 표준화 교류

제2차 세계대전 이후 1945년 2월 얄타회담에서 독일 분할에 관한 논의가 시작되었다. 서방과 소련 간 냉전이 격화되며 1949년 서방 3개국과 소련이 각각 자기 점령 지역에서 독립 국가를 창설함으로써 독일은 동독과 서독으로 분단되었다. 표준화

---

4   DIN, https://www.din.de/en/about-standards/a-brief-introduction-to-standards (검색일: 2022년 9월 29일).

에 관해서는 1961년 동·서독 사이 베를린 장벽이 설치되기 전까지 통일된 체계와 상
호 협력이 진행되었다.

전후 패전국인 독일의 효율적인 관리를 위해 제2차 세계대전 전승국들은 최고
의사 결정기관으로 연합국 통제위원회를 구성하였다. 통제위원회는 의사 결정 구조
가 '만장일치에 의한 의결'이었기 때문에 각 지역에 설치된 주둔 부대의 사령관들은
전후 복구에 관한 결정은 각자 주둔 구역에서 자율적으로 하도록 합의하였다. 소련
의 베를린시 주둔 부대 사령관이 해당 지역 내 독일표준협회의 표준화 활동을 승인
하였다. 1946년에는 연합국 통제위원회가 독일 전역에서 독일표준협회의 표준화 활
동을 속행할 수 있도록 승인하였다.

1951년 독일표준협회는 독일을 대표하는 유일한 표준화기구의 자격으로 국제
표준화기구(ISO)의 구성원이 되었다. 독일표준협회 회원의 3분의 1이 거주하였던 동
독에서는 1954년 표준청(AfS, Amt fur Standardisierung)을 설립하였으며 해당 기관장
혹은 대리인은 항상 독일표준협회의 부의장으로 선출되었다.[5] 독일은 동서독으로 분
단되었으나 베를린 장벽 설치 전까지는 독일표준협회는 여전히 독일 전역에서 활동
하였다.

1961년 베를린 장벽이 설치되며 동독이 베를린 동부의 일메나우(Ilmenau)와 예
나(Jena)에 있는 독일표준협회 지소를 폐쇄하였다. 이후 동·서독은 독자적인 표준화
를 구축하기 시작하였다. 동독의 경우 1954년부터 1973년까지 표준청이 표준 업무
를 담당하였다. 1973년 동독의 독일계량청(DAMG, Deutsches Amt fur Maßund Ge-
wicht)이 상품 검사와 표준화 기능을 흡수하여 표준화와 측량 및 상품검사조직인 동
독표준청(ASMW, Amt fur Standardisierung Meßwesen und Warenprufung)으로 통합 설
립되었다.

선진국에서 국가와 표준화기구 간의 관계는 법률로 규제되거나 계약 또는 계약
과 유사한 협정의 방식으로 규율된다. 1984년 동독에서 제정된 '표준화에 관한 법률
(StandardisierungsVO)' 제12조에 의하면 동독의 규격인 '기술제품 및 인도조건(Tech-
nische Gute und Lieferbedingungen)'은 동독 전체 국민경제에 관하여 법적 구속력을

---

5   박정관, "독일 표준통합 사례 및 우리의 대응 전략," 「남북 표준 심포지엄」 (2005), p. 10.

지닌다. 소련 및 COMECON(Council for Mutual Economic Assistance, 공산권 경제 상호 원조 협의회)[6] 국가들과 같이 표준 및 표준화기구와의 관계가 법령으로 규정되었다. 반면 서독은 유연한 계약 방식을 선택하여 1975년 6월 5일 독일표준협회의 표준협정을 체결하며 정부와 민간의 성공적이고 유기적인 표준화 협력 사례를 만들었다.

처음에는 단일국가와 단일제도로 출발하였으나 자본주의와 사회주의 국가로의 분단 및 교류 단절로 인하여 동서독 간의 표준화 관련 용어 차이도 발생하였다. 표준을 뜻하는 독일어는 Norm이며 서독에서 기술표준이라는 말을 사용할 때는 Technische Normen, 표준화라고 할 때는 Normung이라는 표현을 사용하였지만, 동독에서는 표준화를 Standardisierung이라는 표현을 활용하였다. 동·서독의 표준화 관련된 다양한 격차가 발생하는 동안 1960년대 후반 이전까지는 동·서독의 정치적 대립으로 인하여 경제적 교류가 거의 없었다.

1969년 서독의 빌리 브란트(Willy Brandt) 총리가 취임하고 '신동방 정책(neue Ostpolitik)'을 추진함에 따라 다양한 교류 협력이 이루어졌다. 1972년 동·서독 간 기본 조약(Grundvertrag)이 체결되고, 1973년 동·서독의 UN 동시 가입이 이루어지며, 경제적으로도 무역 거래가 재개되었다. 동·서독 간 경제교류는 이윤의 극대화라는 경제적 성격보다 긴장 완화와 유대 강화라는 정치적 성격을 강하게 띠며 사실상의 동독에 대한 서독의 적극적인 지원이 이루어졌다.[7]

동·서독 간 경제협력 접점의 확대에 비해 표준 분야의 협력은 상당기간 진척이 없었다. 다만 1972년 동독은 표준청을 통해 국제표준화기구(ISO) 가입을 추진하였고, 서독 또한 동독의 가입에 긍정적인 입장을 보였다. 그럼에도 불구하고 동독이 당시까지 UN에 가입하지 않은 점, 형식적으로 서독의 독일규격위원회(Deutscher Normenausschuss)가 독일 전체의 표준화기구로 대표되어있는 점 등을 들어 국제표준화기구(ISO)는 가입 승인을 연기하였다. 1973년 동·서독의 UN 동시 가입이 이루어진

---

6   COMECON은 1949년 설립된 소련을 중심으로 한 동유럽 공산권의 경제협력기구이다. 불가리아, 헝가리, 폴란드, 루마니아, 체코, 소련의 6개 국가 경제 통합 조직이 COMECON의 시초로 1950년 동독, 1962년 몽골이 회원국이 되었으며 준회원국으로 북한과 중국 등이 참여하였다. 1960년대 이후 유럽경제공동체(EEC)의 발전에 대항하기 위해 경제 협력에서 경제통합으로 그 형태를 바꾸었다가 1991년 해체되었다.

7   박정관, 앞의 글, p. 25.

이후 1974년 새로이 출범한 동독 동독표준청(ASMW)이 국제표준화기구(ISO) 가입을 재추진하였으나, 국제표준화기구(ISO)는 여전히 독일표준협회와 함께 논의할 것을 요구하였고 동독은 1975년 ISO가입을 철회하였다.[8] 결국 동독은 1987년에서야 ISO에 가입하였으며 이를 통해 동독은 모든 표준화 분야에서 세계적 차원의 국제 협력이 가능하게 되었다.

1988년에는 서독 독일표준협회와 동독 표준청(ASMW)이 표준 관련 문서교환에 합의한 프라하 협정(Prager Protokoll)이 체결되었다. 이는 당시 프라하에서 열린 국제표준화기구(ISO) 총회 참석을 계기로 이루어진 합의로서 1989년 1월 독일표준협회 및 '기술제품 및 인도조건(TGL)'의 상호 사용에 대한 합의로 이어졌다. 1989년에는 서독 독일표준협회와 소련 국가표준화위원회(GOST, Gosudarstvennyj Standart)가 맺은 표준협력 협정이 이루어지며 동서독 표준화 교류 활동의 결정적인 근거가 되었다.

서독과 소련의 표준협정은 이전에 맺은 1978년 경제 및 산업 협력 협정 및 1986년 과학협력 협정의 맥락에서 이루어졌다. 소련은 독일과의 교류를 통하여 산업과 경제를 발전시키고자 하였으며 특히 표준협력 협정에서 공동의 이익을 위하여 자본주의 국가 표준화 기구들과 공산권 경제상호원조협의회(COMECON) 참여국의 표준화 기구들 간 표준협력을 국제표준화기구들의 틀(frame) 내에서 논의해 나가고자 제안하였다. 이를 통해 동독도 서독과 표준협력을 논의할 수 있는 국제 협정의 토대를 갖추게 되었다. 동서독 간 표준협력 협정이 ISO의 틀 내에서 이루어진 양국 간 표준통합의 당사자들이 최초의 합의를 이룬 사건이라면, 서독-소련 간 협정은 이를 뒷받침하는 국제적 환경을 조성했다는 의의가 있었다.

1989년 3월 동독 정부를 대표하는 통일사회당 정치국이 동독표준청과 독일표준협회의 접촉을 공식 승인하고 동독 표준을 유럽 표준에 부합시키는 정책을 추진하면서 더욱 활발한 표준화 협력이 전개되었다. 이어 1989년 10월에는 독일표준협회와 동독표준청 사이에 정보 교환과 상호 인증을 인정하기 위한 전제 조건 마련을 골자로 하는 '표준화와 인증 분야 공동협력 협정(Kooperationsvertrag)'이 체결되었다.[9]

---

8   정병기·이희진, "동서독의 표준화 체계와 표준통일 과정," 「한국정치연구」 제22집 제1호(2013), pp. 215-236.

9   정병기·이희진, 위의 글, p.225.

협정 체결은 1989년 11월 베를린 장벽이 무너지기 약 한 달 전의 일로, 독일통일을 염두에 두지 않은 협정이었으나 통일 이후 동독 표준이 서독 표준에 흡수되는 데 긍정적인 방향으로 작용하였다.

3) 통일독일의 표준화 통합

1989년 11월 9일 베를린 장벽 붕괴 이후 11월 28일 서독의 헬무트 콜(Helmut Kohl) 총리가 연방의회에서 10개 항의 통일 방안(Zehn Punke Programme)을 제의하였다. 1990년 2월에는 동독의 한스 모드로(Hans Modrow) 총리가 4단계 통일 방안을 제시하며 동·서독은 통일과 통합을 위해 노력하게 되었다.[10] 이미 1990년 2월에 경제 및 통화 공동체를 달성하기 위한 대화가 진행되었으며, 1990년 3월 동독 인민의회 선거 이후 공식화되었다. 이어 7월의 화폐·경제·사회통합조약의 체결로 가시화되었다. 예상하지 못한 상황에서 전격적으로 이루어진 통일로 인하여 사회 여러 분야의 통합과 관련한 충분한 논의가 이루어지기 어려웠지만, 결과적으로 베를린 장벽 붕괴 전 동·서독 간 체결한 '표준화와 인증 분야 공동 협력 협정'이 중요한 역할을 수행하였다. 표준과 인증 공동협정은 정치적 통일로 이어지기 전 단계인 경제·화폐 통합이 이루어진 후 표준 통일로 나아가는 기본적인 토대로 활용되었다.

화폐·경제·사회 통합조약 체결 후 불과 사흘 만인 7월 4일에 동·서독 간 표준통일 달성을 위한 협정(Vereinbarung über die Schaffung einer Normenunion)이 체결되었다. 이 협정으로 동·서독이 1961년 표준 분리 이전으로 돌아가 하나의 표준을 갖게되었다. 협정 체결과 같은 날인 7월 4일에 동독 정부가 표준화 관련 법률(Verordnung über die technische Normung der Deutschen Demokratischen Repubik)을 새로 제정해 동독표준청의 활동을 정지시킬 수 있었던 것도 이러한 사전 작업의 결과였다. 이에 따라 동독의 표준인 '기술제품 및 인도조건(TGL)'은 1991년 1월부터 대부분 효력을 상실하고 독일표준으로 교체되었으며 동독표준청의 전체 직원 4,000명 중에서 절반이

10　박정관, 앞의 글, p.28.

독일표준협회와 기타 관련 기관으로 고용 승계되었다.[11]

3 유럽연합의 표준화 통합 사례

1) 유럽연합과 유럽표준화기구

(1) 유럽연합

유럽연합은 유럽의 정치, 경제 통합의 실현을 목적으로 하는 유럽 27개국의 연합기구이다. EU는 1957년 3월 로마조약 체결로 출범한 유럽경제공동체(European Economic Community)로부터 시작되었다. EEC에 참여한 6개국인 프랑스, 룩셈부르크, 이탈리아, 서독, 벨기에 및 네덜란드는 1951년 4월 파리조약의 체결로 출범한 유럽석탄철강공동체(ECSC, European Coal and Steel Community)의 회원국이었다. 유럽연합의 27개 회원국이 사용하는 언어는 총 24개이며 주요 문서는 모든 회원국의 언어로 번역되어 제공되지만, 일반적인 문서 작성과 행정 용어는 주로 영어, 독일어, 프랑스어를 사용한다. 2019년 기준, 유럽연합 27개 회원국의 명목 국내총생산(GDP) 규모는 약 16조 달러로, 전 세계 총 GDP의 약 1/6을 점유하고 있다. 유럽연합은 스위스를 제외한 유럽자유무역연합(EFTA, European Free Trade Association)과 유럽경제공동체를 결성하여 유럽의 노동·자본·상품·서비스의 시장경제를 통합하고 있다.

1965년 유럽경제공동체는 유럽석탄철강공동체, 유럽경제공동체와 유럽원자력공동체 합병조약(Merger Treaty)을 체결하여 3개의 공동체를 통칭한 유럽공동체(EC)를 설립하였으며 1993년 11월 발효된 마스트리흐트(Maastricht) 조약에 따라 유럽연합(EU)으로 개칭하였다. 이후 추가 회원국의 가입과 여러 차례의 조약 수정이 이루어졌고, 2021년 1월 영국의 EU 탈퇴 선언인 브렉시트(Brexit)의 발효로 현재 27개 회원국으로 구성되어 있다.[12] EU의 전체 구조와 운영은 〈그림 6-1〉과 같다.

---

11   정병기·이희진, 앞의 글, pp. 229-230.
12   EU, https://european-union.europa.eu/principles-countries-history_en (검색일: 2022년 8월 15일)

그림 6-1 / EU의 전체 구조 및 운영

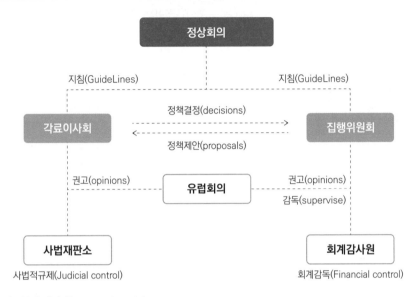

출처: 외교부 홈페이지(www.mofa.go.kr)

유럽연합(EU)은 EU이사회, EU집행위원회, 유럽의회(EP), 유럽사법재판소(CJEU) 및 유럽회계감사원(ECA) 등 5개 기관이 EU의 핵심 기구를 형성하고 그밖에 아래 5개 기관이 주요 기구를 보완하는 역할을 수행하고 있다. 유럽경제사회위원회(European Economic & Social Committee)는 경제사회 문제에 관한 유럽 시민사회의 입장을 대변하는 기구이다. 지역위원회(Committee of the Regions)는 지역적 다양성과 지역 발전을 촉진하는 기능을 한다. 유럽중앙은행(European Central Bank)은 유로권 통화 정책을 관리하는 기구이다. 유럽 옴부즈맨(European Ombudsman)은 유럽연합 기구들의 행정권 남용을 견제하는 역할을 수행하며 유럽투자은행(European Investment Bank)은 EU 개발 지원 프로그램을 지원한다.[13]

영문판의 Principles, countries, history 부분과 외교부 EU https://www.mofa.go.kr/www/wpge/ m_3854/contents.do (검색일: 2022년 10월 5일) 부분을 발췌하여 재구성하였다.

13   EU·외교부, 앞의 인터넷 자료.

(2) 유럽표준과 유럽표준화기구

유럽표준(EN, European Norm)은 유럽표준위원회(CEN, Comité Européen de Normalisation), 유럽전기통신표준협회(ETSI, European Telecommunications Standard Institude), 유럽전기표준위원회(CENELEC, European Committee for Electrotechnical Standardization)가 유럽위원회(European Committee, EC)로부터 표준 개발 권한을 위임받아 상호 협력하여 개발된다.

유럽표준(EN)은 세 가지 기본원칙이 있다. 첫 번째 원칙은 '정지(Standstill)'이다. 개발 중인 유럽표준과 동종 기술의 표준 개발을 추진해서는 안 된다는 것이다. 두 번째 원칙은 '변경(Transposition)'이다. 개발된 유럽표준에 부합하도록 각국의 국가표준을 변경해야 한다. 세 번째 원칙은 '철회(Withdrawal)'이다. 개발한 유럽표준과 다른 국가표준을 보유한 경우 철회해야 한다. 여기에는 예외가 있는데 유럽전기통신표준협회(ETSI)의 경우, 유럽표준으로 승인받지 못한 표준은 ETSI 회원국 또는 회원사 간 단체표준인 유럽전기통신표준(ES)으로 제정됨으로써 유럽표준과 유사한 구속력을 갖게 된다.

유럽표준화위원회(CEN)는 1957년 설립된 유럽연합의 대표적 표준화기구이다. 유럽표준에 맞추어 유럽의 경쟁력 강화를 목표로 유럽연합 역내 국가들의 무역 촉진과 유럽표준의 이행을 장려한다. 또한, 국제표준화기구(ISO) 국제표준에 대응하여 유럽의 이해를 반영하는데 주력하고 있으며 유럽에서 국제표준화기구(ISO)와 동등한 영향력을 행사한다. 유럽표준화위원회는 유럽표준화의 계속적인 발전과 확대를 위하여 '유럽표준화위원회 전략: 2010(CEN Strategy: 2010)'을 문서화하고 이를 실행 중이다.

		표 6-1 / 대표적인 유럽표준화기구	
유럽표준화기구	설립연도	기술분야	유사국제기구
CEN (유럽표준화위원회)	1957년	전기전자 분야를 제외한 전 산업 분야 EN	국제표준화 기구(ISO) 대응
CENELEC (유럽전기표준위원회)	1973년	전기 분야 EN	국제전기표준 위원회(IEC) 대응
ETSI (유럽통신표준협회)	1988년	정보통신 분야 EN	

출처: 한국정보통신기술협회, 「ICT 표준화 추진체계 분석서」, p. 101.

1973년에 설립된 유럽전기표준위원회(CENELEC)는 유럽공동체 및 유럽 자유무역지역기구 가맹국의 국가전기표준위원회 및 국가 전기표준화 위임 기관의 연합체이다. 유럽전기표준위원회는 주로 전기안전, 전자기적 양립성, 전기·전자에 관한 사항을 일치시켜 회원국의 무역 장벽을 제거하는 것을 주 업무로 하고 있다. 국제전기표준위원회(IEC)의 국제표준에 대응하고 있는 유럽전기표준위원회는 유럽과 전 세계의 전기 기술 표준화의 현재와 미래를 표준화 측면, 기술 개발 측면 및 입법적 측면 및 일반적 측면으로 구분해 전략을 수립하고 있다.[14]

2) 유럽연합의 표준화 통합 프로젝트

유럽연합(EU)이 단행한 유로(Euro)로의 통화 단일화는 인류 역사에 획을 긋는 표준통합 프로젝트였다. 유로화는 1999년 1월 1일 회계상 목적으로 도입되어 전자 지불 형태로 사용되었다. 2002년 1월 1일부터 현금이 유통되기 시작하면서 유로 시대가 시작되었다. 유로는 EU의 27개 회원국 가운데 19개 국가에서 약 3억 4,000만 인구가 사용하고 있다.[15] 유로를 사용하는 나라들을 묶어 유로존(Eurozone)이라고

---

14 CEN, https://www.cencenelec.eu/about-cen/ (검색일: 2022년 10월 22일) 국가기술표준원(https://www.kats.go.kr/content.do?cmsid=313&cid =14700&mode=view)의 CEN, CENELEC 해당 부분의 내용을 재구성하여 작성하였다.

15 유럽중앙은행(European Central Bank), https://www.ecb.europa.eu/ecb/history/html/index.en.html (검색일: 2022년 10월 15일).

부른다. 서로 다른 화폐를 사용하던 국가 간에 통화의 '표준화'를 이루었다. 유럽은 1960년대부터 역내 통합을 위한 표준화 정책을 도입해 시행하고 있었는데 이러한 정책적 경험이 통화 통합의 긍정적인 영향으로 작용하였다.[16]

유럽연합은 단일 시장을 이루기 위하여 역내 무역 장벽을 해소하고 국가 간 상이한 기술 규정 및 표준들을 조화시킬 필요가 있었다. 상품과 서비스의 자유로운 이동을 위해서 다양한 장치들이 필요하였고, 이를 위해 시기마다 적절한 정책들이 추진되었다.[17] EU 최고 행정기관인 유럽집행위원회는 표준의 단일시장 촉진, 산업경쟁력 강화, 환경보호, 혁신 촉진이라는 효율성을 강조하며 다양한 표준 전략과 정책을 추진하고 있다.

산업 정책의 혁신을 지원하는 유럽위원회의 대표적인 유럽표준화 활동은 첫째, 유럽 표준화에 대한 우선순위를 파악하는 연간 업무계획을 수립한다. 둘째, 환경 설계, 스마트 그리드, 에너지 효율성, 나노 기술, 보안 및 전기 자동차를 비롯한 분야에서 혁신 제품 및 서비스에 관한 유럽표준을 빠른 시일 내 혁신하고 채택할 것을 요구한다. 셋째, 유럽표준화기구(ESO)의 표준 개발 속도를 단축하고 업무수행 방식 혁신에 역점을 두고 목표를 달성하며 성과 기준을 충족하는 유럽표준화기구에 자금을 지원한다. 넷째, 유럽표준화 절차가 공정하고 합리적이며 균형 잡힌 과학적 증거를 바탕으로 추진될 수 있게 필요한 모든 조치를 한다. 마지막으로 EU는 유럽표준화기구 회원국 및 기타 표준화기구가 표준화에 대한 인식과 교육을 개선할 수 있도록 지원한다.[18]

유럽연합(EU)은 2011년 '2020년까지 유럽경제의 지속 가능한 여건을 강화하고 촉진하기 위한 개선안'으로 '2020 유럽표준 전략 비전(A strategic vision for European standards)'을 발표하였다.[19] 유럽의회이사회와 유럽경제사회위원회가 합의한 유럽표

16　이희진, 「표준으로 바라본 세상」 (파주: 한울아카데미, 2020), p. 107.

17　정병기, "유럽통합 과정에서 나타난 유럽 표준화 정책의 성격과 의미: 세계화 대응과 공동 규제성," 「EU학 연구」 (세종: 한국EU학회, 2013), pp. 29-56.

18　한국정보통신기술협회, 「ICT 표준화 추진체계 분석서 국가별 표준화 전략 편」 (서울: 한국정보통신기술협회, 2016), p. 90.

19　EU, *A strategic vision for European standards: Moving forward to enhance and accelerate the sustainable growth of the European economy by 2020*, (2011).

준화의 전략적 비전은 2020년까지 유럽경제의 지속 가능하고 강화된 성장으로 도약을 위해 유럽 경제 성장을 위한 표준화를 이루기 위한 것이었다.

'2020 유럽표준 전략 비전'은 다섯 가지 전략 목표를 제시하였다. 첫째, 정보통신(ICT) 분야의 서비스와 애플리케이션 호환성 확보를 위한 표준의 신속한 보급이다. 둘째, 유럽표준은 기업의 경쟁력을 높일 수 있는 강력한 도구이므로 빠르고 짧아진 제품 개발 주기와 표준 부합을 목표로 삼았다. 셋째, 유럽표준화기구가 개발한 유럽표준은 유럽의 여러 정책과 규제를 지지하는 도구로서의 역할에 충실하겠다는 입장이다. 넷째, 유럽표준은 유럽 사회의 모든 구성원이 참여할 수 있도록 포괄적으로 표준화 사업을 추진한다. 마지막 목표는 유럽표준이 국제 시장에서 유럽기업의 국제적 경쟁력을 높이는 데 역할을 할 수 있는 실질적인 지원체계를 갖추겠다는 것이었다.

제4차 산업혁명시대를 맞이하여 정보통신 표준이 디지털 단일 시장 구축의 기초라는 데 이의가 있을 수 없다. 전 세계적으로 디지털 기술의 상호 운용성을 보장할 수 있는 공통 표준 마련의 중요성이 부각되었다. 하지만 중요도만큼 기술 커뮤니티들 간에는 상이한 표준이 난립하고, 혁신 속도가 부정적인 영향을 받게 되는 등의 부작용도 발생하였다. 유럽집행위원회는 디지털 단일 시장 완성에 중요한 정보통신 우선 기술의 표준화에 대한 포괄적 전략을 제시하였다. 따라서 정보통신과 관련된 유럽표준은 정책 요구에 연구와 혁신으로 결과를 만들며 유럽경제에 더 큰 영향을 미치게 되었다. 경제 전반이 빠른 속도로 변화하는 디지털 기술에 의존하며 전통 산업을 빠르게 대체하는 세계 시장에서 정보통신 표준의 조화롭고 적절한 조정은 유럽 혁신가들이 글로벌 시장에서 경쟁력을 높이고 신제품 개발을 선도할 결정적인 기회가 되었다.

유럽연합의 디지털 단일 시장을 위한 정보통신 표준의 제정과 우선순위를 위한 계획은 두 가지로 요약된다. 유럽집행위원회는 2016년 4월 19일, '유럽 디지털 단일 시장 전략(15.5)'의 이행을 위해 '유럽 표준화 법률(2011)'에 기반하여 표준화 협력 이니셔티브와 연계된 5G, IoT, 빅데이터 기술, 클라우드 컴퓨팅, 사이버 보안, 데이터 기술 등 5개 표준화 우선 분야를 선정하였다. 5대 분야는 철도, 첨단제조업에서 스마트 농장·시티·홈 등을 포함하여 e-health, 스마트 에너지, 지능형 교통 시스템(ITS),

커넥티드 자율자동차 분야에까지 상당히 유용하게 작용하는 요소들이다.

유럽연합은 2015년 10월 '단일시장 전략(Upgrading the Single Market: More opportunities for people and business)'을 발표하였다. 표준화 체계 현대화를 위한 '표준화 공동 이니셔티브(Joint Initiative on Standardisation)'가 주요한 내용으로 첫째, 유럽 표준화 체계 교육과 이해 증진, 둘째, 표준화 과정 조정, 셋째, 표준화의 투명성과 포용성, 넷째, 표준화 공동 이니셔티브를 기반으로 유럽 기업의 경쟁력 강화가 제시되었다.[20]

4 독일과 유럽연합의 통합 사례 남북한 적용 시사점

1) 독일 표준화 통합사례 남북한 적용 시사점

1989년 11월 독일의 베를린 장벽이 무너지기 약 한 달 전 이루어졌던 독일표준협회(DIN)와 동독표준청(ASMW) 사이에 정보 교환과 상호 간의 인증을 인정하기 위하여 체결된 '표준화와 인증 분야 공동협력 협정(Kooperationsvertrag)'은 남북한 표준·규격화 통합을 위한 교류 협력에 큰 시사점을 준다. 급진적인 서독의 동독 흡수 통일 이후 혼란보다는 신속한 표준통합 논의로 통일독일의 표준을 정립할 수 있었기 때문이다. 따라서 동·서독 분단과 독일통일 시기 표준 교류 협력에의 시사점을 남북 관계에 대입해보면 크게 세 가지로 대안을 정리해볼 수 있다.

첫째, 통일비용의 절감이다. 통일 과정 및 이후 혼란스러운 정국에서 표준통합 관련 사전 논의 등 공감대 형성 여부가 동·서독 통일 사례에서 표출된 바와 같이 남북한 통합에 큰 영향을 미칠 것이다. 특히 통일비용이라는 가시적인 수치로 환산해보면 필요성은 극대화된다. 독일의 경우 사전에 다양한 경제협력에도 불구하고 산업

---

20   EUROPEAN COMMISSION, COMMUNICATION FROM THE COMMISSION TO THE EUROPEAN PARLIAMENT, THE COUNCIL, THE EUROPEAN ECONOMIC AND SOCIAL COMMITTEE AND THE COMMITTEE OF THE REGIONS Upgrading the Single Market: more opportunities for people and business. {SWD(2015) 202 final} {SWD(2015) 203 final}, Brussels, 28.10.2015 COM(2015) 550 final.

표준의 불일치에 따른 통합 비용이 15년간 180조 원에 달하는 천문학적인 수준으로 집계되었다. 통일 시기와 누계 기간에 따라 여러 연구 기관이 다양하게 추산하는 통일비용은 적게는 160조 원에서, 많게는 1,237조 원에 이르며, 그 중 비표준화로 인한 비용은 8~17%로 추정된다. 남북한 간 통일 이전 표준통일을 위한 사전 준비가 이루어질 경우 최소 13조 원에서 210조 원의 통일비용을 절감할 수 있을 것이다.[21]

둘째, 단순한 표준의 통합이 아닌, 통일 과정과 통일 이후 산업과 경제 전반에 걸친 이질화의 간격을 좁혀 통합의 시간을 앞당길 수 있다. 동·서독 통일 과정에서 서독은 동독에 대하여 많은 정보를 가지고 있다고 과신하였다. 그러나 서독은 자신들의 정보 및 연구가 부정확하거나 미흡한 현실로 인하여 통합 과정에서 다양한 어려움을 경험했다. 동독은 사회주의 국가 중에서 가장 부유한 국가이기에 경제적 격차를 조기에 극복하는데 낙관론이 있었으나, 동독이 건설했던 산업 인프라의 낙후성과 후진성 및 사회주의 경제구조 등으로 인하여 통일독일은 경제통합에서 수많은 시행착오를 겪었다.

특히 독일 통일 첫해인 1990년과 1991년에만 약 300조 원의 표준통합 비용을 부담[22]해야 했다. 이는 동·서독의 표준통합 사전 준비가 충분하지 않았다는 것을 의미한다. 동·서독의 표준통합은 남북통일을 대비하기 위해 남북한 표준통합에 관해 철저한 사전 준비가 필요하다는 점을 시사한다.

셋째, 북한의 산업 발전이 후진적이고 낙후된 단계에 있다는 점은 역설적으로 남한의 표준을 기반으로 하는 사회간접자본(SOC) 등 산업 인프라를 표준화할 수 있는 여건을 제공하여 향후 막대한 통일비용을 절감할 기회가 된다. 현재 북한의 국제표준 부합률은 매우 낮다. 2021년 12월 31일 기준으로 국제표준화 부합률이 98.8%에 이르는 남한과의 격차는 매우 심각하다. 북한의 낮은 국제표준 부합률은 통일에 대비하여 하루빨리 남북한 표준·규격화 통합의 준비를 시작해야 하는 이유이다.

21 황만한·류길홍·장화운·윤성권, 「남북 산업표준 비교분석 및 통일방안 연구」 (서울, 한국표준협회, 2001).
22 류길홍, "독일 표준통합사례의 시사점과 향후 남북 표준통합 방향," 「북한과학기술연구」 제3집(2005), pp. 171-184.

2) 유럽연합 표준화 통합 남북한 적용 시사점

유럽연합의 표준화 통합사례도 독일 사례 이상으로 남북한 표준·규격화 통합에의 시사점을 준다. 구체적으로 유럽연합의 '분업과 조정'이라는 메커니즘을 남북한 표준·규격화 통합 프로젝트에 적용해 볼 수 있다. 국제표준화기구(ISO)를 중심으로 한 국제적 거버넌스를 설립하여 남북한 표준통합을 단계적으로 추진해나가야 한다. 국제적 거버넌스 설립에 남북한의 정세와 정치적인 문제는 배제하고 경제적인 측면만 고려하여 상호 교류 협력이 추진되어야 할 것이다.

남북한 표준 교류 및 협력 단계에서 검토되어야 할 분야는 다음과 같다. 첫째, 남북한 품질 개선 협력의 우선적인 추진이 필요하다. 개발도상국의 기업이 수출 단계에서 가장 먼저 겪는 문제는 품질이다. 수입국에서 요구하는 표준의 틀 아래서 여러 규격을 맞추고 일정한 품질관리를 하는 것이 품질관리 역량이다. 이러한 품질관리 역량이 있어야 남북한의 제품이 세계 시장에서 경쟁할 수 있다.[23] 둘째, 남북한의 표준·규격화에 대한 공동연구 진행이다. 현재 북한의 국제규격에 대한 당국의 정책 필요성 인식은 높은 것으로 분석된다. 북한의 표준을 국제규격에 맞추기 위한 전 단계로 남한의 표준·규격화와 일치시키는 효율적인 방안에 대한 연구가 필요하다. 셋째, 북한의 국제표준화 활동 지원이다. 현재 북한은 예산 부족과 유엔의 대북제재로 국제표준 활동을 제대로 하지 못하는 상황이다.

세계 3대 국제표준화기구는 개발도상국의 국제표준 참여 활동을 지원하고 있다. 이는 개발도상국에 대한 막연한 봉사활동이라기보다는 미래 시장에 대한 '선제적 투자'로 평가된다. 북한에 대한 국제표준화 활동 지원 또한 미래 투자의 측면에서 접근할 수 있다. 특히 한국은 2024년부터 국제표준화기구(ISO) 회장국의 역할을 2년간 수행하게 되었다. 2023년부터 당선자 활동을 시작하며, 막강한 권한이 부여된다. 한국의 회장국 당선은 국제표준화기구(ISO)를 통하여 북한에 국제표준화 지원을 할 수 있는 권한과 명분이 마련된다는 의미도 포함하고 있다. 국제표준화에 대한 지원은 정치적 영향을 받지 않은 국제 거버넌스를 설립하면 북한이 국제표준화기구 등 국제

---

23   이희진, "남북 경협을 위한 표준·품질 협력 방안," 남북 표준·품질 경제협력 방안 토론회. 2019년 1월 29일, 국회의원회관.

사회의 지원을 받을 수 있는 프로젝트를 선제적으로 수행할 수 있을 것이다.

한편 국제적인 사업추진 단계에서 다음과 같은 사항이 고려되어야 한다. 첫째, 남북한이 가지고 있는 표준 규격 및 운용 시스템에 대한 정보 공유가 필요하다. 표준과 규격 그리고 운용 시스템에 대한 정확한 정보가 있어야 구체적인 사업 실현이 가능하기 때문이다. 둘째, 남북한 표준화 통합 로드맵을 개발해야 한다. 남북한 표준화가 체계적으로 진행될 때 국제표준화로 나아가는 단계로 활용할 수 있다. 셋째, 남북한 표준 및 규격화에 대한 국제표준화기구의 지원을 끌어내야 한다. 마지막으로 남북한 국제표준화 공동 활동을 추진하며 표준 및 규격화를 활용하고 응용해 나가야 한다.

참고문헌

1. 국내문헌

류길홍. "독일 표준통합사례의 시사점과 향후 남북 표준통합 방향." 「북한과학기술연구」,
    제3집(2005): 171-184.

박정관. 「독일 표준통합 사례 및 우리의 대응 전략」. 2005.

정병기. "독일의 표준정책과 독일표준협회(DIN)의 표준화 활동." 「사회과학연구」, 제25
    집(2007): 37-67.

정병기. "유럽 통합 과정에서 나타난 유럽 표준화 정책의 성격과 의미: 세계화 대응과 공
    동 규제성." 「EU학 연구」, 제18권 제2호(2013): 29-56.

정병기·이희진. "동서독의 표준화 체계와 표준통일 과정: 남북한 표준협력에 대한 함의."
    「한국정치연구」, 제22집 제1호(2013): 215-236.

이희진. "남북 경협을 위한 표준·품질 협력 방안." 「남북 표준·품질 경제협력 방안 토론
    회」. 2019년 1월 29일. 국회의원회관.

_____. 「표준으로 바라본 세상」. 파주: 한울엠플러스, 2020.

한국정보통신기술협회. 「ICT 표준화 추진체계 분석서: 국가별 표준화전략 편」 성남: 한
    국정보통신기술협회, 2016.

황만한·류길홍·장화운·윤성권. 「남북 산업표준 비교분석 및 통일방안 연구」 서울: 한국
    표준협회, 2001.

2. 국외문헌

EU. *A strategic vision for European standards: Moving forward to enhance and
    accelerate the sustainable growth of the European economy by 2020*. (2011).

EUROPEAN COMMISSION. More opportunities for people and business. (2015).

3. 인터넷

「대한민국 외교부」

「German Institute for Standardization」

「Europea」

「CENELEC」

「European Central Bank」

제7장

효율적인 남북한 표준·규격화
통합방안

제7장

효율적인 남북한 표준·규격화 통합방안

1 남북한 표준·규격화 통합의 과제와 방향

1) 남북한 표준·규격 이질화 현황

남북한은 분단 78년간 상이한 표준과 규격을 받아들이고 각각의 표준화 및 규격화를 추진해왔다. 북한은 전후 복구 시기 구소련과 동유럽 사회주의 국가들로부터 대규모 원조를 받는 과정에서 공여국의 각기 다른 규격의 물자를 분배하는 데 어려움을 겪고 처리 시간의 지연을 경험하면서 자체 규격 마련의 필요성을 자각하게 되었다.

1956년 5월 19일 민주조선 1면에는 '국가규격제정위원회 대표들 모스크바로 출발'이라는 제호의 기사가 게재되었다. 북한의 규격 제정 사업이 시작된 시점이었다.[1] 이후 북한이 자체적인 규격화 사업을 추진하였다 하더라도 제2장 〈표 2-13〉에 정리한 것과 같이 전후 원조국의 영향을 받을 수밖에 없었다. 북한의 산업 용어 상당 부분이 러시아식 전문 용어로서 남북한의 표준이 상이한 원인이다.[2] 남북한의 표준 용어는 52%가 불일치하며 건설 및 건설 자재 분야의 표준 용어는 93.5%가 일치하

---

[1] "국가규격제정위원회 대표들 모스크바로 출발," 「민주조선」, 1956년 5월 19일, p. 1.

[2] "2022년 한국표준협회의 발표에 따르면 2015년 재발행된 KPS 기준 남북 간 산업 용어는 전체의 66%가 상의하다. 출처: 한국표준협회, 「北 국가규격(KPS) 목록 현황」 (서울: 한국표준협회, 2022).

지 않는다.[3] 예를 들어 남북한이 상이하게 사용하고 있는 대표적인 산업 용어를 정리하면 〈표 7-1〉과 같다.

표 7-1 / 남북한 산업 용어 이질화의 예

의류 분야		컴퓨터 분야		수학 분야		농업 분야	
남	북	남	북	남	북	남	북
아웃 포켓	덧붙임 주머니	아날로그	상사형	계수	곁수	몸무게	몸질량
밑단 시접	기슭 혼솔	소프트웨어	쏘프트웨어	코싸인	코씨누스	신뢰 한계	믿음 한계
체크 무늬	격자 무늬	컴퓨터	콤퓨터	배수	곱절수	반복 교잡	반복섞붙음

출처: 한국표준협회(KSA) 보고서, 「남북 표준품질 협력의 필요성 및 추진 경과」, p. 5.

윤덕균은 '피스톤을 크랭크축에 연결하고 실린더 블록과 실린더 헤드를 연결하는 작업'에 대한 남북한 작업 지시 변환 사례를 발표하였는데 그 내용은 〈표 7-2〉와 같다.[4]

표 7-2 / 남북한 작업지시 변환 사례

남 한	북 한
1. 피스톤에 피스톤 링을 끼운다.	1. 나들개에 나들개 기밀 가락지를 끼운다.
2. 피스톤과 커넥팅 로드를 연결한다.	2. 나들개와 이음대를 연결한다.
3. 커넥팅 로드와 크랭크축을 연결한다.	3. 이음대와 크랑크축을 연결한다.
4. 실린더 헤드에 밸브와 밸브 스프링 등을 연결한다.	4. 실린더 헤드에 여닫이판과 여닫이 스프링 등을 연결한다.
5. 실린더 헤드와 실린더 블록을 6각 머리 보울트와 6각 머리 너트를 스패너를 이용해 결합시킨다.	5. 실린더헤드와 실린더 블록을 6각 머리 정결 보울트와 6각 보통 갓나트를 스파나를 이용해 결합시킨다.

출처: 윤덕균, 「남북한 산업표준 통일화 전략 연구」, p. 33.

---

3 한국표준협회, 「남북 표준품질 협력의 필요성 및 추진 경과」(서울: 한국표준협회, 2019), p. 5.
4 윤덕균, "남북한 산업표준 통일화 전략 연구," 제1회 남북 표준·품질 연구 세미나, 2022년 5월 3일 한국표준협회 4층 회의실.

남북한 표준·규격 이질화는 산업 현장에서 작업지시를 하거나 및 직접 건설 및 제작에 사용되는 표준 용어에만 국한되지 않는다. 각종 건설 및 사회간접자본 설계의 도면 기호 또한 매우 상이하다.

표 7-3 / 남북한 SOC 관련 표준 · 규격에 사용되는 도면 기호 비교

항목		KS	KPS
전기	저항기		
	개폐기		
	최대수요전력계		
	파장계		
건설	미닫이문 / 외 미닫이문		
	미닫이문 / 쌍 미닫이문		
	블록벽		
	철근콘크리트		
	잡석다짐		

출처: 한국표준협회, 「남북 표준품질 협력의 필요성 및 추진 경과」, p. 5.; 윤덕균, 「남북한 산업표준 통일화 전략 연구」, p. 33.

남북한 도로표지판의 상이함은 표준·규격화 교류 협력이 시급하며 통일 전 통합 사업이 추진되어야 할 필요성을 보여주는 사례이다.

표 7-4 / 상이한 남북한 도로표지판 비교		
항목	남	북
일시정지		
속도제한		
양보		
앞지르기 금지		금지 / 해제
위험표지		

출처: 한국표준협회, 「남북 표준품질 협력의 필요성 및 추진 경과」, p. 6.

　　남북한 산업표준 통일에 관한 담론이 시작되고 남북 간 표준·규격의 상이함의 문제가 제일 먼저 제기된 영역은 의류 산업 분야이다. 2004년부터 2016년까지 추진된 개성공단 사업 중 58.4% 비중을 차지한 의류 업체들은 표준·규격의 상이함으로 발생한 문제를 자체적으로 해결하였다.[5] 개성공업지구지원재단과 개성공업지구관리위원회의 발표에 따르면 2015년 12월 기준 개성공단 입주기업 125개 업체 가운

5　　홍양호, "개성공단사업의 현황, 정책적 함의와 개선과제," 「평화문제연구소」, 제27권 제1호(2015), pp. 131-167.

데 73개 업체가 섬유회사였다.[6] 이들은 자체적인 봉제 매뉴얼 작성과 기술교육을 실시하여 남한의 표준 용어를 공식적인 작업 용어로 통일하여 사용함으로써 남북한 표준·규격 용어 차이를 극복하였으나 상당한 시간과 비용이 소요되었다.[7]

				표 7-5 / 의류 치수의 KS 기준 KPS 비교
KS 번호	표준명	KPS 분류	KPS 번호	규격명
K0050	남성복의 치수	ㅌ30	국규 8477.6-958477.2-95 10253-96	옷 호수 어른남자옷 남학생 옷 옷의 호수 표식
K0051	여성복의 치수	ㅌ30	국규 8477.9-958477.3-95 10253-96	옷 호수 어른여자옷 여학생 옷 옷의 호수 표식
K0052	유아복의 치수			

출처: 박지연·김용필·윤덕균, "남북한 의류 산업 표준에 관한 비교 연구", 「한국산업경영시스템학회 추계 국제 학술대회」, p. 568.

남한표준(KS)과 북한 국가규격(KPS)은 종류별 기본 신체 부위가 다르거나 유아복처럼 비교 불가한 부분도 있다. KS의 기본 신체 치수는 인체 그림에 치수를 넣는 방법이 있고 제품 치수 항목과 치수를 나란히 적어 표시하기도 한다. 제품 치수와 제조자 또는 그 약호, 부가적인 정보 표기 등의 표시 방법이 제시되어 있다. 이와 달리 KPS는 옷 표식 방법의 국가규격이 별도로 지정되어 있다. 이는 옷 호수는 호수 항목을 문자표기하고 그 옆에 호수를 기재하는데 두 호수 이상이 포함되도록 만든 옷일 경우 (-)로 호수 구간을 밝혀 표시한다.[8]

6 　안민영, "개성공단 운영 현황 및 남북 표준협력 사례," 제4회 남북 표준·품질 연구 세미나, 2022년 9월 28일, 개성공업지구지원재단 9층 회의실.

7 　이승찬, "개성공단 기업 품질관리 사례: 신원 에벤에셀," 제4회 남북 표준·품질 연구 세미나, 2022년 9월 28일, 개성공업지구지원재단 9층 회의실.

8 　박지연·김용필·윤덕균, "남북한 의류 산업표준에 관한 비교 연구," 「한국산업경영시스템학회 추계국제학술대회」 (2002), pp. 565-571.

	표 7-6 / 종류별 기본 신체 부위		
KS	종류별 기본 신체 부위	KPS	종류별 기본 신체 부위
남자옷	상의: 가슴둘레, 허리둘레, 신장	어른 남자	키, 가슴둘레, 허리둘레
	하의: 허리둘레, 엉덩이둘레		
여자옷	상의: 가슴둘레, 엉덩이둘레, 신장	어른 여자	키, 가슴둘레, 허리둘레, 엉덩이둘레
	하의: 허리둘레, 엉덩이둘레		
청소년 및 아동복	상의: 가슴둘레, 신장	남학생 및 여학생	키, 가슴둘레
유아복	신장		

출처: 박지연 · 김용필 · 윤덕균, "남북한 의류 산업 표준에 관한 비교 연구", 「한국산업경영시스템학회 추계 국제 학술대회」, p. 570.

산업 전반에 걸친 남북한 표준·규격화의 이질화는 분단이 장기화되고 각자의 표준제도가 확립되면서 고착 단계에 이르렀다. 남북한의 표준·규격화 협력과 통합 추진은 시간이 지날수록 어려워지고 이질화는 공고화되는 만큼 정부 차원의 남북한 표준·규격화 협력과 통합 추진은 대북정책과 남북 관계에서 시급히 추진되어야 할 과제다.

2) 남북한 표준·규격화 협력 현황

1985년 11월 국제표준화기구(ISO)는 남한의 공업진흥청, 북한의 국가과학기술 위원회를 통해 남북한 정부에 한글의 로마자 표기법에 관한 시안 제출을 요청하였다. 남한은 1986년 '기계화를 위한 한글의 로마자 표기법' 시안을 작성하여 6차의 공청회 및 전문가 자문을 거친 후 ISO에 제출하였다. 그러나 북한은 남한과 상이한 시안을 제출하였다. 1987년 모스크바회의에서 북한이 남한 안의 자음 표기 방법을 거부함에 따라 주최 측에서 대안을 제출하였으나 남한은 수용을 거부하였다. 1992년 파리회의에서 모음은 남한 안, 자음은 북한 안을 절충하여 제안한 후에야 남한과 북한이 해당 안에 합의하였다.

　　그러나 1994년 개최된 스톡홀름 회의에서 북한이 주최 측을 비난하는 등 해당 안의 국제표준 제정을 거부하는 사태가 발생하였다. 결과적으로 자음 표기 방식에 남한 측 안(Method II)과 북한 측 안(Method I)을 둘 다 포함하는 복수 표준이 되어 국제표준(IS, international standard)이 아닌 기술보고서(TR, technical Report)로 격하되었다. 남북한의 정통성 및 합법성 등 정치적 쟁점과 맞물린 남북한의 표준화 협력은 이견을 조정하기가 어려웠다. 당시 남북한은 국제기구가 요구하는 표준 협력에 반대하지는 않지만, 각자의 안을 포기할 의도가 없었다. 결국 남북 양측의 필요에 의한 협력이 아닌 국제표준화기구(ISO)의 현안에 대한 각자의 입장을 대변하고 반영하기 위한 일시적인 협력이었으나 당시의 시대 상황에서 불가피한 측면도 적지 않았다.[9]

　　1991년 12월 남북고위급회담에서 타결된 '남북기본합의서'에 따라 1992년 「남북 사이의 화해와 불가침 및 교류·협력에 관한 합의서」[10]가 발표되었다. 이와 함께 합의서 제3장 '남북 교류·협력의 이행과 준수를 위한 부속 합의서'를 통해 남북 간에 산업기술 기반 조성 사업을 통한 표준화 협력이 합의되었다. 그러나 정치적인 이유로 합의 사항에 대한 원활한 후속 협력이 없었다.

　　남북한 표준·규격화 협력은 남북 정부 간 정치적 이해관계로 인하여 사실상 협력이 어려웠다. 따라서 남북 당국 협력은 정부 표준화기구 간 협력이 아닌 민간에서 먼저 협력이 이루어졌다. 첫 번째 성과는 '코리안 컴퓨터 처리 국제학술회의(ICCKL)에서 도출되었다.[11] ICCKL은 남한도 북한도 아닌 제3국, 중국의 연변에서 1994년 ~1996년까지 3년간 국어정보학회 등 관련 전문가들이 개최한 국제학술회의로서 남한의 국어정보학회, 북한의 조선과학기술총련맹, 중국의 연변과학기술협회가 참여하였다. 이 학술대회를 통해 남북한의 학자들은 전산용 한글 자모순, 컴퓨터 자판의

9　　남성욱, "북한의 표준·규격화 체계화 향후 남북한 통합방안 연구," 「입법과 정책」 제7권 제2호(2015), pp. 33-58.

10　　남북기본합의서의 주요 내용은 다음과 같다. 제1장 경제교류·협력 … 제1조 남과 북은 민족경제의 통일적이며 균형적인 발전과 민족 전체의 복리향상을 도모하기 위하여 자원의 공동개발, 민족 내부 교류로서의 물자교류, 합작투자 등 경제교류와 협력을 실현한다. … 제11항 남과 북은 경제교류와 협력을 원활히 추진하기 위하여 공업 규격을 비롯한 각종 자료를 서로 교환하며 교류·협력 당사자가 준수하여야 할 자기 측의 해당 법규를 상대측에 통보한다. 출처: 정규섭, "남북기본합의서: 의의와 평가," 「통일정책연구」 제20권 제1호(2011), pp. 1-24.

11　　한국표준협회, 「남북 표준통일 기반구축 산업기술기반 조성에 관한 보고서: 2차년도 중간보고서」 (세종: 산업통상자원부, 2003), p. 8.

구조와 배치, 정보 교환용 부호계, 전산 분야 용어사전 공동 편찬 등 4개 분야에 관하여 통일된 남북한 표준안을 마련하였다. 이는 남북한 학자 간의 순수 학술대회를 통해 마련된 합의안으로 산업계에서 활용되지는 못하였으나, '남북한 교류·협력을 통한 최초 합의안 도출'이라는 점에서 의의가 있었다.[12]

이러한 학술 교류는 2002년 8월 중국 베이징에서 남북한의 학자들이 공동으로 언어정보 세미나를 개최하는 동기가 되었다. 남한에서는 KAIST 최기선 교수 외 16명이 참가하였고 북한은 사회과학원 어문학연구소 문영호 소장 외 10명이 참가하였다. 이 세미나에서는 우리말 규범, 전문 용어, 컴퓨터 자판, 말뭉치(corpus)에 관한 논의가 있었다. 논의 결과 남북의 과학기술 용어 및 규격 용어 정리, 컴퓨터 자판 개선안 평가, 문자 코드 변환 프로그램 개발, 동사 유형 정보 구축 등에 관한 과제 도출과 협력을 확대해 나가기로 합의하였다.

2000년 6월 김대중 대통령과 김정일 국방위원장 간의 1차 남북 정상회담 후 다양한 분야에서 남북 교류 협력이 이루어졌다. 이 시기에 한국표준협회(KSA) 주관으로 '남북 산업기술 기반 조성사업'이 추진되었다. 2002년에는 산업표준공동연구소 설립과 남북 표준화 기관 및 시험·검사·인증기관 전문가 간 교류 협력이 추진되었다. 남한의 한국표준협회와 대북 IT 투자업체인 엔트랙이 북한의 민족경제협력연합회와 합작하여 평양에 건립한 고려정보기술센터에 입주하는 것으로 계획했다. 산업표준공동연구소 설립은 서울, 평양, 온정리 등지에서 논의되었다.

이후 남북기본합의서에 따라 남북 간 규격과 표준 교환이 시작되었다. 2002년 4월 북한 당국이 먼저 중국과 러시아를 통해 교역의 증가가 예상되는 품목에 한해 기계·전기·화학·건설 분야 560여 종의 규격을 남한에 제공하였다. 남한은 2002년 7월 조건 없이 KS 기본·기계·전기 등 3,700여 종을 민족경제협력연합회를 경유하여 국가품질감독국에 제공하였다. 이어 남한은 2002~2003년 제정된 국제표준화기구(ISO) 및 국제전기기술위원회(IEC) 17020에 대응하는 KPS '여러 형태의 검사 기관들에 대한 일반적 운영 기준' 등 67종 최신판을 중국을 통해 입수하였다. 남북한 규

---

12   정병기, "남북의 표준 및 표준화의 차이와 표준협력 과정 및 표준통합의 방향과 전망," 「한국정치연구」 제25집 제1호(2016), pp. 1-22.

격·표준 교환은 남북 산업표준 실무회담 개최의 계기가 되고 남북 산업표준 세미나 개최로 이어졌으나, 정치적 이견으로 남북한이 직접 표준을 교환하는 방식이 아니라 제3국을 거쳐 규격이 전달됨에 따라 여전히 남북한 표준협력이 용이하지 않다는 점을 시사했다.[13]

남북 간의 규격·표준 교환 작업은 남북 산업표준 실무회담 개최와 이를 통한 남북산업표준 세미나 개최로 이어졌다. 2003년 12월 조총련 과학기술협회 주관으로 중국 북경에서 남북의 표준 당국자와 실무자가 참가한 가운데 진행된 이 세미나를 통해 남북한 표준화 협력 사업 추진과 공동 프로젝트 개최가 합의되었다. 이를 계기로 2003년 남북 공동연구 추진 합의서가 체결되었다. 이에 따라 북한 정보산업규격 31종에 대한 남북 통일안이 마련되었다.[14] 남북한은 2003년 12월과 2004년 7월 중국 심양에서 남·북·재(在)일본 조선인과학기술협회가 참여하는 남북정보산업 표준 실무회의를 개최하였다. 남북은 40여 종의 정보산업규격 표준화 공동연구 추진에 합의하였다. 심양 회의를 통하여 7차례의 심의 후 남북이 각각 기본안을 제출하고 토의 과정을 거쳐 'ISO 2382'에 대응하는 남북한 정보산업규격 통일안을 도출하였다. 이는 지금까지 남북한 간의 학술적인 차원에서 이루어진 연구를 기반으로 만들어낸 최초의 남북한 국가규격 표준안이었다. 각 측의 표준화 기관이 실무회의 결과를 국가규격으로 채택한 최초의 국가표준 통합사례라는데 의의가 있다.[15]

2004년 12월 시범단지 분양 기업의 첫 제품 반출과 함께 시작된 개성공단 사업은 2016년 1월 시행된 북한의 제4차 핵실험에 대한 대응 조치로 남한 정부가 공단 폐쇄를 결정함에 따라 중단되었다. 이로써 이명박 정부가 천안함 사건에 대한 대응으로 취한 2010년 5.24 제재 조치 이후 잔류해온 남북 간 경제교류의 마지막 창구가 닫혔다.[16] 개성공단 안에서 기술교육을 통해 이루어졌던 남북한 표준·품질 협력도 멈추었다.

---

13 한국표준협회, 앞의 글, pp. 11-13.
14 한국표준협회, 「남북 표준통일 기반구축 산업기술기반 조성에 관한 보고서: 4차년도 중간보고서」(세종: 산업통상자원부, 2005), pp. 38-54.
15 한국표준협회, 앞의 글, pp. 55-62.
16 이일영, "개성공단 폐쇄 이후 한반도경제," 「민주사회와 정책연구」 제30권 (2016), pp. 49-73.

2004년부터 2016년까지 개성공단에서 사업을 운영하였던 의류업체 '신원'의 경우 남북한 표준의 이질화가 작업 현장에서 어떤 문제점을 가져오고 어떻게 대응책을 마련해야 하는지 중요한 사례로 분석할 가치가 작지 않다. 직원들의 신원 중국 공장 현지 견학과 실습, 조·반장 집중 육성을 통한 반별 기술교육, 공정·최종·완성검사 담당제 실시, 생산 노하우 교육을 통해 남북한 표준·품질 협력의 전형을 실천하였다.

이 회사는 「개성공업지구법」 등 관련 법령의 준수, 북한의 기업 문화, 북한 출신 직원들의 정서를 수용하는 범위 내에서 기존에 운영해오던 남한 법인의 기업 경영 표준화를 적용하여 개성 현지법인을 운영하였다. 상이한 봉제 용어를 통일하여 자체 매뉴얼을 배포·교육하고 반별 목표 설정과 이행에 따른 성과급제를 시행하여 노동자의 생산성을 향상하였다. 조·반장에 직급 수당을 지급하는 등의 인사관리와 지속적인 품질 교육과 피드백을 통한 품질관리의 결과로 1일 생산량이 2010년 2,400PCS에서 2015년 3,900PCS로 50% 이상 상승하였다.[17] 개성공단 사업의 중단으로 남북한 표준·품질 협력으로 이룬 입주 기업들의 성과는 멈추었고 북한 주민들의 일자리는 사라졌다.[18]

2018년 4월 문재인 대통령과 김정은 북한 로동당 위원장의 남북 정상회담이 평양에서 개최되었다. 두 정상은 4월 27일 "한반도 평화와 번영, 통일을 위한 판문점 선언"을 발표하였다. 이날 김정은은 평양 표준시의 서울 표준시로의 복귀 의사를 밝혔고 동년 5월 5일 실제 시행함으로써 남북한 표준시 통일이 이루어졌다. 북한은 과거 서울과 동일한 시간대를 사용하였으나 2015년부터 동경 127.5°를 기준으로 하여 서울 시각보다 30분 늦은 평양 표준시를 사용하고 있었다. 2018년 평양 정상회담은 표준시각부터 남북한이 불일치함으로써 표준시각부터 통일해야 한다는 과제를 안겨주었다.

"한반도 평화와 번영, 통일을 위한 판문점 선언"을 통해 남북한의 두 정상은

---

17 이승찬, "개성공단 기업 품질관리 사례," 제4회 남북표준·품질연구 세미나, 개성공업지구지원재단 9층 회의실.

18 개성공업지구지원재단의 발표에 따르면 2006년부터 2015년까지 개성공단 입주 기업 매출액 총계는 323,303만 달러이며 이 가운데 수출 총액은 25,130만 달러이다. 북한 출신 직원 고용은 2012년 5만 명을 돌파하였다. 출처: 안민영, 앞의 발표, p. 10.; 개성공단공업지구지원재단, https://www.kidmac.or.kr/010101/content/history/ (검색일: 2022년 10월 22일).

10.4 선언에서 합의된 사업을 적극적으로 추진해 나갈 것을 명시하였다.[19] 10.4 선언은 "6.15 공동선언을 고수하고 적극 구현해 나간다"고 명시하였는데 이는 "경제협력을 통한 민족경제의 균형된 발전" 구현에 대한 협의 사항을 의미한다.[20]

이 시기 남북 표준체계 연구가 활발하였던 ICT 연구계에서는 남북 ICT 분야 표준 협력에 관한 논문이 발표되기도 하였다.[21] 기대했던 남북한 표준 협력은 이루어지지 않았으나 해당 분야 연구는 남북표준품질연구회를 중심으로 이어지고 있다. 남북표준품질연구회는 회장인 한국과학기술정보연구원(KISTI) 최현규 책임연구원과 한국표준협회(KSA), 한국표준과학연구원(KRISS), 한국정보통신기술협회(TTA), 한국정보통신산업연구원(KICI), 고려대 통일융합연구원(CINU)의 북한 표준 연구자들이 이끌어 가고 있다. 이들은 정기 세미나를 통해 북한의 규격화 사업과 KPS 분석 및 남북 표준 협력 방안을 연구하고 있다.

3) 남북한 표준·규격화 통합의 우선순위와 추진 방안

본서에서 남북한 표준·규격화 통합은 공통된 표준 적용으로 모든 산업 기반 시설, SOC 등이 통일된 유일한 표준화 시스템에 의해 작동하며 사용자인 사회 구성원 전체가 이를 수용하는 것을 의미한다. 남북 간 표준·규격화가 조금씩 이질화가 된 것처럼 통합에도 전략 수립에서 세부 계획추진, 변수의 대응까지 오랜 시간이 소요될 수 있다. 통일 전 남북한 표준·규격화 통합 사업을 추진하는 목적은 통일비용을 줄이는 데만 있지 않다. 남북 간의 표준·규격화 통합은 통일 후 사회 통합에 필요한 시간을 단축하여 단기간에 사회를 안정시키는 데도 필요하다. 무엇보다 통합의 초석이

---

19 한반도의 평화와 번영, 통일을 위한 판문점 선언. 제1장 제3조 남과 북은 당국 간 협의를 긴밀히 하고 민간교류와 협력을 원만히 보장 …. 제6조 남과 북은 민족경제의 균형적 발전과 공동번영을 이룩하기 위하여 10.4선언에서 합의된 사업들을 적극 추진해 나가며 1차적으로 동해선 및 경의선 철도와 도로들을 연결하고 현대화하여 활용하기 위한 실천적 대책들을 취해나가기로 하였다. 출처: 김창희, "한반도 평화정착과 4.27 판문점 선언," 「한국정치외교사논총」 제40권 제1호 (2018), pp. 119-152.

20 공진성, "2000년 6.15 남북공동선언," 「통일법연구」 제3권, pp. 169-199.

21 2019년 김남규는 "북한 정보통신 분야 전문 학술지 예시 분석과 용어 표준화를 통한 연구자 교류 활성화 방안"을, 현성은과 이승윤은 "제4차 산업혁명시대의 남북한 ICT 표준협력 추진방안"을 제시하였다.

될 표준화 교류협력은 체제와 문화, 사상의 이질화가 심화된 남북한 사회의 구성원들이 통일에 대한 체념과 불안감을 극복하는 데 기여할 수 있다.

한국표준협회(KSA)는 2019년 남북 표준통합 방안을 통해 남북한 산업 분야별 표준통합 우선순위를 발표하였다. △남북한 교역과 거래가 활발한 분야 △남북한 표준 체계 비교 및 연구가 활발한 분야 △남북한 표준 체계상 유사성이 높은 분야 순으로 우선순위를 정하여 순차적으로 표준통합을 추진하는 것이 가장 합리적이라는 대안을 제시였다. 남북한 교역과 거래가 활발한 분야로는 주요 경제협력 사업인 철도·도로 연결 사업을 들 수 있다. 개성공단 사업에서 주축이 되었던 섬유, 기계 금속, 전기·전자, 화학 분야 또한 우선순위에 속한다.

특히 전기 분야의 경우 남북 간 전력 연계를 위한 각종 기술 표준화, 시험 방법 등 품질검사 차이를 해소하고 일원화하는 것이 필요하다. 정보통신(ICT) 분야는 현재 남북한 표준체계 비교분석이 가장 활발한 영역이며 남북한 표준·규격화 통합 관련 연구가 시작된 이래 지속적인 연구가 이어져 온 분야이다. 섬유 의류, 건설교통 및 기계 산업 분야도 비교적 연구가 활발한 분야로 볼 수 있다. 남북한 표준 체계상 유사성이 높은 분야는 건설(토건), 섬유, 자동차(수송기계), 정보산업 분야이다. 남북 간의 표준화 격차 해소를 위해서는 표준과 규격의 상호 공유와 인적 교류, 교육을 통한 표준화 전문 인력 양성, 생활 밀착형 표준의 공동 발굴과 경쟁 우위 기술의 국제표준 반영이 필요하다.

남북한 표준·규격화 통합 사업은 산업 분야에서 우선적으로 실시하는 기본 방침으로 추진할 필요가 있다. 통합 방향에 있어서는 남북한 표준협력 채널 구축, 남북한 표준화 차이 비교 분석 연구, 남북한 표준화 전문가 집단 육성, 북한의 표준·규격화 활동 지원과 정보 제공, 북한의 국제표준화 활동 지원, 남북한 표준화 통합을 위한 정책 개발 기초 연구, 개성공단 재개를 희망하는 입주 기업의 표준화 활동 지원을 유기적으로 추진하는 것이 바람직하다.[22]

---

22   한국표준협회, 「남북 표준통일의 중요성」 (서울: 한국표준협회, 2022).

2   남북한 표준·규격화 통합 전 교류 협력

1) 남북한 표준화 통합 추진 거버넌스 조직

사회 규범, 법령과 표준은 유사하면서 때로 중첩되는 거버넌스(governance) 규범의 세 유형이다. 특히 표준은 가장 광범위한 대상을 다룸으로써 다른 두 규범을 포괄한다. 거버넌스 개념은 국정 관리 유형이나 공동체적 자율 관리 체계 혹은 조정 양식의 원형이나 자기 조직적 네트워크 등 연구자에 따라 다양하게 이해된다.[23]

정치학에서는 주로 다원적 주체 간의 협력적 통치 방식을 의미하는 네트워크 통치, 협력적 통치 또는 통치 체제나 통치 활동 등으로 정의한다. 21세기 새로운 통치의 공통적인 요소는 강력한 개입과 과거의 국가 주도의 통치 방식을 거부하고 시장과 사회의 참여를 허용하는 새로운 협력적 통치 방식을 중시한다는 점이다.[24] 거버넌스는 기존 정부의 개념보다 훨씬 더 넓은 제도, 문화, 시민사회와 같은 의사 결정에 영향을 주는 다양한 요소들을 포함한다.[25] 거버넌스에서는 공공기관이나 공공조직이 주도적인 역할을 하고, 민간 부문의 참여가 매우 활발하게 이루어지며, 참여자들의 역할은 자문의 수준을 넘어서 공식적이고 체계화된 절차를 통하여 의사 결정에 영향을 준다.[26]

표준화 거버넌스는 조정을 통한 사회 통합 기능과 밀접히 관련된다. 어느 사회에서든 통합은 규범을 통해 이루어지며, 그 규범이 강제적이 아니라 동의와 합의를 통해 이루어질 때 통합은 보다 더 견고하고 오래 지속될 수 있기 때문이다. 표준은

---

23   김석준, "거버넌스의 개념과 이론의 전개," 김석준·이선우·문병기·곽진영, 「뉴거버넌스 연구」 (서울: 대영문화사, 2000), pp. 31-60.

24   정병기, "남북의 표준 및 표준화의 차이와 표준협력 과정 및 표준통합의 방향과 전망," 「한국정치연구」 제25집 제1호(2016), pp. 1-22.

25   Lynn, Heinrich, and Hill, Improving Governance: A New Logic for Empirical Research, (Washington D.C.: Georgetown University Press, 2001).; 기정훈, "통일시대 대비 남북한 표준통일 방안 연구: 협력적 거버넌스 모형을 기반으로," 「국가정책연구」 제28권 제3호(2014), pp. 149-179에서 재인용.

26   위의 글, pp. 151-152.

동의와 합의를 기반으로 하고 자발적 수용을 전제로 하므로 진정한 통합의 기능을 수행할 수 있으며, 사회적 책임 표준(SR: ISO 26000)에서 보는 것처럼 한 국가 내에서나 국가 간에서도 새로운 통합 규범으로 등장하고 있다.

규범의 측면에서 국내외를 막론하고 일차적 통합의 대상은 경제와 일반 사회문화 분야다. 상품과 화폐로 움직이는 경제는 표준같은 단일 규범을 가장 절실하게 요구하기 때문이다. 사회문화 영역도 그와 연동되는 통합 대상이다. 경제 및 사회문화 분야 통합으로 인해 발생하는 각종 불평등이 사회적 소수자의 보호를 필요로 하기 때문이다. 이처럼 인간의 삶과 직결되는 부문의 합의를 거쳐 문화와 가치의 영역으로 통합 규범의 필요성은 확대되어 간다. 이때 여러 문화 공동체의 다양성을 훼손하지 않고 상호 동의와 합의를 추구해나갈 때 사회 통합 규범으로서 표준은 더욱 커다란 시너지 효과를 발휘하게 된다.[27]

동서독은 통일 이전에도 철도 표준을 존속시키고 TV 수상기 표준을 통합함으로써 경제 및 문화 교류를 활성화하였다. 이러한 분단 시대 동서독의 표준 정책은 사회 통합 기능의 대표적 사례로 손꼽힌다. 표준의 사회 통합 기능을 일찍 인식한 유럽연합(EU)도 제도와 관행이 다른 회원국들을 하나로 통합하기 위해 유럽표준협의회(CEN)를 적극적으로 활용하였다. 유럽연합은 신접근전략(New Approach)을 통해 보건·안전·환경 등과 관련된 기술 기준들을 유럽표준(EN)에 부합시켜 경제 및 사회활동을 통합하는 데 크게 기여하였다는 평가를 받고 있다.

독일과 유럽통합의 표준통합 사례는 협력적 거버넌스 유형에 속한다고 할 수 있다. 협력적 거버넌스란 국가 발전이나 통합을 위한 경제적 및 사회적 자원의 관리 방식 중의 하나로써, 특히 협력이 필수적인 이슈나 문제에 대해서 자원과 제도적 장치를 통하여 해결해 가는 방식을 의미한다. 따라서 효율적인 협력적 거버넌스를 구축한다면 남북한 표준체계 비교와 통일비용을 줄이고 국민의 참여를 높이는 데 유효하다. 협력적 거버넌스 모형은 협력관계 형성을 바탕으로 하므로 근본적으로 중장기적인 모형에 속한다. 이는 남북 관계의 개선과 함께 통일 후의 표준 및 표준화의 상

---

27   위의 글, p. 169.

이함으로 발생할 수 있는 혼란을 미연에 방지할 수 있는 대안이 될 수 있다.[28]

한반도 통일에서 표준화 통합은 단순히 경제적 효과를 넘는 상징적인 의미를 포함한다. 표준화 통합은 경제적 통합 비용의 절감과 함께 동일한 가치와 기준하에서 남북한 국민이 생활함으로써 물리적이고 심리적 괴리를 통합하는 데 효과적인 역할을 수행할 수 있다. 더욱이 통일 국가를 겨냥한 표준화 작업에 새롭게 형성되는 이해관계자들이 함께 참여하고 이들의 이해관계를 민주적이며 효율적으로 조정해가는 표준화 거버넌스의 방식으로 작동시킬 수 있다면, 표준화 통합은 한반도 통일과 통합의 핵심 영역이 될 것이다. 표준화의 통합은 국가 통일 이전에 협력 과정이 필요하며[29] 그런 의미에서 표준화 교류 협력은 궁극적으로 통일 후 경제 및 사회문화 통합에 지향점을 두어야 할 것이다.

서론에서 언급한 바와 같이 궁극적인 남북한 표준화 통합의 가장 이상적인 방법은 동독의 표준이 서독의 표준에 통합된 것처럼 북한의 규격화 체계를 남한의 표준화 운용 체계로 흡수 통일하는 방안이다. 현재 남한의 우수한 표준화 수준은 북한 규격화 운용 방식의 남한 표준화 운영 시스템으로의 흡수가 남북한 표준·규격화 통합의 가장 바람직한 방안이라는 점을 시사한다. 북한 규격화의 남한 표준화 흡수를 방법으로 남북한 표준화 통합을 이루어내려면 거버넌스 조직은 한국표준협회(KSA)를 중심으로 정부, 산업계·학계·연구계의 표준화 전문가 그룹을 구성원으로 남한에서 독자적으로 조직하는 것이 합리적이다.

남북한 표준화 통합은 관련 이해관계자가 참여하는 단계적 접근이 필요하다. 1단계에서는 남한 단독 거버넌스를 조직하고, 2단계에서 한국표준협회(KSA)와 전문가 그룹이 협업해 남북한 표준화 통합 전략을 수립한다. 3단계에서 북한에 교류 협력 제안과 협의를 거쳐, 4단계에서 과제별 남북한 추진 협의기구를 구성하며 5단계에서 분야별로 표준화 과제를 남북한이 공동 추진하는 교류 협력의 로드맵을 고려해 볼 수 있다.

남북한 표준 교류 협력 또는 통일을 주장한 다수의 선행연구가 남북한 표준 통

---

28 위의 글, pp. 149-179.
29 정병기, "남북의 표준 및 표준화의 차이와 표준협력 과정 및 표준통합의 방향과 전망," pp. 1-22.

합 추진을 위하여 거버넌스 조직의 필요성을 주장하였다. 그 가운데 대다수가 추진 첫 단계부터 북한의 규격화 관련 기관, 연구계, 학계와 공동으로 통합 전략을 수립하는 방안을 제시하였다. 남북 공동 협의체는 남북한의 정치적인 상황으로부터 비교적 자유로울 수 있어야 통합 절차의 신속성을 보장할 것이다. 그러나 서론에서 언급한 바와 같이 북한 정치체제의 특성을 고려하고 이어진 남북 간 대치 상황을 본다면 정치적으로 영향을 받지 않는 남북공동 사업은 진행하기가 용이하지 않다.

남북한 표준화 통합 추진 거버넌스의 역할은 통일한국이 국제표준화기구의 단일 회원국으로서 원만한 국제표준화 활동을 할 수 있는 역량을 갖게 하는 데 있다. 그러므로 거버넌스는 시간상으로는 남북한 표준화 교류 협력에서부터 남북한 표준화 통합까지, 공간적으로는 한반도와 국제사회에 걸쳐 활동하게 된다. 여기서 표준화 통합은 표준화 영역의 사회 통합을 포함하므로 거버넌스의 활동 기간에 시한을 둘 수 없고 활동 영역을 제한할 수 없다.

남북한 표준화 통합 추진 거버넌스는 통일의 주축이 될 수 있고 국가적 책임과 사회적 영향력을 광범위하게 미치게 될 조직이므로 거버넌스 구성이 합리적이어야 하며 지속 가능한 체제가 되어야 한다. 그러므로 남북한 표준화 통합을 이루어낼 수 있는 실제적인 전략 수립과 추진의 지속성을 담보하기 위해서 국제표준화에 대한 깊은 이해와 노하우, 국제표준화기구 내에서 높은 위상을 가진 한국표준협회(KSA)를 중심을 한 남한의 독자적인 거버넌스 설립이 필요하다.

2) 남북한 국가 표준·규격 정보 공유

공식적인 통계에 따르면 남한의 표준화 위상은 통일을 대비한 중장기적인 남북한 표준·규격화 통합 로드맵을 수립할 수 있는 수준에 올라가 있다. KS와 KPS의 정책 및 자료와 정보의 공유가 이루어진다면 남북한 표준·규격화 통합 중장기 계획 수립은 가속화되고 효율적인 방안 도출에 도움이 클 것이다. 남북한 표준·규격화 정보 공유는 상호 간에 표준화 일치의 중요성을 인식하고 호혜·평등의 원칙에 따라 교류 협력을 추진하겠다는 의미를 가진다.

2019년 7월 한국표준협회는 남북 경협 추진 기반 조성사업의 일환으로 남북한 표준 부합화를 위한 5단계 표준화 계획을 수립하여 발표하였다. 한국표준협회의 계획에 따르면 1단계에서 남북한 간 표준을 교환하고 2단계에서는 남북표준 간에 상호 인지 및 비교분석이 이루어진다. 3단계에서는 남북 상호 간 표준 합의에 이르게 되며 4단계에서는 남북 상호 표준 인증을 한다. 마지막으로 5단계에서는 남북한의 표준이 상호 일치하게 된다.

한국표준협회는 남북한 표준 부합화 추진을 위해 남한 표준 민간 대표 기관을 중심으로 산업별 대표 기관 및 표준 개발 협력 기관(COSD, Co-operation Organization for Standards Development) 등과의 협업 모델을 제시하였다. 한국표준협회는 남북한의 표준 용어·도면·기호 등의 통일된 표준과 표준화 프로세스로 남북 경제협력의 효율적 진행과 산업 현장 혼란을 최소화하기 위한 기초 작업으로 남북 표준 용어 데이터베이스를 구축하고 있다. 한국표준협회의 표준 부합 계획에는 표준 DB 이용 촉진과 확산을 위한 검색 시스템 개발 예정 사항도 포함되었다.[30]

그림 7-1 / 남북한 표준 부합화 추진 협업 모델

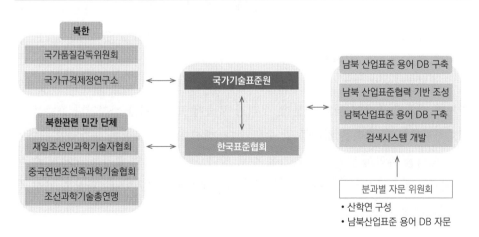

출처: 한국표준협회, 「남북 표준·품질 협력의 필요성과 추진 경과」, p. 9.

---

30   한국표준협회, 「남북 표준·품질 협력의 필요성과 추진 경과」 (서울: 한국표준협회, 2019), p. 9.

남북한 표준·규격 정보 공유의 한 방법으로 품질 협력을 통한 접근 방법을 활용해볼 수 있다. 이것은 규격 정보 개방에 대한 북한 정부의 불안감을 줄여줄 수 있는 유연한 접근 방법이 될 것이다. 북한은 저개발 수준의 후진국이다. 후진국이나 개발도상국이 기업에 수출하고자 할 때 가장 먼저 부딪히는 문제는 품질이다. 수출하려면 수입국에서 요구하는 여러 가지 규격(specifications)을 맞추어야 하는데 이 규격들은 대부분 표준 또는 기술규정의 형태를 취하고 있다.

수출 기업들은 수입국에서 환경, 안전, 보건, 위생 등의 이유로 요구하는 각종 규정을 충족시키기 위해 많은 시간과 노력, 비용을 들인다. 특히 개발도상국 기업은 규격을 맞추고 품질관리 관점에서 일관성을 유지하는 데 어려움을 겪기 때문에 어렵게 개척한 수출에 애로를 겪는다. 따라서 기업들은 요구하는 표준을 정확하게 인식하고 그 표준에 맞춘 제품을 만들어야 한다. 그것이 품질이고 그 역량이 품질관리 역량이다. 표준을 준수하는 역량, 즉 품질관리 역량은 개발도상국 산업 발전의 토대이며, 이러한 역량을 지니고 있어야 세계시장에서 경쟁할 수 있다.[31]

북한도 마찬가지이다. 북한이 경제발전을 이루고자 한다면 어떤 형태로든 제품과 기술이 국제표준에 부합하여야 한다. 개성공단과 같은 남북 협력을 통하는 형태이든, 중국의 산업경제 체계에 더욱 깊이 편입되는 형태로든 글로벌 가치 및 기술표준 사슬에 참여해야 한다. 표준은 북한 생산 단위에 품질을 높일 수 있는 학습과 혁신의 기회를 제공할 것이다.[32]

개성공단에서 공장을 운영했던 한 기업인도 "북에서는 표준이 규범적 성격을 가지며 강제로 적용이 되기 때문에, 우리가 북측에 표준협력을 하자거나 표준을 일치화하자고 하면 북측은 경계를 할 수도 있다. 대신 표준을 포함한 포괄적인 개념인 품질 협력을 제안하면 북한이 다가올 수도 있다. 북한 산업의 품질을 국제적 수준, 즉 국제표준에 준하는 수준으로 만들어보자는 제안에는 북측이 큰 관심을 가질 수 있다"라고 제안하였다.[33]

---

31   이희상·문승연, "개발도상국에 대한 기술표준 역량 강화의 UN 지속 가능 개발 목표 기여에 대한 연구: 한국의 기술표준 부문 ODA를 중심으로," 「국제개발협력연구」 제10권 제3호(2018).

32   이희진, 「표준으로 바라본 세상」 (파주: 한울아카데미, 2020), pp. 116-119.

33   이주란, "남북 품질 협력에 관하여," 남북 표준·품질 경제협력 방안 토론회, 2019년 1월 29일 국회의원회관.

이러한 품질 협력을 통해 상호 간 표준협력 우선 분야가 도출되면 표준·규격 상호 교환을 통해 표준화 및 규격화 현황을 공유할 수 있다. 이후 최신 표준 기준을 제공하여 이를 활용한 품질 개선이 이루어질 수 있도록 협력하면 규격·표준화 교류 협력의 범위를 확대해 나갈 수 있을 것이다.

3) 표준화 통합 환경 구축을 위한 남북한 공동연구

남북한 표준화 통합 환경 구축을 위해서는 공유된 표준·규격화 정보를 기반으로 표준·규격화 협력 및 통합 전략을 마련하는 것이 필요하다. 연구는 우선적으로 남북한 표준·규격 및 이질적 산업[34] 용어 비교 연구부터 이루어져야 한다. 통일 전 경제협력 및 산업 교류 차원에서 KS와 KPS를 상호 비교하는 노력이 필요하다. 이 과정에서 향후 남북한 교류 협력에서 소통의 혼란을 방지하고 불통에 대응할 방안도 도출될 것이다. 더불어 산업 용어의 차이에서 발생할 수 있는 문제점을 최소화하고 남북한 표준화 통합에 대비한 기초 자료로 활용하도록 한다. 이를 위하여 부문별 산업표준 규격과 용어를 비교하며 특히, 산업표준의 기반 요소에 해당하는 설계 및 도시 기호, 표준 색상표, 바코드 체계, 포장 단위 등에 대한 연구를 진행하여야 한다.[35]

남북한 표준·규격화 관련 법제의 비교와 분석도 필요하다. 남북 간 관련 법규와 표준 자료를 공유하고 법체계와 구조, 내용, 운영 측면에서 차이점을 비교·분석할 필요가 있다. 이를 통해 법제의 통합방안 마련을 위한 연구가 이루어져야 한다. 그러나 이에 앞서 우선되어야 할 과제는 남북협력기금법의 개정 방안을 연구하는 것이다. 호혜·평등 원칙에 기초하여 정치적 영향을 받지 않는 안정적인 남북한 표준화 협력 체계를 마련하려면 무엇보다 남북협력기금법의 개정을 통해 교류 협력과 연구에 필

---

34 산업의 범위는 표준국어대사전에 정의된 "인간의 생활을 경제적으로 풍요롭게 하기 위하여 재화나 서비스를 생산하는 사업인 농업, 목축업, 임업, 광업 및 공업을 비롯한 유형의 생산 이외에 상업, 금융업, 운수업 및 서비스업 따위와 같이 생산에 직접 결부되지 않으나 국민 경제에 불가결한 사업도 포함한다"는 의미로 사용하며 중요하게 ICT 분야도 포함하여 썼다.

35 윤덕균, "통일을 대비한 남북한 산업표준 통일화 과제," 「산업경영시스템학회지」 제23권 제57집(2000), pp. 103-112.

요한 재원은 기금을 마련할 수 있도록 제도화해야 한다.[36]

남북한 표준·규격화 통합을 위해 중요하게 연구되어야 할 분야가 ICT 분야이다. 일반 대중이 사용하는 컴퓨터, 스마트폰, 방송 등 통신 서비스 기기가 빠르게 발전하고 북한에도 휴대전화의 보급률이 급격히 상승하고 관련 산업이 발달하고 있기 때문이다. 궁극적으로는 통일한국 시대에 다양한 계층을 포용하여 원만한 소통과 사회통합을 단기간에 성취하기 위해서는 북한의 인민 생활과 밀접한 기기의 활용 및 수요를 발굴하고 이를 토대로 ICT 기기를 활용하기 위한 통신(네트워크 등 인프라) 표준, 디바이스 표준, 융합기술 표준, 서비스 모델 등 표준통일을 위한 전략 및 협력 방안 마련이 필요하다.[37]

3 남북한 표준화 통합 프로세스

1) 북한의 국제표준화 활동 지원

남북한 표준화 통합은 궁극적으로 북한 KPS의 국제표준 부합률을 남한 수준으로 올릴 수 있는 표준화 시스템의 공동 운영을 말한다. 이를 위해 선차적으로 필요한 것이 북한의 국제표준화 환경의 개선이다.

북한은 일찍이 '국가규격과 국제표준 일치화 사업'이 대내적으로는 과학기술의 선진화와 사회주의 강성국가 건설을 추동하는 힘이며 대외적으로는 국가 간 무역 교류에서 중요한 수단이라는 데 대한 인식을 가져왔다.[38] 국제표준화기구의 가입과 국제표준의 수용에서도 적극적이었으며 국제품질인증제도의 도입과 국제표준 부합화에 대한 노력도 적지 않았다. 다만 국가규격의 국제표준 일치를 현실화하기에 북한의 여건과 기량이 매우 부족한 실정이다. 이렇듯 국제표준화에 관한 인식 수준은 높

---

36   남성욱, "북한의 표준·규격화 체계와 남북한 통합방안," 「입법과 정책」 제7권 제2호(2015), pp. 33-58,

37   김서경, "ICT 분야의 남북 국가표준 비교," 제22회 북한 ICT 연구회 세미나, 2011년 10월 20일. SK텔레콤 세미나실.

38   강예성, "국가규격과 국제규격의 일치성 평가에 대하여," 「계량 및 규격화」 2012년 제2호(2012), p. 35.

으나 이념과 체제의 문제로 남한과 양자 간 표준화 협력에는 거부감을 보이는 북한의 불안을 일소하고 합리적인 방법으로 북한의 국제표준화 환경 개선을 지원하며 나아가 남북한 표준화 통합 사업 추진의 계기를 마련할 방법을 모색하여야 한다.

남북한이 공히 정회원으로 가입된 국제표준화기구의 개발도상국표준화위원회(ISO DEVCO)를 통해 북한의 국제표준화 활동을 지원할 수 있다. DEVCO를 통한 북한의 국제표준화 활동 지원은 국제표준화기구를 통한 '개발도상국으로서의 북한 표준화 발전 지원'과 남북한 표준화 협력이라는 점에서 대의명분을 갖게 된다. UN의 지속가능발전목표(SDGs) 중의 하나인 국제사회의 지원, 역량 강화와 파트너십, 제도적 문제 등은 비교적 정치적인 영향력으로부터 벗어나 협력할 수 있다.

구체적인 방법으로는 ISO의 '결합과 점검(Twining & Monitoring)' 프로그램 시스템에서 표준화 멘토링에 참여하는 것을 들 수 있다. 'Twining & Monitoring' 제도는 개도국과 선진국이 공동으로 TC·SC 의장·간사 등을 수임하여 개도국에 국제표준화 역량 강화에 기여하는 프로그램이다. 남한의 CAG 활동 노하우와 차기 ISO 회장국 지위는 개발도상국표준화위원회(DEVOCO)를 통한 남한의 북한 표준·품질 지원은 성과를 기대할 수 있는 표준화 협력 방안이다.

북한이 남한의 직접적인 표준화 통합 관련 각종 지원을 부담스러워한다면 개발도상국표준화위원회(DEVCO)의 북한 후원을 측면 지원하는 방법도 가능하다. DEVCO는 개발도상국의 국가 품질 인프라와 관련된 문제를 파악하고 해당 국가의 표준화 욕구 조사를 통하여 표준화 기술지원 및 훈련을 통해 회원국의 표준화 역량 제고에 역할을 한다. 기술 지원과 교육은 경제 개발, 표준 개발, 적합성 평가 및 ICT 지원에서 표준의 역할을 포함한 다양한 주제에 초점을 맞추고 있다. 개발도상국을 위한 ISO 실행 계획에 대해 ISO 이사회에 권고하고 그 이행 과정을 감시한다. 또한, 표준화 및 관련 활동의 모든 측면에 대한 논의와 선진국과 개발도상국 간의 경험 교환을 위한 포럼을 개최하기도 한다.

ISO는 '개발도상국 지원 5개년계획'을 실행하며 개발도상국표준화위원회(DEVCO)는 계획에 따른 사업추진 과정에 감시자 역할을 한다. DEVCO는 매년 회의를 개최하여 개도국의 요구사항을 검토하고 진행 상황을 평가한다. 또한, 개발도상국들의

관심 주제들을 모니터링 하기 위한 연례 회의와 함께 브레이크아웃 세션을 개최한
다. 주로 국가 품질 인프라의 구성요소로서의 표준화, 개발도상국의 표준화 과정 참
여 강화, 표준화 및 관련 사항에서의 지역 협력 등의 주제를 다룬다. DEVCO CAG는
개발도상국에서 8명, 선진국에서 3명 등 총 11명으로 구성되어 있다. 연 2회 회의를
개최하여 개발도상국을 위한 실행 계획의 이행을 모니터링하는 방법으로 DEVCO
를 지원한다. CAG는 이러한 모든 활동에서 다른 ISO 정책위원회 즉, 소비자 문제를
다루는 COPOLCO, 적합성 평가를 다루는 CASCO와 긴밀하게 협력한다. 모든 기술
업무를 통괄하는 TMB는 물론 UN 및 IEC와도 협력한다.[39]

남한은 국제표준을 받아들여 사용하던 '표준 수혜국'의 경험과 표준을 선도하고
개도국을 지원하는 '표준 기여국'[40]으로서의 노하우를 가지고 있으며 ISO에서의 위
상도 높다.[41] 이를 바탕으로 ISO를 통해 북한의 표준화 환경 개선을 돕고 남북한 국
제표준화 협력을 끌어낼 수 있을 것이다.

이와 별개로 국가기술표준원은 2012년부터 개발도상국을 대상으로 대한민국의
표준·인증체계를 전수하는 공적 개발 원조(ODA)인 '개도국 표준체계 보급 지원 사업
(ISCP, International Stnadards Infrastructure Cooperation)'을 추진해왔다. ISCP는 신남
방 및 신북방지역 국가의 무역 기술 장벽을 완화하고 남한 기업의 수출 애로를 해소
하기 위한 제도이다. ISCP의 국가표준역량진단(NSCAF, National Standards Capability
Analysis Framework) 시스템을 통해 북한의 표준화, 적합성 평가, 계량 측정 등 3개 분
야 현황을 연구·분석하여 맞춤형 심층 협력 가능 분야를 모색해 볼 수 있다.

39   ISO, https://www.iso.org/devco.html (검색일: 2022년 10월 24일).
40   "개도국 국제표준화 돕는다: 국표원, ISO 자문단 참여," 「이데일리」, 2019년 3월 21일, https://www.edaily.
      co.kr/news/read?newsId=02610886622425616&mediaCodeNo=257&OutLnkChk=Y (검색일: 2022
      년 10월 24일).
41   2022년 9월 22일 아랍에미리트(UAE) 아부다비에서 열린 '제44차 ISO 총회'에서 한국 현대모비스 조성환
      대표이사가 차기 ISO 회장으로 선출되었다. 조성환 차기 ISO 회장은 당선 소감을 통해 "개발도상국 참여를 적
      극 추진하겠다"라고 밝혔다.
      출처: "ISO 회장 된 '기술통' 조성환…"韓, 국제표준 리더로," 「한국경제」, 2022년 9월 24일, https://www.
      hankyung.com/economy/article/2022092324391 (검색일: 2022년 10월 25일).

2) 국제표준화 전문가 양성 교육 지원

북한의 국제표준화 전문가 양성에서도 남한의 표준 당국이 ISO, ITU 등 국제표준화기구의 역량 구축 지원 사업에 참여할 수 있도록 유도하여 해당 시스템을 통해 북한을 측면 지원하는 것이 표준화 협력의 토대를 구축에 유리한 접근 방법이 될 수 있다.

ISO는 개발도상국 회원국들의 역량 구축 지원 사업을 하고 있다. 개발도상국을 위한 ISO 실행 계획(ISO Action Plan for Developing Countries)은 개발도상국 구성원을 지원하기 위한 기술지원 및 훈련을 위한 전반적인 프레임워크(framework)로 2005년 설계되었다. 회원국이 당면한 사회적, 경제적, 환경적 과제 해결을 위해 ISO 표준 사용을 원만히 추진할 수 있게 추진하기 위하여 구축한 프레임워크는 큰 틀에서는 UN의 지속 가능한 개발 목표와 '더 쉽고, 안전하고, 더 나은 삶을 만들라'는 ISO의 비전 아래에서 실행되고 있다.[42]

이 프레임워크는 특히 최빈국과 개도국의 표준화 요구에 초점을 맞추고 있어 북한의 참여가 유리하다. ISO가 회원국의 프로젝트 활동을 설계하고 구현, 관리하며 결과 모니터링을 지원한다. '변화 이론'에 기반한 접근 방식으로 결과에 집중하는 이 시스템은 해당 회원국이 지역 및 국제 수준 표준화 지식과 기술을 습득하여 실제 자국의 산업에 적용할 수 있도록 설계되었다. 따라서 북한의 경제적 여건과 규격화 현황에 따른 표준화 요구와 당면한 문제를 해결하는 기회가 될 수 있다. 또한, 반복적인 모니터링을 통한 표준화 환경 개선을 지원하므로 북한이 국제표준화 환경을 구축하고 양질의 표준화 교육을 통해 자체적으로 국제표준화 전문 인력을 양성할 기회이기도 하다.

이 시스템은 디지털 학습, 장거리 코칭, 자문 서비스 등 원격 지원을 하므로 참여 방법이 비교적 용이하다. 무엇보다 북한도 최근 원격 화상 회의, 온라인 교육이 활성화되는 추세이므로 참여 방식에 대한 반감은 낮을 것으로 판단된다. 실행 계획은 ISO의 Capacity Building 유닛에 의해 구현되는데 이 유닛은 현재 진행 중인 프로젝트와 성공 사례 등을 웹사이트를 통해 제공한다.[43] 해당 사이트는 회원국의 이해

---

42   ISO, *ISO ACTION PLAN 2021-2025*, (Geneva: ISO, 2021), pp. 6-15.

43   ISO, https://www.iso.org/search.html?q=ISO%20Action%20Plan%20for%20developing%20

관계자의 참여 방법에 대한 정보를 제공하고 있어 북한의 국제표준화 전문가 양성 교육에 활용할 수 있을 것으로 보인다. 국제표준화 역량 구축사업의 실제 수혜자는 회원국이 서비스를 제공하는 이해관계 즉 정부와 규제기관, 기업 등 민간 부분, 학술 및 연구기관, 소비자 기관 등이 광범위하게 포함된다. ISO 방침에 따라 이해 관계자로서 남한 정부와 표준화 기관도 포함한다.

　　ICT 분야의 국제표준 도입 지원을 위해서는 ITU의 개발도상국 표준 격차 해소(BSG, Bridging the Standardization Gap) 프로그램을 활용할 수 있다. 정보사회가 급속히 진행되면서 선진국과 개발도상국 사이의 ICT 수준 격차 현상을 표현하는 용어로 '디지털 격차'가 있다. 여기에는 여러 가지 요소가 들어가 있으나 ITU-T와 연결된 요소 중 하나가 '표준화 격차'이다. 디지털 격차를 근본적으로 해소하기 위해서는 개발도상국의 기술에 대한 이해와 관련 시스템의 개발 및 운영 등에 필요한 지식과 경험이 선진국 수준으로 향상되어야만 한다.

　　이를 위한 과정의 하나로 표준에 대한 격차의 해소가 있다. 표준 격차 해소는 두 가지 관점으로 나누어 볼 수 있는데 그 중 하나는 표준에 대한 이해과 인식의 격차 해소이다. 이를 위해서는 개발된 표준에 대하여 교육이나 워크숍, 세미나 등을 통하여 그 이해를 향상시키는 방법이 제시되어 현재까지 ITU-D와 ITU-T 간의 협력하에 진행되고 있다. 다른 하나는 표준화 과정에 대한 격차가 그것이다. 이는 표준 개발 과정에 개발도상국의 관계자들이 참여 정도가 부족하여 해당 기술의 표준 개발 과정에서부터 격차가 발생하는 것이다. 이를 위하여 ITU-T에서는 ITU-D와 협력하여 개발도상 전문가들의 참가 격려를 위한 Fellowship 프로그램을 운영하고 있다.[44]

　　ITU의 Fellowship 프로그램 등 국제표준화기구를 통한 ICT 분야 국제표준화 교육을 통해 남북한의 수준 격차가 줄어들게 되면 현행되는 한국정보통신기술협회(TTA, Telecommunications Technology Association)의 '신진 표준 전문가 양성' - '국제표준화 전문가 활동 지원' - '명장급 전문가 선정·지원' 등 단계별 맞춤 지원 프로그램 등을 북한 실정에 맞춰 지원·운영하는 방안도 고려해볼 수 있다.

---

countries (검색일: 2022년 10월 27일).

44　이재섭, "Bridging Standardization Gap과 ITU-T 활동," 「ICT Standard Weekly」, 2014년 24호(2014), p. 2.

그림 7-2 / TTA의 성장 유도식(Step-up) 표준 전문가 양성 · 지원 체계

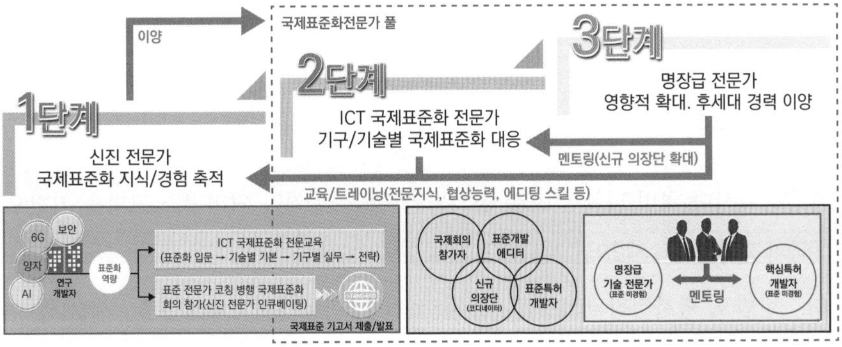

출처: TTA 아카데미 홈페이지(edu.tta.or.kr)

3) 남북한 상호 인증 체계 통일 기반 구축

남북한 표준화 통합 프로세스에서 꼭 필요한 절차가 남북 간 상품거래 시 각종 법령·인증에서 요구하는 시험 및 검사 성적서에 대한 상호 인정이다.

남북한 교역을 활성화하고 나아가 남북 산업규격을 점진적으로 동질화할 수 있는 방편으로 현재 북한을 외국으로 인식하고 행해지고 있는 형식 승인을 면제할 방안이 필요하다. 남북 간 물품의 자유 거래를 위한 남북 상호 제품 인증 체계 구축을 뜻한다. 북한 생산 제품의 KS 인증, 남한 생산 제품의 KPS 인증 획득을 위한 상호 인증 체계 구축과 향후 남북 연합 품질인증제도 기반을 구축하는 방법을 고려하는 것이다. 궁극적으로는 KS 인증과 KPS 인증을 단일 인증 제도로 통합하여 단일화한다.

이를 위한 구체적인 사업으로서 먼저 북한에 대한 ISO 인증을 지원해주어야 한다. 다음으로 상호 교역 품목에 대한 자동 형식 승인 체계를 구축하고 나아가 북한 내 품질인증 제품에 대하여 자동으로 KS 인증을 받을 수 있도록 할 수 있다. 북한 기업소 및 공장의 ISO 시리즈 인증을 위한 메뉴얼을 작성하고 자료를 제공하여 국제표준화기구(ISO) 인증을 받은 북한 기업소 및 공장의 수를 확대함으로써 향후 남북한 경제협력에서 발생할 수 있는 무역 장벽에 대한 적극적인 대응과 품질관리에 대한 문제점을 사전에 방지할 수 있다.[45]

---

45 윤덕균, "남북한 산업 표준화 협력 방안," 「통일경제」, 통권 70호(2000), pp. 50-66.

참고문헌

1. 국내문헌

기정훈. "통일시대 대비 남북한 표준 통일방안 연구: 협력적 거버넌스 모형을 기반으로." 「국가정책연구」, 제28권 제3호(2014): 149-179.

김창희. "한반도 평화정착과 4.27 판문점 선언." 「한국정치외교사논총」 제40권 제1호 (2018): 119-152.

공진성. "2000년 6.15 남북공동선언." 「통일법연구」, 제3권(2017): 169-199.

김남규. "북한 정보통신 분야 전문 학술지 예시 분석과 용어 표준화를 통한 연구자 교류 활성화 방안." 「정보과학회지」, 제37권 제5호(2019): 36-44.

김서경. "ICT 분야의 남북 국가표준 비교." 「제22회 북한 ICT 연구회 세미나」. 2022년 10월 20일. SK텔레콤 세미나실.

김석준·이선우·문병기·곽진영. 「뉴거버넌스 연구」. 서울: 대영문화사, 2000.

남성욱. "북한의 표준·규격화 체계와 남북한 통합방안." 「입법과 정책」, 제7권 제2호 (2015): 33-58.

박지연·김필용·윤덕균. "남·북한 의류 산업표준에 관한 비교 연구." 「2002년 한국산업 경영시스템학회 추계국제학술대회 자료집」. 안양: 한국산업경영시스템학회, 2002.

안민영, "개성공단 운영 현황 및 남북 표준협력 사례," 제4회 남북 표준·품질 연구 세미나, 개성공업지구지원재단 9층 회의실.

윤덕균. "남북한 산업표준 통일화 전략연구," 제1회 남북 표준·품질 연구 세미나, 한국표 준협회 4층 회의실.

윤덕균. "통일을 대비한 남북한 산업표준 통일화 과제." 「산업경영시스템학회지」, 제23권 제57집(2000): 103-112.

이데일리. 2019. 3. 21. "개도국 국제표준화 돕는다: 국표원, ISO 자문단 참여".

이승찬, "개성공단 기업 품질관리 사례: 신원 에벤에셀," 제4회 남북 표준·품질 연구 세미나, 개성공업지구지원재단 9층 회의실.

이일영. "개성공단 폐쇄 이후 한반도경제." 「민주사회와 정책연구」, 30권(2016): 49-73.

이재섭. "Bridging Standardization Gap과 ITU-T 활동." ICT Standard Weekly 2014년 24호(2014): 2.

이주란. "남북 품질 협력에 관하여." 「남북 표준·품질 경제협력 방안 토론회」. 2019년 1월 29일 국회의원회관.

이희상·문승연. "개발도상국에 대한 기술표준 역량 강화의 UN 지속 가능 개발 목표 기여에 대한 연구: 한국의 기술표준 부문 ODA를 중심으로." 「국제개발협력연구」, 제10권 3호(2018): 21-53.

이희진. 「표준으로 바라본 세상」. 파주: 한울엠플러스, 2020.

정규섭. "남북기본합의서: 의의와 평가." 「통일정책연구」, 제20권 제1호(2011): 1-24.

정병기. "남북의 표준 및 표준화의 차이와 표준협력 과정 및 표준통합의 방향과 전망." 「한국정치연구」, 제25집 제1호(2016): 1-22.

최현규·변학문·강진규, 「북한 ICT 동향 조사 2021: 북한 매체를 중심으로」. 서울: 한국과학기술정보연구원, 2021.

한국경제. 2022. 9. 24. "ISO 회장 된 '기술통' 조성환…"韓, 국제표준 리더로".

한국표준협회. 「남북 표준통일 기반구축 산업기술기반 조성에 관한 보고서: 2차년도 중간보고서」. 2003.

한국표준협회. 「남북 표준통일 기반구축 산업기술기반 조성에 관한 보고서: 4차년도 중간보고서」. 2005.

한국표준협회. 「남북 표준·품질 협력의 필요성 및 추진 경과」. 2019.

한국표준협회. 「北 국가규격(KPS) 목록 현황」. 서울: 한국표준협회, 2021.

한국표준협회, 「남북 표준통일의 중요성」. 2022.

홍양호. "개성공단사업의 현황. 정책적 함의와 개선과제," 「통일문제연구」, 제27권 제1호(2015): 131-167.

2. 북한문헌

강예성. "국가규격과 국제규격의 일치성 평가에 대하여." 「계량 및 규격화」, 제2호 (2012): 35.

민주조선. 1956. 5. 19. "국가규격제정위원회 대표들 모스크바로 출발".

3. 국외문헌

ISO. *ISO Action Plan 2021-2025*. Geneva: ISO, 2021.

「International Organization for Standardization」https://www.iso.org/

제8장

결론

결론

분단 시기 이어진 동서독의 표준화 협력은 통일 과정에서 전체 통일비용의 10%를 차지하는 막대한 표준화 통일비용을 줄이는 데 크게 이바지하였다. 통일 전 철도 표준을 존속하고 TV 수상기 표준을 통합하는 등 경제, 문화 교류를 이어갔던 분단 시대 동서독의 표준화 정책은 통일 후 독일의 사회통합에 크게 기여하였다. 이는 단순한 표준 통합이 아닌 통일 전후 국가 산업과 경제 전반에 걸친 이질화의 간극을 좁히고 통합의 시간을 앞당겨 국정 안정을 이끈 초석이었다.

독일의 표준화 통합 사례가 통일 전 남북한 표준·규격화 교류 협력의 필요성을 제시한다면 EU의 표준화 활동은 통일한국이 추진해야 할 표준화 통합 프로세스의 모범 사례이다. 예를 들어 EU의 유로 통화의 시행, CEN의 회원국에 대한 환경 설계, 스마트 그리드, 에너지 효율성, 나노 기술, 전기 자동차를 비롯한 혁신 제품 및 서비스에 관한 EN(Euro Norm) 채택 요구, EN 인식 개선 및 교육 지원의 지속 등이 추진되었다.

통일 전 남북한 표준·규격화 통합 사업을 추진하는 목적은 통일비용을 줄이는 데만 있지 않다. 남북 간의 표준·규격화 통합은 통일 후 사회통합에 필요한 시간을 단축하여 단기간에 사회를 안정시키는 데도 필요하다. 무엇보다 통합의 실마리가 될 표준화 교류 협력은 체제와 문화, 사상의 이질화가 심화된 남북한 사회의 구성원들이 통일에 대한 체념과 불안감을 극복하는 데 기여한다.

남북한 표준·규격화 통합은 공통된 표준 적용으로 모든 산업 기반 시설, SOC 등이 통일된 유일한 표준화 시스템에 의해 작동하며 사용자인 사회 구성원 전체가 이를 수용하는 것을 의미한다. 남북 간 표준·규격화가 조금씩 이질화가 된 것처럼 통합에도 전략 수립에서부터 세부 계획 추진, 변수의 대응까지 오랜 시간이 소요될 수 있다. 남북한이 표준·규격화 교류 협력을 하루 빨리 시작해야 하는 이유이다.

한국표준협회(KSA), 한국표준과학연구원(KRISS), 한국정보통신기술협회(TTA) 등을 중심으로 정부, 산업계, 학계 및 연구계의 표준화 전문가 그룹을 구성원으로 거버넌스를 조직하고 남북한 표준화 통합 전략을 수립해야 한다. 통일 여건 조성을 위해 정부와 민간기업, 국제기구가 협력하여 남북한 표준체계 비교를 위한 별도의 조직을 구성하고 법적·제도적 방안을 마련해야 한다. 통합 추진 사업에 필요한 충분한 재원 마련도 중요하다. 통일 교육 확대 실시도 필요하다. 통일에 대한 국민적 공감대를 확산하는 것은 남북한 표준·규격화 통합 추진 사업의 중요한 동력이 될 수 있기 때문이다.

남북한의 표준·규격화 통합은 남북 간 품질 협력과 기술교육 지원 형태의 상호 교류에서부터 시작하는 것이 바람직하다. 북한이 대외 무역 영역에서 직면해 있을 수입국 요구 수준의 품질관리 역량을 갖출 수 있도록 표준화 및 기술교육 지원을 하는 것이다. ISO의 DEVCO를 통한 북한의 국제표준화 활동 지원은 국제표준화기구를 통한 개도국 북한의 표준화 발전 지원과 상호 협력이라는 대의명분을 동시에 갖게 된다. 이로써 국내에서는 국민 공감대를 형성하고 국제적으로는 대북 제재 등 정치적인 영향력으로부터 비교적 자유롭게 교류할 수 있을 것이다.

ITU의 BSG 프로그램을 통해서는 북한이 가장 활발한 규격화 활동 영역인 ICT 분야의 국제표준을 도입하고 부합률을 높이도록 지원할 수 있다. ITU의 Fellowship 프로그램 등 국제표준화기구를 통한 ICT 분야 국제표준화 교육을 통해 남북한의 ICT 표준화 수준 격차가 줄어들게 되면 현행되는 한국정보통신협회(TTA)의 단계별 맞춤 지원 프로그램을 북한 실정에 맞춰 지원할 수도 있다. 또한, KATS의 개도국 표준체계 보급 지원 사업을 통해 북한의 표준화 현황을 연구·분석하여 효율성 높은 사업의 지원과 남북 간 협력을 추진할 수 있다. 통일에 있어 표준화 통합의 비중과 가치를 생각하면 남한의 북한 표준화 지원은 소모가 아닌 투자이다.

한반도 통일에서 표준화 통합은 경제적 효과를 넘는 의미가 있다. 경제적 비용 절감과 동일한 가치로 남북한의 생활 방식과 심리적 괴리를 통합하는 데 기여한다는 큰 의미가 있기 때문이다. 더욱이 통일 국가를 겨냥한 표준화 통합 추진 사업에 새롭게 형성되는 이해 관계자들이 함께 참여하고 이들의 이해관계를 민주적이며 효율적으로 조정해가는 표준화 거버넌스의 방식으로 작동시킬 수 있다면, 표준화 통합은 남북통일과 한반도 통합의 핵심 영역이 될 것이다. 물론 그 표준화의 통합은 국가 통일 이전에 협력 과정이 필요하며 그런 의미에서 표준화 교류 협력은 궁극적으로 통일 후 경제 및 사회 통합에 지향점을 두어야 할 것이다. 그것이 한 세기에 이르는 장기간의 한반도 분단의 후유증을 신속하게 극복하는 첩경이 될 것이다. 분단 100년을 앞두고 반드시 한반도의 평화통일이라는 대의명분에 미력하나마 기여하고자 하는 것이 본서의 집필 목적이다.

부록1

북한 규격화 관련 국가규격(KPS)

국규 1.0-2006	국가규격화사업 – 0부: 기본규정
국규 1.2-2006	국가규격화사업 – 2부: 규격의 작성, 승인 및 검토절차
국규 1.6-2008	국가규격화사업 – 6부: 규격문건의 양식 및 치수

조선민주주의인민공화국국가규격

국규 1-0:2006

국가규격화사업 - 0 부:기본규정

국규 1-0:2000
대신
국규 1-1:2000

분류 ㅆ 91

실 시   주체 95(2006)-07-01 부터

주체 105(2016)-12-31 까지

1. 적용범위

이 규격은 규격화사업에서 엄격한 제도와 질서를 세우기 위한 방법과 요구들을 규정한다.

2. 인용규격

국규 1-2:2006《국가규격화사업-2 부:규격의 작성, 승인 및 검토절차》

국규 1-7:2002《국가규격화사업-7 부:규격내용 쓰는 방법》

3. 규격화의 목적과 기본과업

3.1. 규격화의 목적

규격화의 목적은 위대한 령도자 김정일동지의 선군혁명령도를 높이 받들고 규격화사업 부문에 주신 위대한 수령 동지의 교시와 위대한 령도자 김정일동지의 교시, 당의 규격화정책을 철저히 관철하여 생산과 경영활동을 비롯한 사회경제 생활의 모든 분야에서 합리적 기준인 규격을 바로 정하고 철저히 적용하도록 함으로써 나라

의 경제와 문화, 과학기술발전을 촉진시키고 생산물의 질을 최상의 수준으로 올려세
우며 실리를 철저히 보장하여 인민생활향상과 강성대국 건설에 적극 이바지하도록
하는데 있다.

3.2. 규격화사업의 기본과업

3.2.1. 원료, 재료, 부분품 및 부분 조립품을 비롯한 제품의 질적 특성들과 그에
대한 검사 및 시험 방법과 수송 및 보관방법과 요구, 사용 및 운영조건에
대한 기준과 요구를 바로 정하여 높은 질을 보장하며 제품의 형 및 치수
의 불합리한 류형을 제한하고 필요한 품종을 확대하며 구조치수, 정수,
특성, 계렬의 통일화와 호환성을 보장하는 것이다.

3.2.2. 나라의 자원과 원료, 연료, 자재, 동력, 부속품, 공구들을 합리적으로 리
용하고 그 소비량을 낮추며 로동 지출을 줄이기 위한 기준과 요구들을
바로 정하여 생산물의 종합적 규격화를 실현하며 인민경제계획의 작성
과 물자소비기준, 가격, 로동정량 제정에서 실리를 보장하기 위한 합리적
인 기준들을 바로 정하는것이다.

　　1. 이 규격을 지키지 않을 때에는 법적제재를 받는다.

　　2. 이 규격은 승인기관의 승인없이 발행할수 없다.

3.2.3. 전국적 범위에서 측정의 유일성과 정확성을 보장하기 위한 검정수단과
방법을 통일적으로 규정하고 정보시대의 요구에 맞게 인민경제 생산물
과 기술경제정보의 분류 및 부호화를 실현하며 문건작성체계를 바로 세
우고 과학기술과 인민경제부문에 쓰이는 용어, 기호, 표식, 부호의 통일
성을 보장하는 것이다.

3.2.4. 로동안전, 환경보호, 위생안전을 비롯한 사람의 건강과 재산, 설비, 공정의
안전성 기준과 요구들을 바로 정하고 사회생활과 경제활동의 모든 분야에
서 편리성을 보장하기 위한 통일적인 기준을 합리적으로 정하는것이다.

3.2.5. 현행 규격들을 선진과학기술과 현실발전의 요구에 맞게 제때에 검토하
고 고쳐나감으로서 나라의 규격화수준을 끊임없이 높이는 것이다.

3.2.6. 제정된 규격들을 교육, 문화, 과학기술, 생산활동을 비롯한 인민경제 모든 분야에 제때에 도입하도록 함으로써 정보산업시대의 요구에 맞게 제품의 질을 최상의 수준에서 보장하도록 하는 것이다.

3.2.7. 국가규격을 국제규격으로 채택하는 사업을 적극적으로 벌리며 국제규격화 활동에 적극 참가하여 경제와 문화, 과학기술 분야에서 국제적 교류의 유리한 조건을 마련하고 나라의 경제와 인민생활을 세계적 수준으로 올려세우는 것이다.

4. 규격의 부류 및 종류

4.1. 규격의 부류와 규격화 대상

4.1.1. 조선민주주의인민공화국 국가규격(《국규》)

국가규격화대상은 인민경제적으로 중요한 의의를 가지며 전국적범위에서 통일성을 보장하기 위하여 적용하는 대상으로서 용어, 기초, 측정단위, 표기방법과 같은 기초규격대상, 관리기준, 설계기준, 위생학적 기준, 환경보호기준, 인민경제 여러 부문에서 공통적으로 쓰이는 원료, 재료, 부분품 및 부분 조립품, 부속품, 공구, 기구와 같이 호환성을 보장하여야 할 대상, 검수 규정, 시험 방법과 같은 대상, 중요 정책적 지표와 전략적 지표, 전문화 지표들이 속한다.

비고: 국가규격화대상 가운데서 규격을 도입할 때 원료조건, 설비조건을 비롯한 경제적 조건으로 하여 정해진 기술경제적 지표와 값에 도달하지 못하는 대상, 과학기술적으로 일정한 기간 실천적 검증이 필요한 대상은 국가림시규격(《림규》)로 정한다.

주: 조선민주주의인민공화국 국가규격의 대외적 략호는 《KPS》이다.

4.1.2. 부문규격(《부규》)

부문규격화 대상은 국가규격 밖의 대상 가운데서 해당 전문부문에서 통일성을 보장하기 위하여 적용하는 대상으로서 부문안에서 생산 및 리용하기 위한 기계, 설비, 공구, 기구, 부분품원료, 재료들과 부문안에서 적용되는 용어, 부호, 표식, 공정관리기준, 요구 등이 속한다.

4.1.3. 도(직할시)규격 (《도(시)규》)

도(직할시)규격화 대상은 국가규격, 부문규격 밖의 대상 가운데서 해당 도(직할시)의 범위에서 통일성을 보장하기 위하여 적용하는 대상으로서 도(직할시)안의 지방공업기업소들과 생활필수품 생산단위에서 생산하는 제품, 인민소비품들과 도(직할시)안의 기관, 기업소들에서 경영상 통일시켜야 할 대상들이 속한다.

4.1.4. 시(구역), 군규격 (《군(시)규》)

시(구역),군규격화대상은 시(구역), 군범위에서 통일성을 보장하기 위하여 적용하는 대상으로서 해당시(구역), 군안의 자체원료와 자재로 생산하여 자체로 소비하기 위한 제품, 인민소비품들이 속한다.

비고: 호환성을 보장하기 위한 기계설비, 부속품, 전기 및 전자제품, 측정수단은 제외한다. 4.1.5 기업소규격(《기규》)

기업소규격화 대상은 국가규격, 부문규격, 도(직할시)규격, 시(구역), 군규격밖의 대상가운데서 련합기업소(또는 그와 같은 기능을 수행하는 기관, 기업소)와 개별적기관, 기업소 범위에서 적용하는 대상으로서 생산 및 경영관리기준, 요구, 방법들과 자체로 생산 보장하는 부분품, 부분조립품들이 속한다.

4.2. 규격의 종류

4.2.1. 규격의 종류는 크게 기술규격, 조직방법 규격, 관리규격으로 구분한다.

4.2.2. 규격의 종류에서 기본은 기술규격이다. 기술규격은 기초규격, 제품규격, 표준공정규격, 안전 및 환경보호 규격으로 나눈다.

4.2.3. 규격의 종류별 내용구성 및 서술방법은 국규 1-7:2002의 7 에 준한다.
4.2.4 규격의 종류는 규격화 대상의 구체적 특성과 사명, 전문분야 등에 따라 더 구체적으로 구분할 수 있다.

5. 규격화기관
5.1. 규격지도기관

5.1.1. 규격지도기관은 기술전문 부문별 및 행정적, 지역적 범위에 따라 중앙규격지도기관, 부문규격지도기관, 도(직할시)규격지도기관, 시(구역), 군규격지도기관, 기업소규격지도기관으로 구분한다.

5.1.2. 각급 규격지도기관은 웃규격지도기관의 지도밑에 해당 범위에서의 규격화사업에 대하여 책임진다.

5.1.3. 규격지도기관은 해당 범위 안에서 기관책임자를 위원장으로, 기관부책임자를 부위원장으로, 규격부서(또는 주관부서)책임자를 서기장으로 하고 계획, 가격부문 일군들과 해당 규격기초기관책임자 및 기타 필요한 기술일군들로써 규격합평회(중앙규격지도기관은 비상설국가규격제정위원회)를 조직 운영한다.

5.1.4. 규격지도기관은 다음과 같은 사업을 진행한다.

5.1.4.1. 규격화 사업에 관한 위대한 수령 동지의 교시와 위대한 령도자 김정일동지의 교시, 당의 결정, 지시를 철저히 관철하며 웃규격 지도기관이 주는 지시, 과업들을 제 때에 정확히 집행하기 위한 대책을 세운다.

5.1.4.2. 해당 범위에서 과학기술발전규격화계획을 통일적으로 세우고 그 집행을 위한 사업을 지도 통제한다.

5.1.4.3. 비상설국가규격제정위원회 또는 규격합평회를 정상적으로 조직운영하여 제기된 규격들을 제때에 승인, 공포하고 해당 기관, 기업소에 보급하며 표준물질과 기준 견본에 대한 심의, 등록사업을 조직 진행한다.

5.1.4.4. 규정된 절차에 따라 해당 범위의 규격기초기관들을 바로 정하고 정상적으로 장악, 지도, 검열 통제한다.

5.1.4.5. 해당 기관, 기업소에 대한 규격적용판정사업을 정상적으로 진행하여 국가규격을 비롯한 모든 규격들을 제 때에 정확히 적용하도록 한다.

5.1.4.6. 분기 1차씩 규격화사업 정형을 종합하여 웃규격지도기관에 제출한다. 5.1.4.7 제기된 신소와 청원을 처리한다.

5.2. 규격기초기관

5.2.1. 규격기초기관은 각급 규격지도기관의 소속 관계에 따라 국가규격기초기관, 부문규격 기초기관, 도(직할시)규격 기초기관, 시(구역), 군규격 기초기관, 기업소규격 기초기관으로 구분한다.

5.2.2. 규격기초기관은 해당 규격지도기관이 웃규격 지도기관의 합의를 받아 정한다.

5.2.3. 규격기초기관은 규격화 사업에서 해당 규격지도기관의 행정적 지도와 웃규격 기초기관의 방법론적, 기술적 지도를 받는다.

5.2.4. 규격기초기관은 다음과 같은 사업을 진행한다.

5.2.4.1. 규격초안(신제정, 고침, 일부 고침, 기일연장 및 폐기)에 대한 심의를 진행하며 필요한 경우에 따라 규격을 직접 작성한다.

5.2.4.2. 과학기술발전규격화계획 초안을 작성하여 해당 규격지도기관에 제정된 기일 안에 제출하며 승인된 계획을 철저히 집행한다.

5.2.4.3. 규격정보를 수집, 분석하여 규격정보자료기지를 조성하고 관리하며 승인된 규격과 규격출판물들을 출판, 인쇄, 보급한다.

5.2.4.4. 나라의 경제발전과 과학기술발전추세를 정상적으로 연구 분석하며 그에 맞는 규격화 리론과 방법에 대한 연구사업을 진행한다.

5.2.4.5. 중앙규격지도기관의 통일적인지도 밑에 국제규격화기구의 기술위원회, 분과위원회, 작업그루빠의 실무사업을 맡아하며 분담된데 따라 국제규격 초안에 대한 심의, 표결과 규격화 교류활동에 참가한다.

5.2.4.6. 규격지도기관의 지도 밑에 규격적용판정사업 또는 검열감독사업에 참가한다. 5.2.4.7 규격화 사업 정형에 대하여 분기 1차씩 해당 규격지도기관에 보고한다.

6. 규격화 계획

6.1. 규격화 계획 작성의 일반적 요구

6.1.1. 규격화 계획은 위대한 수령 김일성 동지의 교시와 위대한 령도자 김정일 동지의 교시, 당 정책적 요구, 인민경제발전계획 및 과학기술발전계획에 맞게 작성하여야 한다.

6.1.2. 규격화 계획은 강성대국 건설의 요구에 맞게 과학기술성과와 실천적 경험, 사회생활과 경제활동의 현 실태를 충분히 조사, 장악하고 국제적 범위에서 규격화사업 발전추세를 깊이 연구 분석하여 전망성있게 작성하여야 한다.

6.1.3. 규격화계획은 계획의 일원화, 세부화 원칙에 맞게 규격화 사업에서 통일성과 구체성이 보장되도록 작성하여야 한다.

6.1.4. 규격화계획은 인민경제 여러 부문에서 원료조건과 자재, 설비조건, 로력, 자금타산과 시험조건 등 경제적 조건들을 구체적으로 타산하고 사회경제적 효과성 및 도입 가능성을 과학적으로 예측하여 사회생활과 경제활동에서 실리를 철저히 보장할 수 있도록 작성하여야 한다.

6.1.5. 규격화계획은 과학자, 기술자, 경제관리일군들을 비롯한 광범한 군중의 충분한 협의에 기초하여 현실성있게 작성하여야 한다.

6.2. 규격화 계획의 작성

6.2.1 규격화 계획은 수행 기간에 따라 전망규격화계획과 년간 규격화 계획으로 작성한다.

　a) 전망규격화 계획은 일정한 기간(2년 이상)안에 나라의 과학기술발전전망과 사회생활 및 경제활동의 현실태와 발전전망, 국제적 범위에서 규격화 발전 추세를 고려하여 규격화 분야에서 도달하여야 할 방향과 목표를 제시한 계획이다.

　b) 년간 규격화 계획은 전망규격화계획을 구체화하며 당 정책적 요구에 따라 당면하게 제기되는 규격화 과업들을 제 때에 철저히 집행하기 위한 현행계획이다.

6.2.2 규격화 계획 항목은 규격작성계획(검토계획 포함)과 규격화 연구계획으로 구분한다.

6.2.3 규격화 계획지표에는 국가지표, 성지표, 지방지표, 기업소 지표가 속한다.

6.2.4 규격화 계획 초안은 각급 규격기초기관이 작성하여 해당 규격지도기관에 매해 7월까지 규격화 계획 과제 기초표로 작성하여 제출하여야 한다.

6.2.5 각급 규격지도기관들은 규격화 계획 초안을 종합검토하고 해당 계획기관에 제기하여 승인받아 집행하도록 한다.

6.3. 규격화 계획의 집행

6.3.1. 각급 규격지도기관들은 해당 규격기초기관과 기관, 기업소에 이르기까지 승인된 규격화 계획을 제 때에 정확히 시달하여야 하며 철저히 집행하도록 장악, 지도, 통제하여야 한다.

6.3.2 기관, 기업소들은 시달된 규격화 계획을 집행하기 위한 조직사업을 짜고들어 월별, 분기별로 어김없이 수행하여야 한다.

6.3.3. 각급 규격지도기관, 규격기초기관, 기관기업소들은 규격화 계획집행 정형을 분기 1차씩 종합하여 내각에 이르기까지 정상적으로 보고하여야 한다.

7. 규격의 제정

7.1 규격 제정의 기본원칙

7.1.1. 규격은 위대한 수령 김일성 동지의 교시와 위대한 령도자 김정일 동지의 교시, 당정책에 철저히 의거하여 주체적 립장에 튼튼히 서서 우리나라의 구체적 실정과 조건에 맞게 주체성과 민족성을 살려 제정하여야 한다.

7.1.2. 규격은 생산자와 수요자, 과학자, 기술자, 경제부문 일군들을 비롯한 광범한 군중의 의사와 요구를 충분히 받아들이고 집체적 협의 원칙에서 제정하여야 한다.

7.1.3. 규격은 사회생활과 경제활동에서 이룩한 성과와 실천적 경험, 나라의 경제발전 및 과학기술발전전망을 고려하여 인민생활을 끊임없이 높이고

강성대국 건설에서 실리를 보장할 수 있도록 과학성, 현실성, 실리성의 원칙에서 제정하여야 한다.

7.2. 규격 제정의 일반요구

7.2.1. 규격은 규격화 사업과 관련된 법규정, 지도서 및 련관된 규격들과 모순 되지 않게 제정하여야 한다.

7.2.2. 규격은 중앙규격지도기관이 규정한 규격제정절차와 방법에 준하여 제정 하여야 한다.

7.2.3. 규격은 인민경제 계획 작성으로부터 제품생산, 품질검사, 류통, 소비에 이르기까지 사회생활과 경제활동의 모든 분야에서 서로 유기적으로 결 합되고 통일성과 종합적 맞물림이 보장되도록 제정하여야 한다.

7.2.4. 규격은 실험 또는 시험검증을 통하여 모든 지표와 지표값, 요구사항들에 대한 과학기술적 타당성과 근거가 명백하게 규정되도록 제정하여야 한다.

7.2.5. 규격은 세계적 범위에서 최신과학기술발전과 규격화사업 발전 추세, 현 실적 경험들을 깊이 연구 분석하고 우리나라의 구체적 실정과 조건에 맞 게 받아들여 제정하여야 한다. 비고: 용어, 기호, 표기 방법, 측정단위와 같은 기초규격들은 국제규격과 완전 일치시키며 제품규격은 경제기술 발전에 따라 점차적으로 일치시켜 제정한다.

7.2.6. 국가규격으로 제정된 대상은 다른 부류의 규격으로 제정할 수 없으며 부 문규격, 도(직할시) 규격으로 제정된 대상은 시(구역), 군규격이나 기업소 규격으로 제정할 수 없다. 비고: 시, 군에서 자체로 생산 및 소비하는 인 민소비품은 국가규격, 부문 규격이 제정되여 있어도 시 (구역), 군규격으 로 제정할 수 있다. 이때《국규》,《부규》보다 질적요구를 높일수 있으며 규정된 계렬을 제한할 수 있다.

7.2.7. 규격은 사회생활과 경제활동의 현실적 조건과 과학기술발전에 맞게 시 기성을 보장하고 실시기일을 합리적으로 규정하여 제정하여야 한다. 제 품규격은 5 년, 기초규격, 조직방법 규격, 관리규격은 10년, 자연환경과

류행되는 관습의 영향을 받는 규격은 3년, 림시 규격은 1~2년 범위에서 정한다. 제품규격 가운데서 분류규격, 자호 규격, 시험법 규격 등 과학기술발전에 따라 제품의 질에 근본적 영향을 주지 않는 규격들은 10년 범위에서 정할수 있다.

7.2.8. 모든 규격은 규격 초안 작성단계, 규격 초안 심의 및 제정안작성단계, 제정안승인단계로 제정한다. 비고: 규격제정문건의 형식과 규격에 첨부되는 문건 및 내용쓰는 방법은 국규 1-2:2006의 3.3 에 준한다.

8. 규격의 도입

8.1. 모든 부류의 규격은 소속에 관계없이 해당 적용단위에서 법적성격을 가지며 의무적으로 도입하여야 한다.

8.2. 기관, 기업소는 인민경제계획 작성, 물자 소비기준, 가격, 로동정 량의 제정과 모든 제품의 생산, 검사, 판매, 류통 등 사회생활과 경제활동의 모든 분야에서 해당 규격을 정확히 도입하여야 한다.

8.3 기관, 기업소는 각급 규격지도기관이 승인한 규격들에 대한 도입대책 계획을 구체적으로 세우고 조직사업을 짜고 들어 철저히 집행하여야 한다.

8.4. 규격을 도입할 때 국가적인 보장을 받아야 할 대상은 인민경제발전 계획의 해당 항목에 맞물려 집행하여야 한다.

8.5. 경제적 조건으로 불가피하게 승인된 규격을 적용하지 못하는 경우에는 제때에 해당 규격지도기관에 제기하여 대책을 세워야 한다.

8.6. 실시기일이 지난 규격은 적용할 수 없다. 기관기업소는 규격의 유효기간을 정확히 지켜야 하며 모든 규격은 실시기일이 끝나기 1년전에 검토하고 6개월전까지 고침, 일부 고침, 기일연장 또는 폐기하는 문건을 해당 규격지도기관에 제출하여야 한다.

8.7. 국가림시규격은 실시기일이 끝나면 자동적으로 폐기한다. 기관, 기업소는 국가림시규격의 도입 기간에 기술적 지표와 지표값들을 확정하고 실시기일이 끝나기 6개월 전까지 국가규격으로 제정받기 위한 문건을 제기하여야 한다.

9. 규격화 사업에 대한 감독 통제

9.1. 규격화 사업에 대한 감독 통제는 중앙규격지도기관을 비롯한 해당 규격지도기관이 한다.

9.2. 필요한 경우 규격지도기관의 위임에 따라 해당 규격기초기관도 규격적용 및 질 판정과 감독, 검열사업에 참가할 수 있다.

9.3. 규격화사업에 대한 감독 통제는 규격적용판정사업을 기본으로 하여 진행한다. 규격적용판정대상은 해당 규격지도기관이 정하며 판정받아야 할 기관, 기업소에 사전에 알려주고 집행하여야 한다.

9.4. 규격 적용 판정사업 내용은 다음과 같다.

a) 규격화사업 부문에 주신 위대한 수령 동지의 교시와 위대한 령도자 김정일 동지의 교시, 당과 국가의 결정, 지시에 따라 규격을 제 때에 제정, 도입하고 있는가

b) 과학기술발전규격화계획을 바로 세우고 그 집행조직과 총화사업을 바로하고 있는가

c) 규격합평회를 정상적으로 조직하며 규격을 국가가 정한 절차와 방법대로 제때에 작성, 심의, 승인하고 있는가

d) 규격승인을 받지 않고 생산계획, 가격, 물자소비기준, 로동 정량을 제정받거나 제품을 생산하며 제정된 규격의 요구를 지키지 않는 현상이 없는가

e) 규격의 유효기간을 정확히 지키며 제 때에 검토하고 있는가

f) 제품 또는 상표에 규정대로 규격략호와 번호, 승인년도를 표기하고 있는가

g) 표준물질, 기준견본을 제정된 절차에 따라 등록받고 있는가

h) 규격제정상금을 바로 적용하고 있는가

i) 대외경제계약을 해당 규격에 준하여 맺고 있는가

9.5. 각급 규격지도기관은 규격의 작성, 도입에서 국가에 많은 리익을 준 일군에게는 제정된 절차에 따라 해당한 평가와 상금을 제기하여야 한다.

9.6. 규격적용판정과정에 결함이 나타났을 때에는 그에 근거하여《규격적용위반조서》를 작성하고 해당 일군과 기관, 기업소의 확인(공인 및 수표)을 받아야 한다.

9.7. 기관, 기업소 책임 일군들과 개별적 공민이 규격화 사업과 관련한 법 규정 세칙들과 규격의 요구를 위반하였을 경우에는 그 정도에 따라 행정적 및 형사적 책임을 지운다.

9.8. 각급 규격지도기관들은 규격화사업에 대한 감독, 검열사업 결과를 웃단위 규격지도기관과 해당 기관에 통보하여야 한다.

조 선 민 주 주 의 인 민 공 화 국 국 가 규 격

국규 1-2:2006

국가규격화사업-2부: 규격의 작성, 승인 및 검토절차

국규 1-0:2000

대신

국규 1-1:2000

분류 ㅆ 91

실 시 주체 95(2006)-07-01 부터

주체 105(2016)-12-31 까지

1. 적용범위

이 규격은 국가규격, 부문규격, 도(직할시)규격, 시(구역), 군규격, 기업소규격의 작성, 심의, 승인, 등록 및 검토절차와 방법을 규정한다.

2. 인용규격

국규 1-6:2002《국가규격화사업-6 부:규격책의 판형 및 치수》

국규 1-7:2002《국가규격화사업-7 부:규격 내용 쓰는 방법》

국규 1-10:2002《국가규격화사업-10 부:규격에 국제규격을 일치시키는 방법》

국규 10810-0:2001《규격화의 경제적 효과성-일반규정》

국규 10810-1:2001《규격화의 경제적 효과성-규격작성비 계산방법》

국규 10810-2:2001《규격화의 경제적 효과성-규격도입비 계산방법》

국규 10810-3:2001《규격화의 경제적 효과성-자료종합방법》

3. 규격의 작성 및 제출절차

3.1. 규격 초안의 작성

3.1.1. 모든 부류의 규격 초안은 과학연구기관, 설계기관, 생산 및 수요기관, 기업소를 비롯한 모든 기관, 기업소의 개별적 일군들이 작성하거나 유능한 과학자, 기술자, 전문가, 설계가, 생산자, 수요자, 경제 일군들을 망라하는 규격 작성조를 구성하여 작성한다.

3.1.2. 당 정책적 요구에 따라 국가적으로 긴급하게 제기되는 규격화 대상은 중앙규격지도기관이 직접 작성할 수 있다.

3.1.3. 과학연구 과제 수행을 위하여 새 제품을 생산하려고 하는 대상에 대한 규격 초안은 과학연구 과제를 담당 수행하는 기관, 기업소가 작성한다.

3.1.4. 발명, 창의고안을 비롯한 새 기술의 도입과 새 제품개발을 위한 규격화 대상에 대한 규격 초안은 그것을 직접 도입, 생산하는 기관, 기업소가 작성한다.

3.1.5. 규격 초안은 규격화 대상에 대한 과학연구 성과와 기술발전수준, 생산 및 수요의 현실태를 비롯한 경제자료조사와 련관규격 자료조사, 국제규격 및 다른 나라 규격자료조사를 구체적으로 진행하여 과학성과 현실성이 보장되도록 작성하여야 한다.

3.1.6. 규격 초안은 사회생활과 경제활동에서 가장 합리적인 방안을 찾아내고 규격화의 경제적 효과성을 과학적으로 예측하여 실리가 확고히 보장되도록 작성하여야 한다. 규격화의 경제적 효과성 계산 방법은 국규 10810-0:2001 ˜ 국규 10810-3:2001에 준한다.

3.1.7. 규격 초안의 양식 및 치수와 규격내용 쓰는 방법은 국규 1-6:2002, 국규 1-7:2002, 국규 1- 10:2002에 준한다.

3.2. 규격의 제출절차

3.2.1. 국가규격제출절차

   3.2.1.1. 국가규격 초안을 작성한 기관, 기업소는 기관, 기업소규격합평회에서 합평하고 합평회회의록을 첨부하여 해당 기관, 기업소가 속한 부문규격지도기관 또는 도(직할시)규격지도기관에 보내야 한다.

   3.2.1.2. 부문 또는 도(직할시)규격지도기관은 기관, 기업소가 제출한 국가규격초안을 30일 안으로 해당 규격합평회에서 합평하고 부문 또는 도(직할시)합평회회의록을 첨부하여 중앙규격지도기관에 보내야 한다.

   3.2.1.3. 국가규격초안에 대한 심의는 국가규격제정연구소가 한다. 국가규격제정연구소는 중앙규격지도기관이 내려보낸 국가규격 초안에 대한 기술경제적 타당성, 현실적 가능성 및 실리성을 국내외적 수준에서 과학적으로 따져보고 국가규격합평회회의록과 심의서를 첨부한 국가규격 제정안을 중앙규격지도기관에 제출하여야 한다.

   3.2.1.4. 중앙규격지도기관은 국가규격제정안을 검토하고 비상설국가규격제정위원회에 제출하여야 한다.

3.2.2. 부문규격 제출 절차

   3.2.2.1. 부문규격을 작성한 기관, 기업소는 부문규격 초안을 기관, 기업소규격합평회에서 합평하고 기관, 기업소규격합평회회의록을 첨부하여 해당 부문규격지도기관에 보내야 한다.

   3.2.2.2. 부문규격 초안에 대한 심의는 부문규격 기초기관이 한다. 부문규격기초기관은 부문규격 지도기관이 내려보낸 부문규격 초안에 대하여 해당 기관, 기업소와 련계하에 기술경제적, 타당성과 현실적가능성 및 실리성을 과학기술적으로 심의하고 합평회회의록과 심의서를 첨부한 부문규격 제정안을 해당 부문규격지도기관에 제출하여야 한다.

   3.2.2.3. 부문규격지도기관은 부문규격 제정안을 검토하고 부문규격합평회에 제출하여야 한다.

3.2.3. 도(직할시)규격제출절차

　　3.2.3.1. 도(직할시)규격을 작성한 기관, 기업소는 규격 초안을 기관, 기업소규격합평회에서 합평하고 기관, 기업소규격합평회회의록을 첨부하여 해당 도(직할시)규격지도기관에 보내야 한다.

　　3.2.3.2. 도(직할시)규격초안에 대한 심의는 도(직할시)규격기초기관이 한다. 도(직할시)규격기초기관은 도(직할시)규격지도기관이 내려보낸 도(직할시)규격초안에 대한 기술경제적 타당성과 현실적가능성, 실리성을 과학기술적으로 심의하고 합평회회의록과 심의서를 첨부한 도(직할시)규격제정안을 해당 도(직할시)규격지도기관에 제출하여야 한다.

　　3.2.3.3. 도(직할시)규격지도기관은 도(직할시)규격제정안을 검토하여 도(직할시)규격합평회에 제출하여야 한다.

3.2.4. 시(구역), 군규격 제출절차

　　3.2.4.1. 시(구역), 군규격을 작성한 기관, 기업소는 규격 초안을 기관, 기업소규격합평회에서 합평하고 기관,기업소합평회회의록을 첨부하여 해당 시(구역), 군규격지도기관에 보내야 한다.

　　3.2.4.2. 시(구역), 군규격 초안에 대한 심의는 시(구역), 군규격기초기관이 한다. 시(구역), 군규격기초기관은 시(구역), 군규격지도기관이 내려보낸 규격초안에 대한 기술경제적타당성, 현실적 가능성 및 실리성을 과학기술적으로 심의하고 합평회회의록과 심의서를 첨부한 시(구역), 군규격 제정안을 해당 시(구역), 군규격지도기관에 제출하여야 한다.

　　3.2.4.3. 시(구역), 군규격지도기관은 시(구역), 군규격 제정안을 검토하고 시(구역), 군규격합평회에 제출하여야 한다.

3.2.5. 기업소규격 제출절차

　　3.2.5.1. 기업소규격초안은 기관, 기업소규격합평회에서 합평하고 기관, 기업소규격합평회회의록을 첨부하여 기관, 기업소규격기초기관에 보내야 한다.

3.2.5.2. 기관, 기업소규격기초기관은 기업소 규격초안에 대한 기술경제적 타당성, 현실적가능성 및 실리성을 과학기술적으로 심의하고 심의서를 첨부한 기업소규격제정안을 기관, 기업소규격지도기관에 제출하여야 한다.

3.2.5.3. 기관, 기업소규격지도기관은 기업소규격 제정안을 검토하고 기관, 기업소규격합평회에 제출하여야 한다.

3.3. 규격문건의 형식 및 첨부문건의 내용

3.3.1. 규격문건의 형식

3.3.1.1. 모든 부류의 규격 초안을 해당 규격기초기관심의에 제출할 때에는 규격 초안과 함께 기술경제적설명서, 규격작성기관 규격합평회회의록과 웃단위 규격지도기관합평회회의록(또는 합의서)를 첨부하여야 한다. 비고:발명, 창의고안, 새 기술도입, 새 제품생산과 관련된 규격초안에는 국가과학기술심의위원회 또는 해당 부문이나 분과과학기술심의위원회의 과학기술평정서와 과학기술성과심의등록통지서(사본), 도입평정서를 첨부하여야 한다.

3.3.1.2. 모든 부류의 규격제정안을 해당 규격지도기관이 운영하는 규격합평회(또는 비상설국가규격제정위원회)에 제출할 때에는 규격제정안과 함께 규격기초기관심의서와 합평회회의록, 규격초안과 초안을 제기할 때의 문건들을 첨부하여야 한다.

3.3.1.3. 모든 규격 초안에는 규격초안 작성기관 이름 및 기관명판과 공인, 작성자이름과 수표가 있어야 하며 규격제정안에는 규격심의기관 이름 및 심의자이름, 심의기관 책임일군들의 수표가 있어야 한다.

3.3.2. 규격에 첨부하는 문건내용

3.3.2.1. 기술경제적 설명서에는 다음과 같은 내용들을 써야 한다.

  a) 규격작성의 목적 또는 필요성

  b) 규격화대상의 현존실태와 질지표상태, 수요 및 운영실태

  c) 규격초안에 반영한 질지표 및 지표값, 기준, 요구 등의 설정 원칙과 과학

기술적근거, 시험 또는 실험분석자료

d) 규격화대상의 사회적 및 기술경제적 효과성 타산 자료

e) 규격도입에서 제기되는 대책적문제와 예정실시시간

f) 규격작성에 리용된 참고문헌 및 자료목록

3.3.2.2. 심의서에는 다음과 같은 내용들을 써야 한다.

a) 규격제정의 목적 또는 필요성의 타당성

b) 규격에 지적된 내용들의 설정 원칙과 근거에 대한 정확성과 과학성

c) 련관규격 및 법규정들과의 호상관계

d) 필요한 경우 국제규격 및 다른 나라규격과의 대비자료

e) 합평회에서 제기된 의견에 대한 처리 정형

f) 사회적 및 기술경제적 효과성 타산의 정확성

g) 규격도입대책 및 유효기간설정

3.3.2.3. 규격합평회회의록에는 다음과 같은 내용들을 써야 한다.

a) 규격의 제목

b) 합평회 장소 및 날자

c) 집행자 또는 기록자 이름

d) 합평회 참가자들의 직장, 직위, 이름 및 수표

e) 합평회에서 제기된 의견

4. 규격의 승인, 등록, 공포절차

4.1. 규격의 승인

4.1.1. 국가규격제정안은 중앙규격지도기관이 운영하는 비상설국가규격제정위
원회에서 승인(또는 부결, 보류)한다.

4.1.2. 부문규격, 도(직할시)규격, 시(구역),군규격, 기업소규격 제정안은 해당 규
격지도기관이 운영하는 규격합평회에서 승인(또는 부결, 보류)한다.

4.1.3. 비상설국가규격제정위원회 또는 규격합평회에서 규격제정안 발표는 해
당 규격을 심의한 일군 또는 규격초안 작성자가 한다.

4.1.4. 비상설국가규격제정위원회 또는 규격합평회에서 서기장은 토의된 문제와 의견처리정형을 회의록에 기록하며 회의참가자들의 수표를 받아야 한다.

4.2. 규격의 등록, 합의등록

4.2.1. 승인된 국가규격은 《국가규격 등록대장》에 등록하며 원안을 보관하여야 한다.

4.2.2. 승인된 부문규격, 도(직할시)규격은 중앙규격지도기관의 합의등록을 받아야 하며 합의 등록된 부문규격, 도(직할시)규격은 《부문규격등록대장》 또는 《도(직할시)규격등록대장》에 등록하고 원안을 보관하여야 한다.

4.2.3. 시(구역)군규격은 이미 제정된 국가규격, 부문규격, 도(직할시)규격가운데서 시(구역), 군자체로 생산 및 소비하기 위한 인민소비품들을 시(구역), 군규격으로 정하는 경우에만 도(직할시)규격지도기관의 합의 등록을 받아야 한다. 합의 등록된 시(구역), 군규격은 《시(구역), 군규격 등록대장》에 등록하고 원안을 보관하여야 한다.

4.2.4. 기업소규격은 중앙급 기업소인 경우에는 해당 부문규격 지도기관에, 지방급 기업소인 경우에는 도(직할시)규격지도기관에, 시(구역), 군급 공장, 기업소인 경우에는 시(구역), 군규격지도기관의 합의 등록을 받아야 한다. 합의 등록된 기업소규격은 《기업소규격등록대장》에 등록하고 원안을 보관하여야 한다.

비고: 부문규격지도기관이 따로 없는 중앙급 기업소의 기업소규격은 중앙규격지도기관의 합의 등록을 받아야 한다.

4.2.5. 합의 등록하는 모든 부류의 규격에는 합의등록번호와 합의 등록 년, 월, 일을 밝힌 합의등록도장을 찍으며 규격의 일원화원칙과 어긋나는 경우에는 부결 또는 수정하도록 하여야 한다.

4.2.6. 승인, 합의 등록된 모든 부류의 규격에는 해당 규격의 략호와 유일등록번호, 승인년도를 표기하여야 한다.

비고:

  1) 규격략호 및 번호, 승인년도 쓰는 방법은 국규 1-7:2002의 5.1.2에 맞아야 한다.

2) 국제규격과 일치시킨 규격의 규격략호와 번호, 승인년도 및 일치 정도 표시기호 쓰는 방법은 국규 1-10:2002에 맞아야 한다.

4.3. 규격의 공포

4.3.1. 모든 규격은 승인, 합의등록을 받은 다음에 공포하여야 한다.

4.3.2. 모든 규격지도기관은 해당 규격기초기관, 기업소, 규격작성기관, 기업소, 규격제정을 신청한 기관, 기업소에 규격의 승인여부를 10일 안으로 알려주어야 한다.

4.3.3. 모든 규격지도기관, 규격기초기관은 승인된 규격을 인쇄하여 해당 규격을 적용하여야 할 기관, 기업소에 30일 안으로 보내주어야 한다.

4.3.4. 모든 규격지도기관은 《규격공보》, 규격목록을 통하여 새로 승인된 규격, 고침, 일부고침, 기일 연장, 폐기한 규격들을 제 때에 통보하여야 한다.

5. 규격의 검토절차

5.1. 규격검토의 일반적 요구

5.1.1. 이미 제정된 모든 부류의 규격은 나라의 과학기술발전수준과 인민경제 발전의 현실적 요구에 맞게 제때에 검토하여야 한다.

5.1.2. 규격의 검토는 해당 규격의 유효기간이 끝나기 1년전에 과학기술발전규격화계획에 맞물려 진행하여야 한다.
비고: 위대한 령도자 김정일동지의 교시, 당의 방침과 결정, 지시에 따라 제기되는 대상은 설시기간과 계획에 관계없이 즉시 조직사업을 진행하여 집행하여야 한다.

5.1.3. 규격의 검토는 해당 규격을 작성한 기관, 기업소 또는 규격작성자가 책임지고 진행하여야 한다.

5.1.4. 해당 규격을 적용하는 기관, 기업소들은 규격의 적용과정에 제기되는 의견과 대책적 문제들을 규격검토기관, 기업소 또는 규격작성자에게 보내여 검토할 때 고려하도록 하여야 한다.

5.1.5. 모든 부류의 규격은 검토하여 과학기술수준과 경제적조건, 질적요구, 수요, 도입 가능성 등을 충분히 따져보고 고침, 일부고침, 기일연장 또는 폐기안을 작성하여 해당 규격의 실시기간이 끝나기 6개월 전에 해당 규격 지도기관에 제출하여야 한다.

5.1.6. 모든 부류의 규격을 검토하여 고침, 일부고침, 기일연장, 폐기할 때 심의, 승인에 제출하는 절차와 방법은 새 규격을 작성, 심의, 승인 및 공포할 때와 같은 방법으로 진행하여야 한다.

5.2. 규격의 고침

5.2.1. 규격의 고침은 과학연구성과 및 새 기술의 도입, 발명, 창의고안 등 과학기술적으로 새로운 요구가 제기되거나 현행규격에서 질적 요구와 경제적 조건들이 달라진 경우에 진행한다.

5.2.2. 규격의 고침은 현행규격에서 조항 또는 질지표, 지표값을 30%이상 고치는 경우 그를 대신하는 새 규격을 작성하는 방법으로 한다.

5.2.3. 규격을 고칠 때 그와 련관된 다른 규격들의 질적 요구와 호환성, 련관성 등에 영향을 주게 되는 경우에는 해당 련관규격들에 대한 검토를 동시에 진행하여야 한다.

5.2.4. 고침한 규격의 표기는 고침하기 전 규격의 승인등록번호와 고침을 승인한 년도로 쓴다. 이때 규격의 대신란에는 고침하기 전 규격의 승인등록번호와 년도를 써야 한다.

례: 국규 8085:2005

국규 8085:2000 대신

5.2.4. 고침한 규격은 해당 부류의 《규격목록》과 《규격공보》로 통보하여야 한다.

5.3. 규격의 일부 고침

5.3.1. 규격의 일부 고침은 현행규격에 설정된 요구 사항들을 한 두 조항 고치
　　　거나 보충, 삭제하여도 규격의 본질적인 질적요구 및 다른 규격들과의
　　　호환성, 련관성 등에 영향을 주지 않는 경우에 진행한다.

5.3.2. 규격의 일부 고침 문건양식과 치수 및 써넣는 방법은 국규 1-6:2002에
　　　맞아야 한다.

5.3.3. 일부고침한 규격은 규격번호와 년도, 규격이름, 분류, 일부 고침번호와
　　　함께 일부 고친 내용을《규격공보》로 통보하여야 한다.

5.3.4. 규격을 적용하는 모든 기관, 기업소들은 일부 고침한 내용을 해당 규격
　　　과 규격정보 자료기지에 제 때에 첨부하여야 한다.

5.3.5. 해당 규격을 다시 출판하려고 하는 경우에는 일부 고침한 내용을 포함시
　　　켜야 하며 이때 규격책 뒤표지의 작성자란에 규격작성자의 이름과 일부
　　　고침한 일군의 이름을 함께 밝혀야 한다.

5.4. 규격의 기일연장

5.4.1. 규격의 기일연장은 규격을 검토한 결과 고침 또는 일부 고침하지 않고
　　　현행규격을 연기하여 적용하는 경우에 진행한다.

5.4.2. 기일 연장한 규격은 규격등록대장에 그 정형을 등록하고《규격공보》로
　　　통보하여야 한다.

5.5. 규격의 폐기

5.5.1. 규격의 폐기는 규격을 검토한 결과 해당 규격을 적용할 필요가 없는 경
　　　우에 진행한다.

5.5.2. 폐기한 규격은 규격등록대장에서 삭제 표식을 하고《규격공보》로 통보
　　　하여야 한다.

조 선 민 주 주 의 인 민 공 화 국 국 가 규 격

국규 1-6:2008

국가규격화사업-6 부 : 규격문건의 양식 및 치수

국규 1-6:2008
대신
국규 1-6:2002

분류 ㅆ 91
실 시 주체 95(2006)-07-01부터
주체 105(2016)-12-31까지

1. 적용범위

이 규격은 국가규격, 부문규격을 비롯한 모든 부류의 규격문건과 규격에 첨부하는 문건들의 양식과 치수 및 써넣는 방법을 규정한다.

2. 인용규격

국규 1-7:2008《국가규격화사업 - 7 부:규격문건의 내용구성 및 쓰는 방법》

3. 규격문건의 크기

국가규격, 부문규격을 비롯한 모든 부류의 규격문건의 크기 치수는 표 1 에 맞아야 한다.

표 1

규격문건형식	기호	너비	길이	허용편차
규격 초안 문건	D5	182	257	
	A4	210	297	
규격제정안 문건	D5	182	257	
	A4	210	297	±2
인쇄한 규격문건	A4	210	297	
인쇄한 규격집	A4	210	297	
	A5	148	210	

4. 규격문건의 양식 및 치수

4.1. 국가규격문건의 양식 및 치수

4.1.1. 국가규격문건의 양식 및 치수는 그림 1 - 그림 16 에 맞아야 한다.

주: ( ) 안의 치수는 A4로 된 규격초안문건에 해당된다.

4.1.2. 국가규격제정안문건은 국가규격초안문건 양식 및 치수 또는 인쇄한 국가규격문건양식 및 치수에 맞아야 한다. 이때 국가규격초안문건 양식 및 치수에서《조선민주주의인민공화국 국가 규격 초안》대신에《조선민주주의인민공화국 국가규격》으로 써야 한다.

4.1.3. 국가림시규격초안문건 및 인쇄한 국가림시규격문건은 국가규격 문건양식 및 치수에 맞아야 한다. 이때 국가규격 문건양식 및 치수에서《국가규격》대신에《국가림시규격》으로 써야 한다.

그림 1 / 국가규격초안문건 앞표지 양식 및 치수

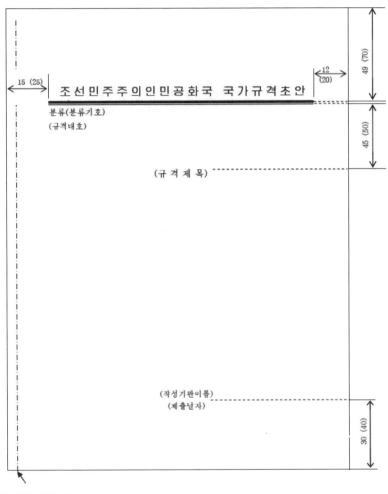

규격책 묶는 곳

그림 2 / 국가규격초안문건 앞표지 2 면양식 및 치수

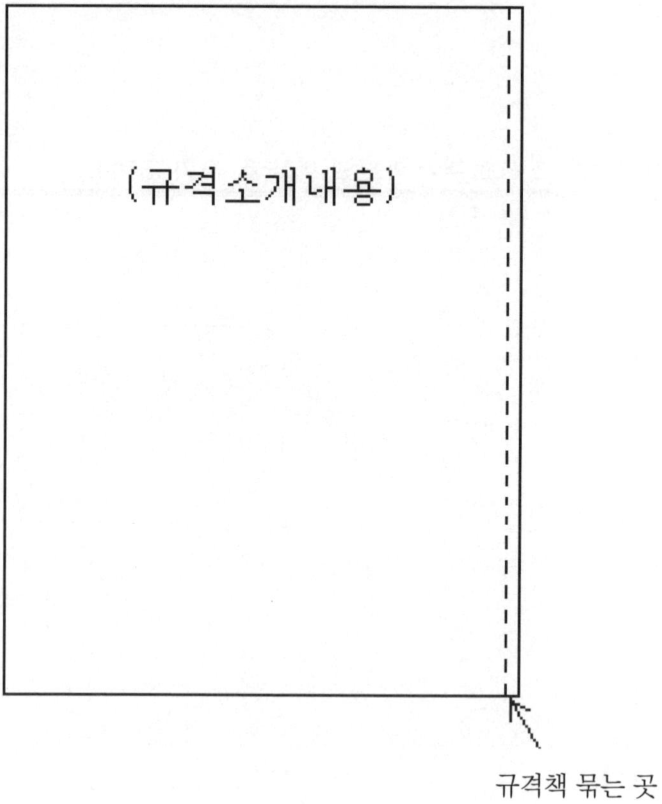

(규격소개내용)

규격책 묶는 곳

그림 3 / 국가규격 초안문건 내용 첫페지 양식 및 치수

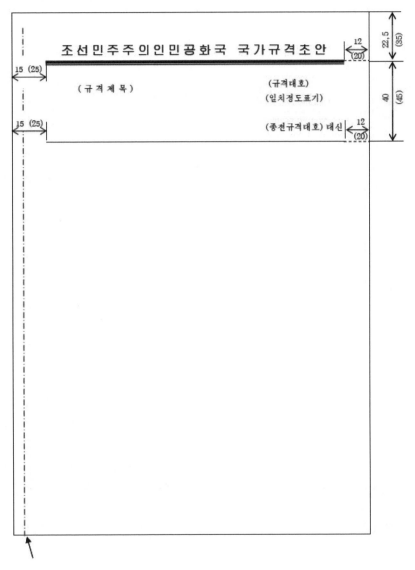

규격책 묶는 곳

그림 4 / 국가규격초안문건 내용 가운데 페지 양식 및 치수

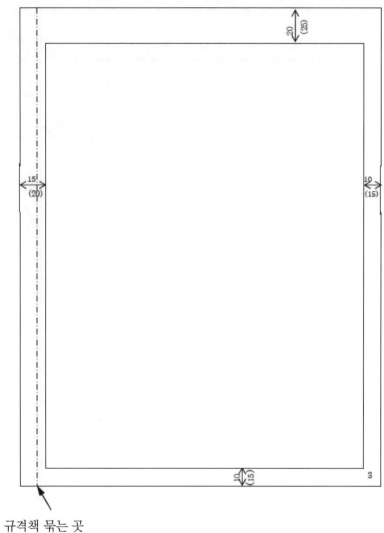

규격책 묶는 곳

그림 5 / 인쇄한 국가규격문건 앞표지양식 및 치수

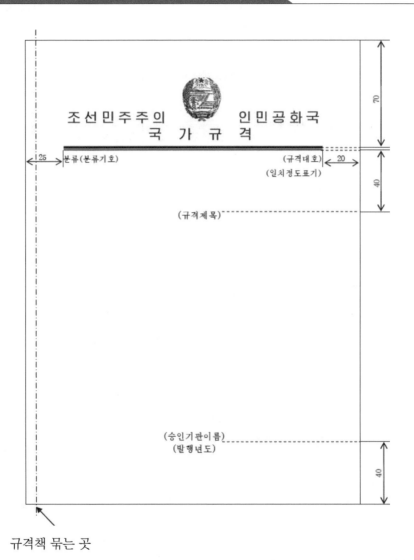

규격책 묶는 곳

그림 6 / 인쇄한 국가규격문건 앞표지 2 면양식 및 치수

(규격소개내용)

규격책 묶는 곳

그림 7 / 인쇄한 국가규격 문건내용 첫페지 양식 및 치수

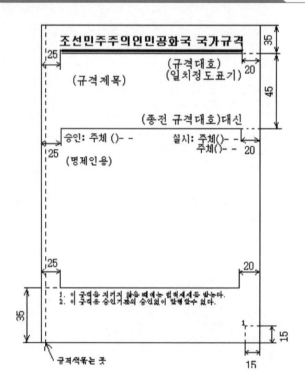

그림 8 / 인쇄한 국가규격 문건내용 가운데 페지 양식 및 치수

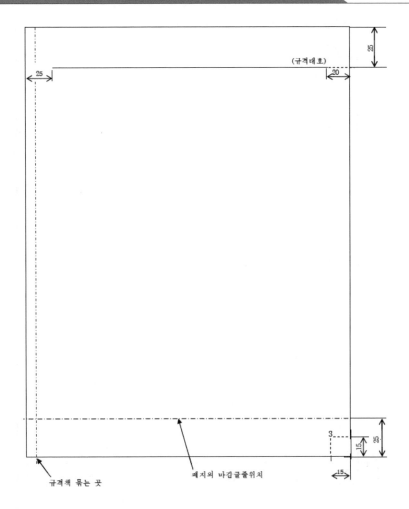

(규격대호)

규격책 묶는 곳

페지의 마감굴줄위치

그림 9 / 인쇄한 국가규격문건 뒤표지 양식 및 치수

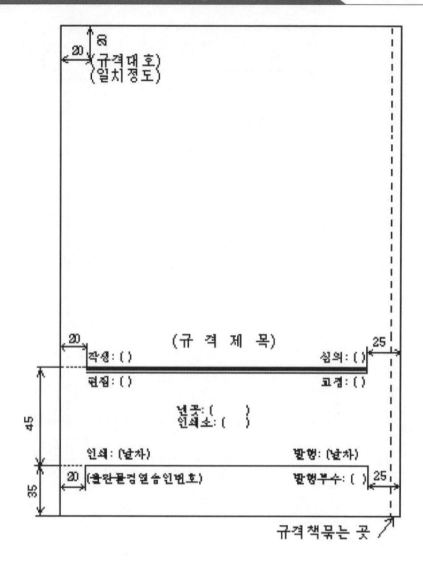

그림 10 / 국가규격 일부고침 작성 문건양식 및 치수

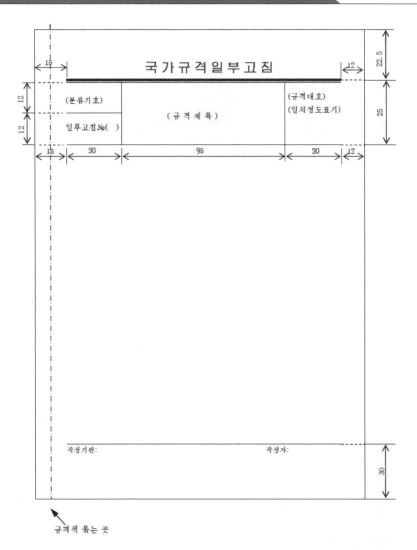

비고: 국가규격 일부 고침 작성문건의 크기 치수는 D5에 맞아야 한다.

그림 11 / 인쇄한 국가규격집 양식 및 치수

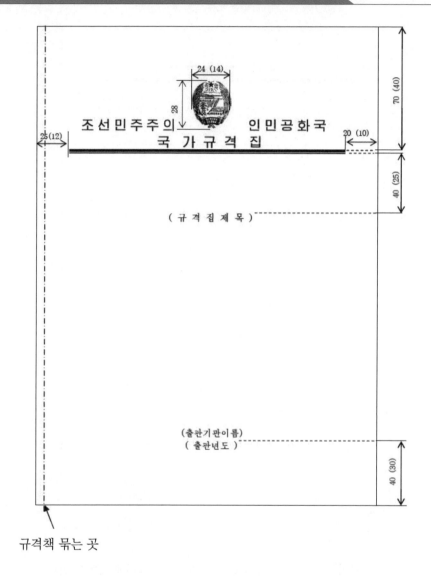

규격책 묶는 곳

주: ( ) 안의 치수는 A5로 된 규격집에 해당된다.

4.2. 부문규격 문건의 양식 및 치수

4.2.1. 부문규격 초안문건의 양식 및 치수는 그림 1 - 그림 4 에 맞아야 하며 이 때 《조선민주주의인민공화국 국가규격 초안》 대신에 《××× 부문규격 초안》으로 교체하여 써야 한다.

4.2.2. 인쇄한 부문규격 문건의 양식 및 치수는 그림 12 - 그림 18 에 맞아야 한다.

그림 12 / 인쇄한 부문규격 문건 앞표지 양식 및 치수

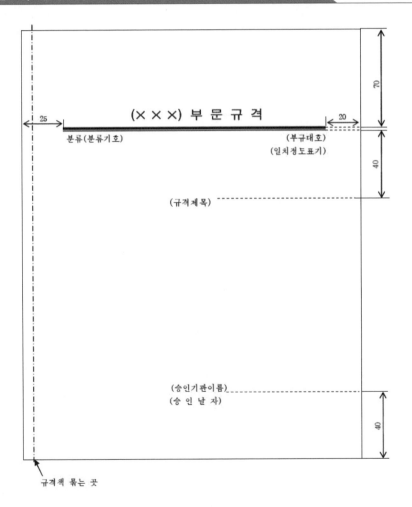

그림 13 / 인쇄한 부문규격 문건 앞표지 2면 양식 및 치수

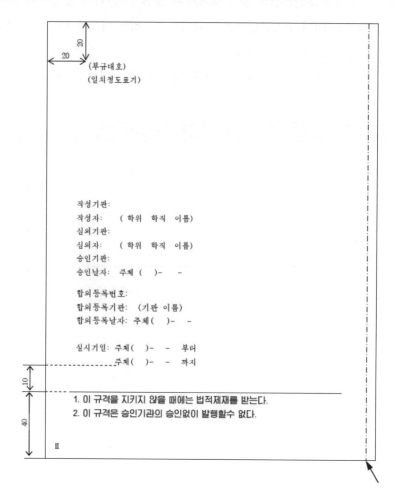

규격책 묶는 곳

그림 14 / 인쇄한 부문규격 문건내용 첫페지 양식 및 치수

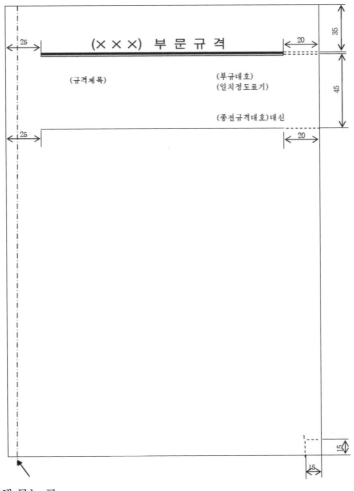

(×××) 부 문 규 격

(규격제목)

(부규대호)
(일치정도표기)

(종전규격대호)대신

규격책 묶는 곳

그림 15 / 인쇄한 부문규격 문건내용 가운데 페지 양식 및 치수

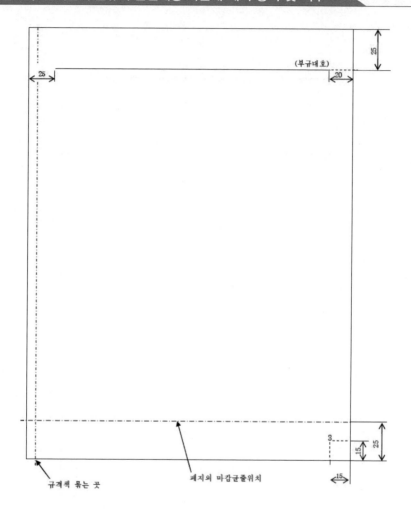

(부규대호)

규격책 묶는 곳

페지의 마감글줄위치

그림 16 / 인쇄한 부문규격 문건 뒤표지 양식 및 치수

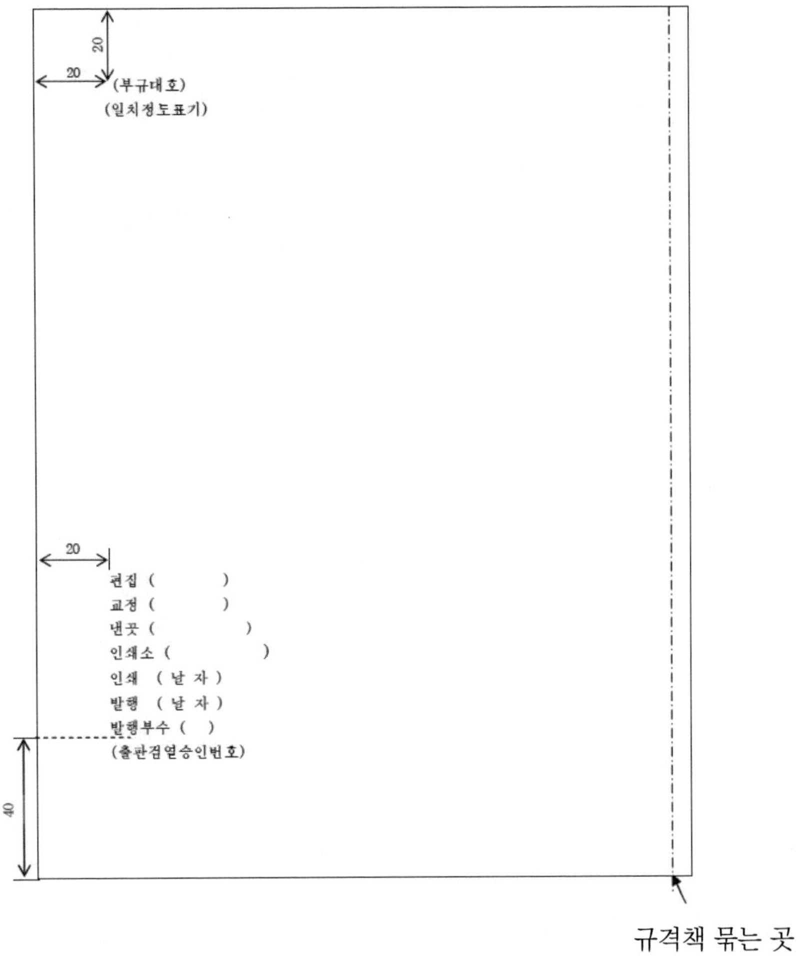

(부규대호)
(일치정도표기)

편집 (   )
교정 (   )
낸곳 (   )
인쇄소 (   )
인쇄   (날 자)
발행   (날 자)
발행부수 (   )
(출판검열승인번호)

규격책 묶는 곳

그림 17 / 부문규격 일부 고침 작성문건 양식 및 치수

비고: 부문규격 일부 고침 작성문건의 크기 치수는 D5에 맞아야 한다.

그림 18 / 인쇄한 부문규격집 앞표지 양식 및 치수

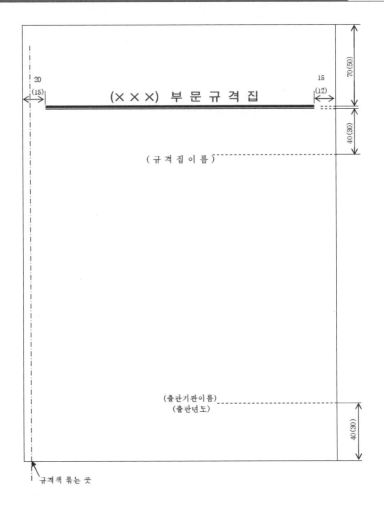

주:( ) 안의 치수는 A5로 된 부문규격집에 해당된다.

4.3. 도(직할시)규격, 시(구역), 군규격, 기업소규격 문건양식 및 치수

4.3.1. 도(직할시)규격, 시(구역), 군규격, 기업소규격 초안문건의 양식 및 치수는
그림 1 - 그림 4 에 맞아야 하며 이때 《조선민주주의인민공화국 국가규
격초안》 대신에 각각 《××× 도(직할시) 규격초안》, 《××× 군(구역)규격
초안》, 《×××기업소규격초안》으로 교체하여 써야 한다.

4.3.2. 인쇄한 도(직할시)규격, 시(구역), 군규격, 기업소규격문건 양식 및 치수는 그림 12 - 그림 18 에 맞게 다음과 같이 하여야 한다.

— 그림 12 - 그림 18 에서 《××부문규격》대신에 각각《×××도(직할시)규격》,《××× 군 (구역)규격》,《×××기업소규격》으로 교체하여 써야 한다.

— 그림 12 - 그림 18 에서 《부규대호》란에 각각 도(직할시)규격대호, 시(구역), 군규격 대호, 기업소규격 대호를 써야 한다.

4.4. 규격작성문건에 첨부하는 문건의 양식 및 치수

규격작성문건에 첨부하는 문건들의 양식은 그림 19 - 그림 22 에 맞아야 한다.

그림 19 / 기술경제적 설명서 양식 및 치수

기술경제적설명서

규격제목

초안작성기관 및 직장직위

초안작성자 (학위학직 및 이름) 수표

초안작성날자 주체 ( )- -

내 용

그림 20 / 규격협의회(또는 합평회) 회의록 양식 및 치수

협의회(또는 합평회)회의록

규격제목

장소   날자 주체( )년 월 일

집행자이름   회의기록자이름

참가자

№	기 관 이 름	직 위	이 름	수 표
1				
2				
3				
4				
5				
6				
14				
15				

제기된 의견 처리정형

그림 21 / 심의서양식 및 치수

심 의 서

규격제목   구분(신, 고, 일고, 연기)
초안제출기관이름
초안접수날자 주체 (   )- -   심의완료날자 주체 (   )- -
심의자 (학위학적 및 이름)   수표
심의내용

그림 22 / 합의서(또는 의견서) 양식 및 치수

함의서 (또는 의견서)

규격제목

초안작성기관 및 직장직위

초안작성자 (학위학직 및 이름)   수표

초안작성날자   주체 ( )- -

합의(의견)내용

합의기관이름 및 공인

합의기관책임자 이름   수표

합의날자   주체 (   )- -

5. 규격문건 양식에 써넣는 방법

5.1. 규격문건의 앞표지 양식에 써넣기

5.1.1. 《분류기호》란에는 국가규격으로 제정된 규격분류표에 의한 분류기호를 써야 한다.

5.1.2. 《규격대호》란에는 국규 1-7:2008의 4.2.2에서 지적한 방법으로 규격의 대호를 써야 한다.

  - 새로 작성하는 규격 초안문건에는 규격번호와 년도를 쓰지 않으며 규격 고침 초안문건에는 고치기 전에 이미 제정된 규격번호와 새로 고친 년도를 써야 한다.

  - 인쇄한 규격문건에는 비상설국가규격제정위원회 또는 부문, 도(직할시), 시(구역), 군, 기업소 규격합평회에서 승인받은 규격번호와 제정년도를 써야 한다.

  - 이미 제정된 두개이상의 규격을 합하여 하나의 규격으로 고치는 경우에는 그 내용을 가장 많이 포함한 규격번호를 쓰며 내용상 차지하는 비중이 같은 경우에는 앞선 순위의 규격번호를 쓰고 새로 고친 년도를 써야 한다.

5.1.3. 《일치정도표기》란에는 국제규격과 일치시킨 규격인 경우(IDT 또는 MOD)에만 쓴다. 국제규격과 일치정도표시기호 쓰는 방법은 국규 1-7:2008의 부록 A(규정)에 맞아야 한다.

5.1.4. 《규격제목》란에는 규격으로 제정하는 대상의 제목을 써야 한다. 규격제목 쓰는 형식과 방법은 국규 1-7:2008의 4.2.1에 맞아야 한다.

5.1.5. 규격집 앞표지의《규격집제목》란에는 규격집에 포함된 개별규격들의 내용을 종합적으로 규정한 제목을 써야 한다.

5.1.6. 《작성기관이름》란에는 규격 초안을 작성한 기관, 기업소의 이름을 쓰고 공인과 명판을 찍어야 한다.

5.1.7. 《제출날자》란에는 해당 심의기관 또는 승인기관에 규격초안 또는 규격제정안을 제출한 날자를 써야 한다. 날자 쓰는 방법은 국규 1-7:2008의 3.9에 맞아야 한다.

5.1.8. 규격초안문건과 인쇄한 규격문건의 앞표지 2면에는 해당 규격의 소개내용을 써야 한다.

5.1.9. 《(발행년도)》란에는 해당 규격을 발행한 년도를 써야 한다.

5.1.10. 부문, 도(직할시), 시(구역), 군, 기업소규격의 앞표지 2면에는 웃단위 규격지도기관에 합의등록한 정형(합의등록번호, 합의등록기관 이름, 합의등록날자)을 써야 한다.

5.2. 규격문건의 내용 첫페지 양식에 써넣기

5.2.1. 《(종전규격대호)》란에는 이미 제정된 규격을 고치는 경우에만 쓰며 이때 고치기 전의 이미 제정된 규격 략호와 규격번호, 제정년도를 쓰고 그 뒤에 《대신》이라고 써야 한다. 이미 제정된 여러 개의 규격 또는 여러개의 조항들(3개 이상)로써 한개의 규격으로 고치는 경우에는 《(종전규격대호)》란에 《☆대신》이라고 쓰고 규격의 소개내용에 《☆대신규격목록》이라고 쓴 다음 그 아래에 종전규격들의 번호와 년도(또는 조항번호)를 밝혀야 한다.(국규 1-7:2008 의 4.1.2.2를 볼 것)

5.2.2. 《(규격대호)》, 《(일치정도표기)》, 《(분류기호)》란에 쓰는 방법은 이 규격의 5.1에서와 같은 방법으로 써야 한다.

5.2.3. 《(승인:)》란에는 해당 규격을 승인한 날자를 쓰며 《(실시:)》란에는 규격의 실시기간을 써야 한다. 날자쓰는 방법은 국규 1-7:2008의 3.9에 맞아야 한다.

5.2.4. 규격문건의 내용 첫페지에는 위대한 수령 김일성동지의 교시 또는 위대한 령도자 김정일동지의 교시를 정중히 인용하고 규격 내용을 써야 한다. 비고: 인쇄한 국가규격집에는 차례를 쓰는 페지의 앞면에 명제를 따로 인용하고 규격내용 첫페지 들에는 쓰지 않는다. 차례가 없는 경우에는 첫규격의 내용 첫페지에만 명제를 인용할 수 있다. (이때 명제의 출처와 페지를 반드시 지적하여야 한다.)

5.3. 규격문건의 내용 가운데 페지 양식에 써넣기

인쇄한 규격문건의 내용 가운데 페지의 규격책 묶는 곳이 아닌 쪽위에는 해당 규격의 대호(천리마체, 11핀, 강조체로)를 써야 한다. 규격의 대호쓰는 방법은 국규 1-7:2008의 4.2.2 에 맞아야 한다.

5.4. 규격문건의 뒤표지양식에 써넣기

5.4.1. 인쇄한 규격문건의 뒤표지 왼쪽 웃부분에는 규격의 대호(천리마체, 11 핀, 강조체로)를 써야 한다. 국제규격과 일치시킨 규격인 경우에는 규격대호 아래에 국제규격번호와 년도, 일치정도 표시기호를 써야 한다.

5.4.2. 인쇄한 규격문건의 뒤표지 아래부분에는 규격의 제목, 작성자 이름, 심의 자이름, 편집 및 교정 자이름, 낸곳, 인쇄소, 인쇄 및 발행날자와 출판물 검열승인번호, 발행부수를 써야 한다.

5.5. 규격 일부 고침 문건양식에 써넣기

5.5.1. 《일부고침№( )》란에는 해당 규격에 대한 일부 고침 순위번호를 써야 한다. 이때 이미 제 정된 규격을 새로 고친 규격에 대하여서는 일부고침순위번호를 새로 시작하여 써야 한다.

5.5.2. 《(작성기관)》, 《(작성자)》란에는 일부 고침한 기관, 기업소이름과 일부 고침 작성자의 학위, 학직 및 이름을 써야 한다.

5.5.3. 일부고침문건양식에서(규격제목)》, 《(규격대호)》, 《(일치정도표기)》, 《(분류기호)》란에 쓰는 방법은 이 규격의 5.1에서와 같은 방법으로 써야 한다.

「계량 및 규격화」
새로 제정된 국가규격 목록의 게재 형태

〈주체 97 (2008)년 제1호 (루계 제139호)〉

규격화와 품질관리

주체96(2007)년 상반년 기간 새로 제정된 국가규격과 고쳐진 국가규격 목록

주체 96 (2007)년 상반년 기간 새로 제정된 국가규격과 고쳐진 국가규격목록

[새로 제정된 국가규격 목록]

규격대호	규격이름	분류	승인날자	실시기일
국규 1636-8 : 2007	공작기계의 시험규정 - 8부 : 운전시험에 대한 일반기술적 요구	ㄹ89	2007-2-13	2012-12-31
림규 2523-5 : 2007	과일나무모-5부 : 추리나무	ㄸ31	2007-3-7	2008-12-31
림규 2523-6 : 2007	과일나무모-6부 : 살구나무	ㄸ31	2007-3-7	2008-12-31
림규 2523-7 : 2007	과일나무모-7부 : 복숭아나무	ㄸ31	2007-5-8	2008-12-31
림규 2523-8 : 2007	과일나무모-8부 : 대추나무	ㄸ31	2007-5-8	2008-12-31
림규 2523-9 : 2007	과일나무모-9부 : 포도나무	ㄸ31	2007-5-8	2008-12-31
림규 2523-10 : 2007	과일나무모-10부 : 앵두나무	ㄸ31	2007-5-8	2008-12-31
림규 2523-11 : 2007	과일나무모-11부 : 귤나무	ㄸ31	2007-4-2	2008-12-31
림규 2535 : 2007	유기질 복합 알비료	ㅋ15	2007-1-24	2007-12-31
림규 2536 : 2007	나노윤활유 첨가제	ㄴ21	2007-1-24	2007-12-31
림규 2537 : 2007	지붕통풍기-기술적 요구	ㄹ82	2007-3-7	2009-12-31
림규 2538 : 2007	야금용마그네샤크링카	ㅈ24	2007-3-7	2008-12-31
림규 2539 : 2007	천연광물질미량비료(맥반석비료)	ㅋ15	2007-4-2	2008-3-31
림규 2540 : 2007	논벼용 및 수직파용 살초제	ㅋ16	2007-4-2	2008-3-31
림규 2541 : 2007	색철판지붕재-형 및 치수	ㅅ14	2007-4-2	2008-12-31
림규 2542 : 2007	가로통풍기-형 및 기본특성	ㄹ82	2007-5-8	2009-12-31
림규 2543 : 2007	과일나무접그루	ㄸ31	2007-5-8	2008-12-31
림규 2544 : 2007	모노슬라브 15%수화제(혼합살충제)	ㅋ16	2007-5-16	2008-12-31
림규 2545 : 2007	식물성농약-〈명화〉	ㄸ06	2007-5-16	2008-12-31
림규 2549 : 2007	압조절식 자동차다이야	ㅋ82	2007-3-26	2008-12-31
국규 11313-3 : 2007	도식용그림기호-3부 : 련결요소 및 련관장치	ㅂ00	2007-2-13	2012-12-31
국규 11313-4 : 2007	도식용그림기호-4부 : 시동기구 및 련관장치	ㅂ00	2007-2-13	2012-12-31

국규 11484 : 2007	왕벌젖	ㄸ52	2007-2-13	2009-12-31
국규 11485 : 2007	동물성장촉진제(GDEE)	ㄸ15	2007-2-13	2009-12-31
국규 11486 : 2007	공작기계의 조립규정-1부 : 유압장치조립에 대한 일반기술적요구	ㄹ81	2007-2-13	2012-12-31
국규 11488 : 2007	정보기술-정보교환용 부호의 정렬	ㅉ91	2007-3-5	2011-12-31
국규 11489 : 2007	컴퓨터망 보안제품과 보안체계의 일반기술적 요구	ㅉ96	2007-3-5	2009-12-31
국규 11491 : 2007	고압배전함-일반기술적 요구	ㅂ17	2007-3-7	2010-12-31
국규 11492 : 2007	고무호스변-형 및 치수	ㄹ18	2007-3-7	2010-12-31
국규 11493 : 2007	공작기계-전기장치조립-일반기술적 요구	ㄹ81	2007-3-7	2011-12-31
국규 11498 : 2007	농작물생육촉진제(풍옥-1)	ㄸ06	2007-3-7	2010-12-31
국규 11499 : 2007	오리파라티푸스산균왁찐	ㄲ31	2007-3-7	2011-12-31
국규 11500 : 2007	외장재-도막의 내세척성 시험법	ㅋ29	2007-3-7	2011-12-31
국규 11501 : 2007	쌍극성상사형집적회로 12741금(사)1가	ㅉ25	2007-3-26	2011-12-31
국규 11502 : 2007	승용차용 및 소형짐자동차용 라디알다이야	ㅋ62	2007-3-26	2011-12-31
국규 11503 : 2007	그리스-산화안정성 시험법	ㄴ39	2007-3-26	2010-12-31
국규 11504 : 2007	부유법판유리원료용 탄산나트리움	ㅋ14	2007-4-24	2011-12-31
국규 11505 : 2007	물소득제-은소금	ㄲ14	2007-4-24	2009-12-31
국규 11507-1 : 2007	음향학-1부 : 극장, 회의실 및 록음실의 잔향 시간	ㅃ34	2007-5-3	2012-12-31
국규 11507-2 : 2007	음향학-2부 : 실내잔향시간측정	ㅃ34	2007-5-3	2012-12-31
국규 11508-1 : 2007	전기음향-음준위계-1부 : 기술적요구	ㅎ67	2007-5-3	2012-12-31
국규 11509-4 : 2007	음향체계설비-4부 : 마이크	ㅉ41	2007-5-3	2012-12-31
국규 11510 : 2007	버섯재배 용기질	ㄸ44	2007-5-3	2012-12-31
국규 11511 : 2007	버섯재배방법	ㄸ44	2007-5-3	2012-12-31
국규 11512-1 : 2007	버섯종균-1부 : 〈느타리버섯 50호〉	ㄸ05	2007-5-3	2012-12-31
국규 11512-2 : 2007	버섯종균-2부 : 〈참나무버섯 28호〉	ㄸ05	2007-5-3	2012-12-31
국규 11512-3 : 2007	버섯종균-3부 : 〈벼짚버섯 429호〉	ㄸ05	2007-5-3	2012-12-31

국규 11512-4 : 2007	버섯종균-4부 : 〈비늘먹물버섯 1호〉	ㄸ05	2007-6-7	2012-12-31
국규 11513-1 : 2007	자모식무용표기법-1부 : 용어	ㅃ00	2007-2-5	2012-12-31
국규 11513-2 : 2007	자모식무용표기법-2부 : 일반적요구	ㅃ00	2007-2-5	2012-12-31
국규 11514-1 : 2007	화재검출 및 경보체계-1부 : 일반요구 및 정의	ㅎ71	2007-5-3	2012-12-31
국규 11514-2 : 2007	화재검출 및 경보체계-2부 : 조종 및 표시장치	ㅎ71	2007-5-3	2012-12-31
국규 11514-4 : 2007	화재검출 및 경보체계-4부 : 전원장치	ㅎ71	2007-5-3	2012-12-31
국규 11515 : 2007	아베르멕틴농약	ㄸ05	2007-5-3	2008-12-31
국규 11516 : 2007	금속재료에 입힌 화성피막-단위면적당 피막질량측정-중량측정법	ㅋ14	2007-4-2	2011-12-31
국규11517 : 2007	가스통-용어	ㄹ00	2007-4-2	2012-12-31
국규 11518 : 2007	규조토려파제	ㄱ52	2007-5-8	2012-12-31
국규 11519 : 2007	가스통-가스통에 변을 련결하기 위한 25E 원추나사-검사게이지	ㄹ28	2007-5-8	2012-12-31
국규 11520 : 2007	가스통-가스통에 변을 련결하기 위한 25E 원추나사-기술적 요구	ㄹ13	2007-5-8	2012-12-31
국규 11521 : 2007	폴리비닐알콜변성 접착제	ㅋ26	2007-5-8	2011-12-31
국규 11522 : 2007	카리-티탄비료	ㅋ15	2007-5-8	2010-12-31
국규 11523 : 2007	어른남자표준몸모형-기본치수	ㅌ30	2007-5-8	2011-12-31
국규 11524 : 2007	어른녀자표준몸모형-기본치수	ㅌ30	2007-5-8	2011-12-31
국규 11525 : 2007	진공수감관 열이온-2	ㅉ23	2007-3-26	2011-12-31
국규 11526 : 2007	진공수감관 열전-1	ㅉ23	2007-3-26	2011-12-31
국규 11527 : 2007	이미다클로프리드 10%수화제(살충제)	ㅋ16	2007-5-16	2010-12-31
국규 11528 : 2007	가공낙지	ㄸ28	2007-5-14	2010-12-31
국규 11530 : 2007	구강재료원심주조용융 도가니	ㅈ23	2007-6-4	2013-12-31
국규 11531 : 2007	도서관정보사업-메타자료 요소	ㅆ97	2007-6-4	2012-12-31
국규 11532 : 2007	다류화칼리움(살균제)	ㅋ16	2007-6-4	2011-12-31
국규 11533 : 2007	시약용 프로피오페논	ㅋ52	2007-6-4	2010-12-31

국규 11534 : 2007	시약용 아니스알데히드	ㅋ52	2007-6-4	2010-12-31
국규 11535 : 2007	콩씨앗처리제-2호	ㅋ15	2007-6-7	2011-12-31
국규 11536 : 2007	연재포르틀란드세멘트	ㅅ12	2007-6-7	2011-12-31
국규 11538 : 2007	대중운동기발-형 및 치수	ㅅ08	2007-6-25	2011-12-31
국규 21000-4-14 : 2007	전자기량립성(EMC)-4-14부 : 시험 및 측정기술-전압변동견딤성 시험	ㅉ07	2007-6-7	2012-12-31
국규 21000-6-2 : 2007	전자기량립성(EMC)-일반요구-6-2부: 공업환경에서 견딤성	ㅉ07	2007-6-6	2012-12-31
국규 35001 : 2007	클로로겐산 표준품	ㄲ10	2007-3-7	2010-12-31
국규 35002 : 2007	갈란타민브롬수소산염 표준품	ㄲ10	2007-3-7	2010-12-31
국규 35003 : 2007	빌리루빈 표준품	ㄲ10	2007-3-7	2010-12-31
국규 35004 : 2007	스코폴레틴 표준품	ㄲ10	2007-3-7	2010-12-31

[고쳐진 국가규격 목록]

규격대호	규격이름	분류	승인날자	실시기일
국규 86 : 2007	철도방부침목용 제재목	ㅊ22	2007-5-30	2011-12-31
림규 86 : 2007	알루미늄박(은종이)	ㄷ53	2007-6-26	2008-12-31
국규 101 : 2007	판유리포장용 나무상자	ㅁ71	2007-3-7	2010-12-31
국규 779 : 2007	운모	ㄱ57	2007-3-26	2010-12-31
국규 2379-2 : 2007	니켈정광화학분석법-2부: 백금의 정량	ㄱ39	2007-4-2	2012-12-31
국규 2379-5 : 2007	니켈정광화학분석법-5부 : 팔라디움의 정량	ㄱ39	2007-5-30	2012-12-31
국규 2474 : 2007	팔프-분류	ㅊ50	2007-6-25	2010-12-31
국규 4380 : 2007	규소3극소자-라 440계렬	ㅉ24	2007-3-26	2010-12-31
국규 4474 : 2007	수직호닝반-정밀도 기준	ㄹ81	2007-5-8	2012-12-31
국규 4592 : 2007	1차전지-분류 및 자호	ㅂ50	2007-2-13	2012-12-31
국규 5105 : 2007	치차종삭반-정밀도 기준	ㄹ81	2007-5-8	2012-12-31

국규 6016 : 2007	배선통신 케이블	ㅂ45	2007-2-13	2011-12-31
국규 6261-1 : 2007	암석의 세기시험법-1부 : 시험 감파 시험기구 준비	ㄱ09	2007-5-30	2012-12-31
국규 6261-3 : 2007	암석의 세기시험법-3부 : 자름 세기결정 방법	ㄱ09	2007-5-30	2012-12-31
국규 6261-4 : 2007	암석의 세기시험법-4부 : 구부 림세기결정 방법	ㄱ09	2007-5-30	2012-12-31
국규 6261-5 : 2007	암석의 세기시험법-5부 : 당김 세기결정 방법	ㄱ09	2007-5-30	2012-12-31
국규 6664 : 2007	3상동기전동기-기술적 요구	ㅂ61	2007-3-7	2011-12-31
국규 7030 : 2007	기대조명갓-기술적 요구	ㅂ83	2007-3-7	2010-12-31
국규 7639 : 2007	운수용고무절연선	ㅂ42	2007-3-7	2011-12-31
국규 7641 : 2007	수지절연통신선	ㅂ45	2007-2-13	2011-12-31
국규 7700 : 2007	폴리에틸렌원거리 통신케이블	ㅂ45	2007-2-13	2011-12-31
국규 8447 : 2007	도서관정보사업-용어	ㅆ90	2007-5-8	2010-12-31
국규 9448 : 2007	자료요소 및 교환형식-정보교 환-날자와 시간표기	ㅆ90	2007-5-8	2010-12-31
국규 9694 : 2007	전기발파용폴리에틸렌 절연선	ㅂ42	2007-3-7	2011-12-31
국규 9736 : 2007	팔프-마른물질함유량 결정	ㅊ59	2007-6-25	2010-12-31
국규 9752 : 2007	팔프-산에 풀리지 않는 회분측정	ㅊ59	2007-6-25	2010-12-31
국규 9866 : 2007	일반용폴리에틸렌관	ㅋ26	2007-5-8	2010-12-31
국규 10897 : 2007	신젖	ㅍ17	2007-5-14	2011-12-31
국규 11151 : 2007	교류고압차단기-분류 및 자호	ㅂ70	2007-2-13	2011-12-31
국규 11544-1 : 2007	고정용부분품-걸명결함-1부 : 일반용 볼트, 잔볼트 및 심는볼트	ㄹ30	2007-4-2	2012-12-31

부록 3

북한 규격화 관련 법령

1. 「규격법」
2. 「계량법」
3. 「품질감독법」

조선민주주의인민공화국
규격법

주체86(1997)년 7월 23일 최고인민회의 상설회의 결정 제90호로 채택
주체88(1999)년 2월 26일 최고인민회의 상임위원회 정령 제483호로 수정보충
주체94(2005)년 9월 13일 최고인민회의 상임위원회 정령 제1298호로 수정보충
주체104(2015)년 2월 25일 최고인민회의 상임위원회 정령 제389호로 수정보충
주체110(2021)년 8월 31일 최고인민회의 상임위원회 정령 제676호로 수정보충

제1장 규격법의 기본

제1조 (규격법의 사명)

조선민주주의인민공화국 규격법은 규격의 제정과 적용에서 제도와 질서를 엄격히 세워 인민들의 생활상편리를 보장하며 경제와 문화, 과학기술을 발전시키는데 이바지한다.

제2조 (규격의 종류)

규격은 사회경제적효과성을 최대로 내게 하는 합리적기준이다.

규격에는 용어, 기호, 표기 및 표식방법, 설계기준, 관리기준, 안전기준, 위생학적기준, 환경보호기준과 제품의 품종, 형, 치수, 호수, 기본특성, 기술적요구, 시험법 같은것이 속한다.

제3조 (규격의 제정원칙)

규격의 제정은 사회생활의 편리를 보장하기 위한 기준, 생산과 경영활동의 합리적기준을 정하는 중요한 사업이다.

국가는 과학기술발전수준과 현실의 요구, 국제적 기준에 맞게 제품의 질을 높이고 원가를 낮추며 로동생산능률을 높이는것을 비롯하여 사회경제적효과성을 최대로 낼수 있게 규격을 제정하도록 한다.

제4조 (규격의 적용원칙)

규격의 적용을 바로하는것은 국가의 규격정책을 집행하기 위한 기본담보이다.

국가는 인민들속에서 규격보급사업을 강화하여 제정된 규격을 정확히 적용하도록 한다.

제5조 (규격의 통일성보장원칙)

규격을 일원화하는것은 사회주의제도의 본성적요구이다.

국가는 규격사업체계를 바로세우고 규격의 통일성을 보장하도록 한다.

제6조 (규격부문의 물질기술적토대강화원칙)

국가는 규격사업을 발전시키기 위한 과학연구사업을 강화하고 규격일군양성에 깊은 관심을 돌리며 규격부문의 물질기술적토대를 튼튼히 꾸리는데 큰 힘을 넣는다.

제7조 (규격분야의 교류와 협조)

국가는 규격분야에서 국제기구, 다른 나라들과의 교류와 협조를 발전시키도록 한다.

제2장 규격의 제정

제8조 (규격제정의 기본요구)

규격의 제정을 바로하는것은 규격을 정확히 적용하기 위한 선결조건이다.

기관, 기업소, 단체는 규격제정대상을 바로 정하고 규격제정을 계획적으로 하여야 한다.

제9조 (규격의 분류와 규격제정기관)

규격은 적용범위에 따라 국가규격, 부문규격, 성규격, 도(직할시)규격, 시(구역), 군규격, 기업소규격으로 나눈다.

국가규격은 중앙규격지도기관이 그밖의 규격은 해당 기관, 기업소, 단체가 제정한다.

제10조 (규격화계획)

규격지도기관과 해당 기관, 기업소, 단체는 규격화사업을 위한 전망계획과 당해년도계획을 바로세우고 어김없이 수행하여야 한다.

국가규격화계획은 중앙규격지도기관이 세워 국가계획에 맞물린다.

제11조 (국가림시규격)

국가규격제정대상으로서 정해진 기술경제적지표에 도달하지 못한 대상은 국가림시규격으로제정한다.

국가림시규격의 제정은 중앙규격지도기관이 한다.

제12조 (규격제정의 제외대상)

공예품, 수예품, 미술작품 같은것은 규격을 제정하지 않는다. 이 경우 생산자와 수요자가 합의하여 기술지표를 만든다.

제13조 (규격제정의 제한조건)

국가규격, 부문규격이 제정된 경우에는 그와 다른 규격을, 도(직할시)규격이 제정된 경우에는 시(구역), 군규격이나 기업소규격을 제정할수 없다. 그러나 필요에 따라 국가규격, 부문규격이나 정해진 규격제정원칙과 방법론에 준하여 도(직할시)규격, 시(구역), 군규격, 기업소규격을 제정할수 있다.

제14조 (규격화기술실무기관)

규격지도기관과 해당 기관, 기업소, 단체는 규격초안작성과 심의를 맡아하는 규격화기술실 무기관을 조직할수 있다.

규격화기술실무기관은 정해진 질서에 따라 규격초안의 작성과 심의를 하며 작성, 심의한 규격초안에 대하여 책임져야 한다.

제15조 (규격초안작성)

규격초안은 규격을 새로 제정하거나 수정보충하려는 기관, 기업소, 단체가 작성한다.

국가적으로 긴급하게 제기되는 대상의 규격초안은 중앙규격지도기관이 직접 작성할수 있다.

제16조 (새 제품생산, 새 기술도입과 관련한 규격의 초안작성)

기관, 기업소, 단체는 새로 개발생산하는 제품(식료품, 의약품, 화장품과 같이 사람의 생명안전에 직접적인 영향을 주는 제품 제외)에 대하여 새 제품 장려기간 기업소규격을 제정하고 리용할수 있다. 그러나 새 제품의 생산, 새 기술의 도입과 관련하여 국가적으로 통일시켜야 할 규격제정대상이 있을 경우 반드시 국가규격초안을 작성하여 중앙규격지도기관에 내야 한다.

제17조 (규격의 심의)

국가규격은 비상설규격화위원회에서, 그밖의 규격은 해당 기관, 기업소, 단체의 규격합평회에서 심의하고 승인한다. 이 경우 정해진 기간을 정확히 지켜야 한다.

제18조 (규격의 효력)

부문규격, 성규격, 도(직할시)규격, 시(구역), 군구격, 기업소규격은 해당 규격지도기관에 등록하여야 효력을 가진다.

제19조 (규격의 연구, 도입, 갱신)

중앙규격지도기관과 연구기관, 해당 기관, 기업소, 단체는 선진적인 규격에 대한 연구와 도입사업을 강화하여 규격을 현실발전의 요구에 맞게 부단히 갱신하고 통일시켜야 한다.

규격의 갱신은 해당 규격의 유효기간안에 하여야 한다.

제20조 (규격제정에 필요한 자료보장)

규격지도기관은 규격제정에 필요한 기술경제적자료, 시료, 제품 같은것을 기관, 기업소, 단체에 요구할수 있다.

해당 기관, 기업소, 단체는 기술경제적자료, 시료, 제품 같은것을 정해진 기간에 보장하여야 한다.

제21조 (규격의 략호)

국가규격의 략호는《국규》이며 그의 대외적인 표기는《KPS》이다.

부문규격, 성규격, 도(직할시)규격, 시(구역), 군규격, 기업소규격의 략호와 대외적인 표기는 중앙규격지도기관이 정한다.

제22조 (규격의 공시)

규격지도기관은 새로 제정된 규격, 수정보충한 규격, 규격정보사업을 통하여 얻은 국제적인 선진규격을 기관, 기업소, 단체와 공민에게 제때에 알려주어야 한다.

제3장 규격의 적용

제23조 (규격의 의무적적용)

규격의 적용은 사회경제발전의 필수적요구이다.

기관, 기업소, 단체와 공민은 제정된 규격을 의무적으로 적용하여야 한다.

제24조 (사회생활분야의 규격적용)

기관, 기업소, 단체와 공민은 사회생활의 편리를 보장할수 있도록 과학, 교육, 문화, 보건, 환경보호사업 같은데 규격을 적용하여야 한다.

제25조 (인민경제부문의 규격적용)

기관, 기업소, 단체는 생산을 늘이고 제품의 질을 높이며 인민경제부문사이의 련계를 강화할 수 있도록 인민경제계획의 작성, 설계 및 기술규정의 작성, 가격과 물자소비기준, 로동정량의 제정, 품질검사, 제품생산, 자재공급 같은데 규격을 적용하여야 한다.

규격이 없거나 규격에 맞지 않는 제품에 대하여서는 생산계획, 허가, 가격, 제품상표승인, 물자소비기준제정 같은것을 해줄수 없다.

제26조 (대외경제계약체결시의 규격적용)

기관, 기업소, 단체는 대외경제계약을 맺을 경우 우리 나라 규격을 적용하여야 한다. 우리 나라 규격을 적용할수 없을 경우에는 국제규격이나 해당 나라의 규격을 적용할수 있다.

제27조 (규격적용료금의 지불)

제정된 규격을 리용하여 제품을 생산하는 기관, 기업소, 단체는 정해진데 따라 규격적용료금을 물어야 한다.

규격적용료금을 정하는 사업은 국가가격기관이 한다.

제28조 (규격의 유효기간준수)

기관, 기업소, 단체는 규격의 유효기간을 지켜야 한다.

유효기간이 지난 규격은 적용할수 없다.

제29조 (상품의 규격표시)

기관, 기업소, 단체는 제품 또는 제품상표에 규격략호와 번호, 제정년도, 제품의

생산년도,

보관기일, 보관조건을 표시하여야 한다.

규격략호와 번호, 제정년도, 제품의 생산년도, 보관기일, 보관조건을 표시하지 않은 제품은 공급, 판매할수 없다.

제30조 (표준물질, 기준견본)

기관, 기업소, 단체는 규격적용에 필요한 표준을 만들 수 있다. 이 경우 적용범위에 따라 중앙규격지도기관 또는 해당 규격지도기관에 등록하고 리용하여야 한다.

제4장 규격사업에 대한 지도통제

제31조 (규격사업에 대한 지도)

규격사업에 대한 지도는 내각의 통일적인 지도밑에 중앙규격지도기관이 한다.

중앙규격지도기관은 국가의 규격정책이 정확히 집행되도록 규격사업을 장악하고 지도하여야 한다.

제32조 (규격적용판정)

규격지도기관은 규격적용판정사업을 진행하여야 한다.

규격적용판정사업에 필요한 조건은 해당 기관, 기업소, 단체가 보장한다.

제33조 (규격합평회)

해당 기관, 기업소, 단체는 규격합평회를 계획적으로 운영하여 규격제정계획작성, 규격초안심의, 규격적용대책을 세우는 사업을 정상적으로 하여야 한다.

제34조 (규격의 대외반출)

기관, 기업소, 단체는 우리 나라 규격을 출판물로 다른 나라에 내보내려 할 경우 중앙규격지 도기관과 해당 기관의 승인을 받아야 한다.

제35조 (규격사업에 대한 감독통제)

규격사업에 대한 감독통제는 중앙규격지도기관과 해당 감독통제기관이 한다.

중앙규격지도기관과 해당 감독통제기관은 기관, 기업소, 단체와 공민이 규격제정과 적용질서를 엄격히 지키도록 감독통제하여야 한다.

제36조 (벌금처벌)

다음의 경우에는 기관, 기업소, 단체에 벌금을 물린다.

　1. 승인, 등록되지 않은 규격을 적용하였을 경우 50만~150만원

　2. 제정된 규격을 적용하지 않았을 경우 30만~150만원

　3. 규격표시를 하지 않은 제품을 공급, 판매하였을 경우 20만~100만원

　4. 표준물질, 기본견본을 규격지도기관에 등록하지 않고 리용하였을 경우 10
　　만~30만원

제37조 (중지처벌)

이 법 제36조의 행위에 대하여 감독통제기관이 시정할것을 요구하였음에도 불구하고 결함을 시정하지 않았을 경우에는 해당 기관, 기업소, 단체의 경영활동을 중지시킨다. 정상이 무거운 경우에는 폐업시킨다.

제38조 (몰수처벌)

규격표시를 하지 않았거나 규격표시를 위조한 제품을 공급, 판매하였을 경우에는 해당 재산을 몰수한다.

제39조 (경고, 무보수로동, 로동교양, 강직, 해임, 철직처벌)

다음의 경우에는 책임있는자에게 경고, 엄중경고 또는 3개월이하의 무보수로동, 로동교양처벌을 준다.

　1. 국가규격, 부문규격과 다르게 규격을 제정하였을 경우

　2. 심의, 승인을 받지 않은 규격을 적용하였을 경우

　3. 규격제정에 필요한 자료, 시료, 제품을 정해진 기간안에 보장하지 않아 규격
　　제정사업에 지장을 주었을 경우

　4. 규격의 제정 및 수정보충정형, 규격정보자료를 제때에 알려주지 않아 규격
　　제정사업에 지장을 주었을 경우

　5. 규격을 등록하지 않고 적용하였을 경우

　6. 규격이 없거나 규격에 맞지 않는 제품들에 대하여 생산계획, 허가, 가격, 제
　　품상표승인, 물자소비기준제정같은것을 해주었을 경우

　7. 규격표시를 하지 않은 제품을 공급, 판매하였을 경우

8. 표준물질, 기준견본을 규격지도기관에 등록하지 않고 리용하였을 경우

9. 승인없이 우리 나라 규격을 출판물로 다른 나라에 내보냈을 경우

앞항 1~9호의 행위가 정상이 무거운 경우에는 3개월이상의 무보수로동, 로동교양처벌 또는 강직, 해임, 철직처벌을 준다.

제40조 (형사적책임)

이 법을 어긴 행위가 범죄에 이를 경우에는 책임있는자에게 형법의 해당 조항에 따라 형사적 책임을 지운다.

조선민주주의인민공화국
계량법

주체82(1993)년 2월 3일 최고인민회의 상설회의 결정 제29호로 채택

주체87(1998)년 12월 10일 최고인민회의 상임위원회 정령 251호로 수정보충

주체98(2009)년 6월 30일 최고인민회의 상임위원회 정령 제129호로 수정보충

주체99(2010)년 9월 1일 최고인민회의 상임위원회 정령 제1064호로 수정보충

주체110(2021)년 10월 26일 최고인민회의 상임위원회 정령 제760호로 수정보충

제1장 계량법의 기본

제1조 (계량법의 사명)

조선민주주의인민공화국 계량법은 계량단위를 통일시키고 그 믿음성을 보장하며 계량을 정확히 하여 인민경제를 발전시키고 국가와 인민의 리익을 보호하는데 이바지한다.

제2조 (계량부문의 물질기술적토대강화원칙)

계량사업을 발전시키는 것은 생산과 류통, 소비에 대한 계산과 통제를 강화하는데서 나서는 중요요구이다.

국가는 계량부문에 대한 투자를 계통적으로 늘이며 그 물질기술적토대를 강화하는데 힘을 넣는다.

제3조 (계량단위제정원칙)

계량단위는 계량의 정확성을 보장하기 위한 기초이다.

국가는 계량단위를 바로 정하고 통일시키도록 한다.

제4조 (계량원기의 등록, 보호원칙)

계량원기는 계량단위를 유지, 재현, 전달하는 유일한 기준계량수단이다.

국가는 계량원기를 국보로 등록하고 보호하도록 한다.

제5조 (계량수단의 생산, 공급원칙)

국가는 계량수단생산기지를 꾸리고 수요에 맞게 여러 가지 계량수단을 계획적으로 생산, 공급하도록 한다.

제6조 (계량수단의 리용원칙)

계량수단을 바로 리용하는것은 경영활동을 과학화, 합리화하며 생산을 정상화하기 위한 중요조건이다.

국가는 계량수단을 갖추고 그것을 리용하여 생산과 경영활동, 경제계산 등을 과학기술적으로 진행해나가도록 한다.

제7조 (계량수단의 검정원칙)

계량수단에 대한 검정은 계량수단의 정밀정확도를 보장하기 위한 필수적요구이다.

국가는 일원화된 정연한 계량검정사업체계를 세우고 계량수단을 정상적으로 검정하도록 한다.

제8조 (계량의 현대화, 과학화원칙)

국가는 계량부문에 필요한 과학기술인재를 전망성있게 양성하며 최신과학기술의 성과를 적극 받아들이고 새로운 계량수단을 연구개발하여 계량의 현대화, 과학화수준을 끊임없이 높여 나가도록 한다.

제9조 (계량분야의 교류와 협조)

국가는 계량분야에서 국제기구, 다른 나라들과의 교류와 협조를 발전시킨다.

제10조 (법의 적용대상)

이 법은 계량수단을 생산, 리용, 검정하는 기관, 기업소, 단체(외국투자기업 포함)와 공민에게 적용한다.

계량사업과 관련하여 이 법에 규제되지 않은 사항은 해당 법규에 따른다.

제2장 계량단위의 제정

제11조 (계량단위제정기관)

계량단위를 정하는 사업은 중앙계량지도기관이 한다.

중앙계량지도기관은 국제단위계에 근거하여 인민경제와 과학기술발전의 요구에 맞게 계량단 위를 정하여야 한다.

제12조 (법제계량단위의 구성)

법제계량단위는 국가적인 유일한 계량단위이다.

법제계량단위에는 국제단위계의 기본단위와 유도단위, 민족계량단위인 정보 같은 것이 속한다.

제13조 (법제계량단위의 기본단위)

법제계량단위의 기본단위는 국제단위계의 기본단위와 같다.

1. 길이단위는 《메터》이며 《m》으로 표시한다.
2. 질량단위는 《키로그람》이며 《kg》로 표시한다.
3. 시간단위는 《초》이며 《S》로 표시한다.
4. 전류의 세기단위는 《암페아》이며 《A》로 표시한다.
5. 온도단위는 《켈빈》이며 《K》로 표시한다.
6. 물질의 량단위는 《몰》이며 《mol》로 표시한다.
7. 빛의 세기단위는 《칸델라》이며 《cd》로 표시한다.

제14조 (법제계량단위의 공포)

법제계량단위를 공포하는 사업은 중앙계량지도기관이 한다.

중앙계량지도기관은 법제계량단위의 이름과 기호를 국가규격으로 공포하여야 한다.

제15조 (계량단위의 통일)

중앙계량지도기관은 법제계량단위를 쓰는데서 제기되는 과학기술적문제를 바로 해결하여 계량단위를 통일시켜야 한다.

민족계량단위는 국가가 정한 부문에서만 쓴다.

제16조 (비법계량단위의 사용금지)

기관, 기업소, 단체와 공민은 법제계량단위가 아닌 계량단위를 쓰지 말아야 한다.

제3장 계량원기와 표준계량수단의 관리

제17조 (계량원기와 표준계량수단관리의 기본요구)

계량원기와 표준계량수단의 관리를 바로하는것은 계량단위를 통일시키고 그 정확성을 보장하기 위한 근본담보이다.

중앙계량지도기관과 해당 기관, 기업소는 계량원기와 표준계량수단의 등록, 보관, 리용질서를 엄격히 지켜야 한다.

제18조 (계량원기의 등록신청)

계량수단을 계량원기로 등록하려는 기관, 기업소는 계량원기등록신청서를 중앙계량지도기관에 내야 한다. 이 경우 우리 나라 또는 다른 나라 원기와 대비, 검정한 자료나 기타 기술자료를 첨부하여야 한다.

신청서양식은 따로 정한데 따른다.

제19조 (계량원기의 등록심의 및 증서발급)

중앙계량지도기관은 계량원기등록신청서를 접수하였을 경우 그것을 받은 날부터 60일안으로 심의하고 승인 또는 부결하여야 한다.

계량원기등록이 승인되였을 경우에는 등록대장에 등록하고 해당 기관, 기업소에 계량원기등록증서를 발급한다.

제20조 (계량원기의 페기 또는 사명변경사유)

다음의 경우에는 계량원기를 페기하거나 그 사명을 변경한다.

 1. 다시 회복할수 없을 정도로 정밀정확도가 떨어졌을 경우
 2. 계량원기가 파손되여 원상복구할수 없을 경우
 3. 이미 쓰던 계량원기를 새로운 계량원기로 교체하려 할 경우

제21조 (계량원기의 페기 또는 사명변경승인)

해당 기관, 기업소는 계량원기를 페기하거나 그 사명을 변경하려 할 경우 중앙계량지도기관에 해당 문간을 내고 승인을 받아야 한다.

계량원기의 페기가 결정되였을 경우에는 등록에서 삭제하고 증서를 회수하며 계량원기의 사명이 변경되였을 경우에는 그에 맞게 다시 등록한다

제22조 (표준계량수단의 구비)

해당 기관, 기업소는 계량단위의 전달을 위하여 표준계량수단을 갖추어놓아야 한다.

표준계량수단은 계량원기에 의하여 검정된것이여야 한다.

제23조 (표준계량수단의 등록, 페기, 사명변경)

표준계량수단의 등록과 페기, 사명변경의 심의결정은 계량검정기관이 한다.

표준계량수단의 등록, 페기, 사명변경과 관련한 절차와 방법은 계량원기의 등록, 페기, 사명 변경절차와 방법에 따른다.

제24조 (계량원기와 표준계량수단의 관리담당자)

계량원기와 표준계량수단은 계량검정기관이 보관관리한다.

필요에 따라 중앙계량지도기관의 승인을 받아 다른 기관, 기업소도 계량원기와 표준계량수단을 보관관리할수 있다.

제25조 (계량원기와 표준계량수단의 정밀정확도유지)

계량원기와 표준계량수단을 관리하는 기관, 기업소는 담당자를 정하고 보관관리를 정해진대로 하여 계량원기와 표준계량수단의 정밀정확도를 유지하여야 한다.

계량원기는 중앙계량지도기관의 승인없이 옮길수 없다.

제26조 (계량원기와 표준계량수단의 대비, 검정)

해당 기관, 기업소는 계량원기와 표준계량수단을 국제계량원기나 다른 나라 계량원기와 주기적으로 대비, 검정하여야 한다.

중앙계량지도기관은 대비, 검정사업체계를 바로세워야 한다.

제27조 (계량원기와 표준계량수단의 리용)

계량원기와 표준계량수단은 계량단위의 유지, 재현, 전달에만 쓴다.

계량원기와 표준계량수단을 일반계량수단으로 리용할수 없다.

제28조 (표준물질의 리용)

해당 기관, 기업소는 계량수단의 검정이나 계량대상의 분석에 필요한 표준물질을 종류별로 갖추고 중앙계량지도기관의 인증과 등록을 받아 리용하여야 한다.

중앙계량지도기관은 표준물질에 대한 심의등록체계와 단위전달체계를 바로세워야 한다.

제29조 (계량원기와 표준계량수단의 보충갱신)

중앙계량지도기관과 해당 기관, 기업소는 현실발전의 요구에 맞게 계량원기와 표준계량수단을 계획적으로 보충갱신하여야 한다.

국가계획기관과 재정은행기관, 과학기술행정기관, 해당 기관은 계량원기와 표준계량수단의 보충갱신에 필요한 자금, 설비 같은것을 책임적으로 보장하여야 한다.

제4장 계량수단의 생산, 리용

제30조 (계량수단의 품종확대와 계획적인 생산)

국가계획기관과 중앙계량지도기관, 해당 기관, 기업소, 단체는 계량수단에 대한 수요가 늘어 나는데 맞게 계량수단의 품종을 늘이며 생산을 계획적으로 하여야 한다.

제31조 (계량수단의 생산허가)

계량수단을 생산하려는 기관, 기업소, 단체는 중앙계량지도기관의 생산허가를 받아야 한다.

계량수단의 생산허가절차와 방법은 제품생산허가법에 따른다.

제32조 (제품의 질제고)

계량수단을 생산하는 기관, 기업소, 단체는 설비를 현대화하고 앞선 과학기술을 적극 받아들여 제품의 성능과 품질을 끊임없이 개선하여야 한다.

제33조 (계량수단수리기지)

해당 기관, 기업소, 단체는 인민경제부문별 또는 지역별로 계량수단수리기지를 꾸리고 계량수단을 제때에 수리하여야 한다.

국가계획기관과 해당 기관은 계량수단의 수리에 필요한 자금, 설비, 자재, 로력 같은 것을 제때에 보장하여야 한다.

제34조 (계량수단의 수리허가)

계량수단을 전문적으로 수리하려는 기관, 기업소, 단체는 중앙계량지도기관의 허가를 받아야 한다.

제35조 (새로 개발한 계량수단의 기술심의)

새로 개발한 계량수단은 중앙계량지도기관의 기술심의를 받은 다음 생산 또는 리용하여야 한다.

제36조 (계량수단의 수입)

계량수단을 수입하려는 기관, 기업소, 단체는 사전에 중앙계량지도기관의 기술심의를 받아야 한다. 이 경우 해당 신청문건과 기술자료, 견본품 같은 것을 내야 한다. 기술심의를 받지 않은 계량수단에 대하여서는 수입계약을 맺을수 없으며 가격승인, 반입수속 같은 것을 할수 없다.

제37조 (계량수단의 수입금지 또는 제한)

다음의 계량수단은 수입을 금지하거나 제한한다.

1. 법제계량단위가 아닌 단위가 표시된 계량수단
2. 국내에서 생산하여 수요를 보장할수 있는 계량수단
3. 기술적특성이 국가적요구나 용도에 맞지 않는 계량수단

제38조 (계량수단의 판매)

생산 또는 수입한 계량수단은 정해진 절차에 따라 판매하여야 한다.

제39조 (계량수단의 리용)

기관, 기업소, 단체와 공민은 계량수단을 갖추고 정해진대로 리용하여야 한다.

필요한 계량수단을 갖추지 않은 설비와 공정은 운영할수 없으며 계량수단의 눈금과 량을 비법적으로 고치거나 눈금과 량이 틀린다는것을 알면서 해당 계량수단을 리용하는 행위는 할수없다.

제40조 (계량수단의 등록, 폐기)

기관, 기업소, 단체는 계량수단을 해당 계량검정기관에 등록하여야 한다.

계량검정기관에 등록하지 않은 계량수단은 검정을 받을수 없다.

계량수단을 폐기하려 할 경우에는 해당 계량검정기관의 경유를 받아야 한다.

제5장 계량수단의 검정

제41조 (계량수단의 장악과 검정)

중앙계량지도기관과 해당 기관, 기업소, 단체는 계량수단을 장악하고 그에 대한 검정을 정확히 하여야 한다.

검정을 받지 않았거나 검정에서 합격되지 못한 계량수단은 리용할수 없다.

제42조 (계량수단검정의 구분)

계량수단의 검정은 국가검정과 자체검정으로 나누어 한다.

국가검정은 계량검정기관이, 자체검정은 해당 기관, 기업소, 단체가 한다.

중앙계량지도기관은 필요에 따라 해당 기관, 기업소, 단체에 국가검정을 위임할수 있다.

제43조 (계량수단의 검정대상, 주기, 형식, 방법)

계량수단의 검정대상과 주기, 형식, 방법은 중앙계량지도기관이 정한데 따른다.

중앙계량지도기관은 과학기술의 성과와 현실발전의 요구에 맞게 계량수단의 검정대상, 주기, 형식, 방법을 갱신하여야 한다.

제44조 (계량수단의 검정주기준수)

계량수단을 가지고있는 기관, 기업소, 단체는 계량수단을 정해진 주기에 검정받아야 한다.

제45조 (계량수단의 검정장소)

검정을 받으려는 기관, 기업소, 단체는 계량수단을 해당 계량검정기관에 가져다 검정받아야 한다.

계량검정기관에 가져갈수 없는 계량수단은 현지검정을 받을수 있다. 이 경우 해당 기관, 기업소, 단체는 현지검정에 필요한 조건을 보장하여야 한다.

계량검정기관의 검정장소는 중앙계량지도기관의 합의없이 옮길수 없다.

제46조 (계량수단의 자체검정허가)

계량수단을 자체로 검정하려는 기관, 기업소, 단체는 계량수단검정실을 기술적요구에 맞게 꾸리고 표준계량수단을 갖추며 중앙계량지도기관의 허가등록을 받아야 한다.

제47조 (검정의 과학화)

계량검정기관은 검정의 과학화수준을 높이며 검정방법을 현대화, 자동화, 정보화하여야 한다.

제48조 (검정결과와 계량검정일군의 책임)

계량수단의 검정결과는 합격 또는 불합격으로 평가한다.

계량검정일군은 계량수단의 검정결과에 대하여 책임져야 한다.

제49조 (분쟁해결을 위한 검정 또는 기술적판정)

계량과 관련한 분쟁해결을 위하여 계량검정기관은 의뢰에 따라 해당 계량수단에 대한 검정 또는 기술적판정을 할수 있다.

제50조 (검정료금의 지불)

기관, 기업소, 단체는 계량수단에 대한 검정을 받는 경우 계량검정기관에 정해진 검정료금을 물어야 한다.

검정료금을 정하는 사업은 국가가격기관이 한다.

제6장 계량사업에 대한 지도통제

제51조 (계량사업에 대한 지도)

계량사업에 대한 지도는 내각의 통일적인 지도밑에 중앙계량지도기관이 한다.

중앙계량지도기관은 계량사업에 대한 지도체계를 바로세우고 국가의 계량정책이 철저히 집행되도록 정상적으로 장악지도하여야 한다.

제52조 (계량검정 및 감독일군의 자격)

계량검정 및 감독일군은 해당 자격을 가진 자만이 될수 있다.

계량검정 및 감독일군에 대한 자격심사사업은 중앙계량지도기관이 한다.

해당한 자격을 가지지 못한자는 계량검정 및 감독사업을 할수 없다.

제53조 (계량사업에 대한 검열, 감독)

계량사업에 대한 검열, 감독은 계량검정기관과 해당 감독통제기관이 한다.

계량검정기관과 해당 감독통제기관은 계량사업정형을 정상적으로 검열, 감독하여야 한다.

제54조 (민사적책임)

계량을 정확히 하지 않아 다른 기관, 기업소, 단체와 공민에게 손해를 준 당사자에게는 원상 복구 또는 손해보상 같은 민사적책임을 지운다.

제55조 (변상처벌)

계량수단을 비법적으로 리용하였거나 계량수단의 보관관리를 잘못하여 국가에 손해를 준 기관, 기업소, 단체와 공민에게는 변상처벌을 준다.

제56조 (벌금처벌)

다음의 경우에는 기관, 기업소, 단체와 공민에게 벌금을 물린다.

1. 허가를 받지 않고 계량수단을 생산, 수리하였을 경우 기관, 기업소, 단체에 10만~150만원

2. 새로 개발한 계량수단을 기술심의를 받지 않고 생산, 리용하였을 경우 기관, 기업소, 단체에 10만~50만원

3. 금지된 장소에서 계량수단을 판매하였을 경우 기관, 기업소, 단체에는 30만~150만원, 공민에게는 2만~10만원

4. 기술심의를 받지 않고 계량수단을 수입하였을 경우 기관, 기업소, 단체에 50만~150만원

5. 수입이 금지된 계량수단을 들여왔을 경우 기관, 기업소, 단체에 150만원

6. 필요한 계량수단을 갖추지 않고 설비와 공정을 운영하였을 경우 기관, 기업소, 단체에 30만~150만원

7. 계량수단의 눈금과 량을 비법적으로 고쳤거나 눈금과 량이 틀린다는것을 알면서 해당 계량수단을 사용하였을 경우 기관, 기업소, 단체에는 50만~150만원, 공민에게는 3만~10만원

8. 검정받지 않았거나 검정에서 합격되지 못한 계량수단을 판매, 리용하였을 경우 기관, 기업소, 단체에는 20만~100만원, 공민에게는 1만~5만원

제57조 (중지처벌)

제56조의 행위에 대하여 감독통제기관이 시정할것을 요구하였음에도 불구하고 결함을 시정하지 않았을 경우에는 해당 경영활동 또는 설비, 공정의 운영을 중지시킨다. 정상이 무거운경우에는 페업시킨다.

제58조 (몰수처벌)

다음의 경우에는 해당 계량수단과 위법행위로 얻은 자금과 물품을 몰수한다.

1. 허가를 받지 않고 계량수단을 생산, 수리하였을 경우
2. 금지된 장소에서 계량수단을 판매하였을 경우
3. 기술심의를 받지 않고 계량수단을 수입하였거나 수입이 금지된 계량수단을 들여왔을 경우
4. 계량수단의 눈금과 량을 비법적으로 고쳤거나 눈금과 량이 틀린다는것을 알면서 해당 계량수단을 사용하였을 경우
5. 검정받지 않았거나 검정에서 합격되지 못한 계량수단을 리용한데 대하여 지적하였으나 정해진 기일안에 검정받지 않았을 경우

제59조 (경고, 엄중경고, 무보수로동, 로동교양, 강직, 해임, 철직처벌)

다음의 경우에는 책임있는자에게 경고, 엄중경고처벌 또는 3개월이하의 무보수로동, 로동교양처벌을 준다.

1. 법제계량단위가 아닌 계량단위를 사용하며 계량사업에 지장을 주었을 경우
2. 계량원기와 표준계량수단의 등록, 페기, 사명변경질서를 어겨 계량단위의 유지, 재현, 전달에 지장을 주었을 경우
3. 계량원기와 표준계량수단의 보관관리를 잘못하여 파손시켰거나 정밀정확도를 보장하지 못하였을 경우
4. 승인없이 계량원기를 옮겼을 경우
5. 계량원기와 표준계량수단을 일반계량수단으로 리용하였을 경우
6. 표준물질을 갖추지 않았거나 표준물질에 대한 인증과 등록을 받지 않았을 경우
7. 계량원기와 표준계량수단의 보충갱신에 필요한 자금, 자재, 설비 같은것을 보장하지 않아 계량단위의 유지, 재현, 전달에 지장을 주었을 경우
8. 허가를 받지 않고 계량수단을 생산, 수리하였거나 정해진 단위에서 수리하지 않았을 경우
9. 새로 개발한 계량수단을 기술심의를 받지 않고 생산, 리용하였을 경우

10. 계량수단의 판매질서를 어겼을 경우

11. 기술심의를 받지 않고 계량수단을 수입하였거나 기술심의를 받지 않은 계량수단에 대하여 수입과 관련한 수속을 해주었을 경우

12. 수입이 금지된 계량수단을 들여왔을 경우

13. 필요한 계량수단을 갖추지 않고 설비와 공정을 운영하였을 경우

14. 계량수단의 눈금과 량을 비법적으로 고쳤거나 눈금과 량이 틀린다는것을 알면서 해당계량수단을 리용하였을 경우

15. 계량수단을 계량검정기관에 등록하지 않거나 계량검정기관의 경유를 받지 않고 폐기하였을 경우

16. 검정받지 않았거나 검정에서 합격되지 못한 계량수단을 리용하였을 경우

17. 검정장소를 합의없이 옮겼을 경우

18. 계량수단에 대한 검정을 되는대로 하여 계량사업에 지장을 주었을 경우

19. 해당 자격이 없이 계량검정 또는 감독사업을 하였을 경우

앞항 1~19호의 행위가 정상이 무거운 경우에는 3개월이상의 무보수로동, 로동교양처벌 또는 강직, 해임, 철직처벌을 준다.

제60조 (형사적책임)

이 법을 어긴 행위가 범죄에 이를 경우에는 책임있는자에게 형법의 해당 조항에 따라 형사적 책임을 지운다.

조선민주주의인민공화국
품질감독법

주체86(1997)년 7월 2일 최고인민회의 상설회의 결정 제88호로 채택

주체88(1999)년 3월 11일 최고인민회의 상임위원회 정령 제507호로 수정보충

주체91(2002)년 6월 13일 최고인민회의 상임위원회 정령 제3103호로 수정보충

주체92(2003)년 8월 21일 최고인민회의 상임위원회 정령 제3943호로 수정보충

주체95(2006)년 2월 1일 최고인민회의 상임위원회 정령 제1532호로 수정보충

주체100(2011)년 12월 21일 최고인민회의 상임위원회 정령 제2052호로 수정

주체104(2015)년 6월 25일 최고인민회의 상임위원회 정령 제554호로 수정보충

주체108(2019)년 3월 9일 최고인민회의 상임위원회 정령 제2626호로 수정보충

주체108(2019)년 6월 23일 최고인민회의 상임위원회 정령 제63호로 수정보충

주체109(2020)년 10월 8일 최고인민회의 상임위원회 정령 제442호로 수정보충

제1장 품질감독법의 기본

제1조 (품질감독법의 사명)

조선민주주의인민공화국 품질감독법은 품질감독사업에서 규률과 질서를 엄격히 세워 제품의 질을 높이고 인민경제발전과 인민생활을 높이는데 이바지한다.

제2조 (품질감독사업의 정의)

품질감독사업은 제품생산과 상업 및 급양봉사활동에서 질적지표에 따르는 과학기술적요구를 철저히 지키도록 감독통제를 강화하여 제품의 질을 높이는 사업이다.

품질감독사업에는 공정검사, 제품검사, 품질검정, 이동검열, 공증시험사업이 속한다.

제3조 (품질감독부문의 물질기술적토대강화원칙)

국가는 품질감독부문에 대한 투자를 계통적으로 늘이며 그 물질기술적토대를 강화하는데 큰 힘을 넣는다.

제4조 (품질감독대상)

품질감독은 기관, 기업소, 단체에서 생산, 공급, 판매하는 제품에 대하여 한다.

제5조 (공정검사원칙)

공정검사를 강화하는것은 오작품, 불합격품생산을 미리 막고 원료, 자재의 랑비를 없애며 제품의 질을 높이기 위한 기본담보이다.

국가는 생산공정에 대한 검사를 엄격히 하도록 한다.

제6조 (제품검사원칙)

제품검사를 강화하는것은 제품의 질과 량을 보장하는데서 나서는 중요요구이다.

국가는 제품검사를 현대화, 과학화하며 제품검사의 정확성을 보장하도록 한다.

제7조 (품질검정원칙)

품질검정을 바로하는것은 제품검사를 과학기술적으로 하며 질좋은 제품을 생산할수 있게 하는 중요방도이다.

국가는 품질검정을 객관적립장에서 제때에 정확히 하도록 한다.

제8조 (품질감독의 일원화원칙)

품질감독을 일원화하는것은 조선민주주의인민공화국의 일관한 정책이다.

국가는 품질감독체계를 바로세우고 품질감독사업에 대한 통일적인 지휘를 보장하도록 한다.

제9조 (품질감독사업의 담당자)

품질감독은 중앙품질감독지도기관과 해당 품질감독기관이 한다.

품질감독기관밖의 개별적일군은 품질감독사업에 간섭할수 없다.

제10조 (품질감독일군의 자격)

품질감독일군은 생산에 직접 복무하는 생산로력이다.

품질감독일군은 해당한 자격을 가진자만이 될수 있다.

국가는 품질감독일군대렬을 튼튼히 꾸리고 그들의 책임성과 역할을 높이도록 한다.

제11조 (품질감독분야의 교류와 협조)

국가는 품질감독분야에서 다른 나라, 국제기구들과의 교류와 협조를 발전시킨다.

제2장 공정검사

제12조 (공정검사의 기본요구)

공정검사는 원료, 자재의 입하로부터 제품완성에 이르기까지 생산공정에서 진행하는 검사이다.

공정검사는 기관, 기업소, 단체가 한다.

기관, 기업소, 단체는 생산공정별로 검사원을 배치하고 공정검사를 정해진 기준대로 하여야 한다.

제13조 (공정검사에 대한 감독)

품질감독기관은 기관, 기업소, 단체에서 자체로 진행하는 공정검사를 바로하도록 엄격히 감독하여야 한다.

필요한 경우 품질감독기관은 직접 공정검사를 할수 있다.

제14조 (제품검사에 필요한 자료보장)

기관, 기업소, 단체는 제품을 생산하려 할 경우 월생산계획, 판매계획, 공급계획, 제품생산허 가증과 공업도안, 제품규격, 설계도면 같은 기술문건, 견본품, 각종 지도서를 품질감독기관에 내야 한다.

생산계획을 받지 못하였거나 기술문건, 견본품 같은것이 준비되지 않은 제품은 생산할수 없다.

제15조 (품질제고전략수립)

제품의 질제고주인은 생산자대중이다.

기관, 기업소, 단체는 품질전략과 질제고계획을 세우고 제품의 질을 끊임없이 높여 나가야 한다.

제16조 (공정검사규정과 기술규정, 표준조작법의 작성)

기관, 기업소, 단체는 제품별공정검사규정과 생산공정별기술규정, 표준조작법을 만들어야 한다.

공정검사규정과 생산공정별기술규정, 표준조작법은 해당 기관의 승인을 받아야 한다.

제17조 (시험분석실과 측정수단의 구비)

기관, 기업소, 단체는 시험분석실을 현대적으로 꾸리고 공정검사에 필요한 측정수단을 갖추어야 한다.

해당 기관의 검정에서 합격되지 못한 측정수단은 쓸수 없다.

제18조 (공정검사의 분류와 방법)

공정검사는 원료, 자재검사, 공정별반제품검사, 완성품검사로 나누어 한다. 이 경우 개당검사, 전량검사를 기본으로 하면서 발취검사의 방법으로 할수 있다.

제19조 (공정검사규정과 검사표시)

공정검사는 공정검사규정과 견본품에 준하여 한다.

검사가 끝난 반제품과 완성품에는 검사표시를 한다.

검사를 받지 않았거나 검사에서 합격되지 못한 반제품과 완성품은 다음 공정에 넘길수 없다.

제20조 (제품검사신청서)

기관, 기업소, 단체는 공정검사를 받은 제품을 등급별로 갈라놓고 제품검사신청서를 작성하여 품질감독기관에 내야 한다.

제품검사신청서에는 품명, 규격, 단위, 수량, 생산날자, 검사원의 이름 같은것을 밝혀야 한다.

제21조 (공정검사정형의 보고)

기관, 기업소, 단체는 공정검사정형을 해당 품질감독기관에 정상적으로 보고하며 제기된 문제를 제때에 대책하여야 한다.

조선민주주의인민공화국 품질감독법 1235

제3장 제품검사

제22조 (제품검사의 기본요구)

제품검사는 제품의 질과 량을 객관적으로 평가하고 담보하는 중요한 사업이다.

품질감독기관은 생산된 제품에 대한 최종검사와 포장상태검사, 출하검사를 책임적으로 하여야 한다.

제23조 (제품검사의 구분)

품질감독기관은 식료품, 의약품, 화장품과 같이 인민들의 생명안전에 영향을 주는 제품, 국가전략지표, 전문화지표들과 1차소비품을 비롯한 인민생활과 직접적으로 련관된 제품을 생산하는 기관, 기업소, 단체에 대한 3자감독체계를 세우고 제품검사를 직접 하며 그밖의 제품을 생산하는 기관, 기업소, 단체는 제품검사를 자체로 한다.

국가검사와 자체검사의 구체적인 대상은 중앙품질감독지도기관이 정한다.

제24조 (제품검사의 기준)

제품검사는 제품별감독규정과 견본품에 준하여 한다.

제품별감독규정과 견본품이 없는 제품에 대한 검사는 해당 제품규격이나 국제규격에 준하여 할수 있다.

제25조 (제품검사지점)

제품검사는 기관, 기업소, 단체의 생산현장에서 한다.

품질감독기관은 필요에 따라 이동검사를 조직할수 있다.

제26조 (제품의 검사방법)

제품검사는 발취검사와 전량검사의 방법으로 한다.

제품검사에서는 측정, 감각, 시운전, 물리화학적, 위생학적, 생물학적시험을 진행한다.

제27조 (제품검사의 위임)

품질감독기관은 필요에 따라 제품검사를 기관, 기업소, 단체에 위임할수 있다.

제품검사를 위임받은 기관, 기업소, 단체는 제품검사를 제때에 하며 그 결과에 대하여 책임져야 한다.

제28조 (품질확인서의 발급)

품질감독기관은 제품의 질과 관련하여 기관, 기업소, 단체에서 요구하는 경우 중재분석, 판별분석, 공증시험을 진행하고 품질확인서를 발급할수 있다.

제29조 (제품의 검사장소)

제품검사는 제품의 질과 량을 정확히 판정할수 있는 계량수단, 시운전조건, 조명, 온도, 습도 같은것이 보장된 장소에서 한다.

제품검사에 필요한 조건과 장소는 해당 기관, 기업소, 단체가 보장한다.

제30조 (제품의 검사시료와 견본품보장)

기관, 기업소, 단체는 제품검사에 필요한 시료와 검사견본품을 품질감독기관에 의무적으로 보장하여야 한다.

제품검사에 필요한 시료채취와 조제는 품질감독기관이 직접 한다.

경우에 따라 시료채취와 조제를 품질감독기관의 립회밑에 기관, 기업소, 단체의 공정검사원, 시료채취공, 분석공도 할수 있다.

제31조 (이동검열)

품질감독기관은 이동검열품질감독대를 조직하여 주, 월별로 식료품과 의약품을 비롯한 중요제품을 생산, 판매하는 기관, 기업소, 단체를 순회하면서 제품의 질을 검사하고 해당한 대책을 세워야 한다.

제32조 (제품검사도장)

품질감독기관은 제품검사를 한 제품에 검사도장을 찍어야 하며 그 결과에 대하여 국가앞에 책임진다.

검사도장의 형식은 중앙품질감독지도기관이 정한다.

제33조 (제품검사통지서, 품질증명서발급, 재검사)

품질감독기관은 제품검사가 끝난 다음 제품검사통지서를 발급하여야 한다.

제품검사통지서를 받은 기관, 기업소, 단체는 그에 따라 품질증명서를 작성하고 품질감독기관의 확인을 받아 해당 기관, 기업소, 단체에 넘겨주어야 한다.

제품검사를 받은 제품에 대하여 의견이 제기되였을 경우에는 제품검사를 다시 할 수 있다.

제34조 (제품의 출하검사)

품질감독기관은 기관, 기업소, 단체가 생산한 제품을 출하하려 할 경우 출하검사를 하여야 한다.

출하검사를 받지 않은 제품은 출하할수 없으며 생산실적평가와 대금결제를 할수 없다.

제35조 (생산실적확인)

기관, 기업소, 단체는 생산실적을 보고하려 할 경우 품질감독기관의 확인을 받아야 한다.

제36조 (검사료금)

기관, 기업소, 단체는 제품검사를 받은 경우 따로 정한 제품에 대하여 검사료금을 물어야 한다.

검사료금은 국가가격기관이 정한다.

제37조 (등록, 승인)

일반제품을 생산하거나 상업 및 급양봉사활동을 하는 기관, 기업소, 단체는 해당 품질감독기관에 의무적으로 등록하며 그의 감독과 승인밑에서 제품을 생산, 판매하여야 한다.

등록, 승인과 관련한 절차와 방법은 따로 정한데 따른다.

제4장 품질검정

제38조 (품질검정의 기본요구)

품질검정은 기관, 기업소, 단체의 품질시험능력과 제품의 질상태를 검토하여 사정하는 중요한 사업이다.

품질검정기관은 품질검정에서 객관성, 정확성을 보장하여야 한다.

제39조 (품질검정체계의 수립)

중앙품질감독지도기관과 품질분석기관은 품질검정체계를 정연하게 세우고 기관, 기업소, 단체의 품질시험방법과 품질시험결과에서 일치성을 보장하도록 한다.

제40조 (품질검정의 담당자)

품질검정은 중앙품질분석기관과 도품질분석기관이 한다.

필요에 따라 중앙품질감독지도기관이 승인한 기관에서도 품질검정을 할수 있다.

제41조 (품질검정일군의 자격)

품질검정은 품질검정원자격을 가진 일군만이 할수 있다.

품질검정원의 자격은 중앙품질감독지도기관이 준다.

제42조 (품질검정방법)

품질검정은 정기검정과 수시검정의 방법으로 한다.

정기검정은 중앙품질감독지도기관이 정한 대상과 주기, 방법에 따라 정상적으로 하며 수시검정은 기관, 기업소, 단체와 품질감독기관의 의뢰 또는 품질분석기관의 필요에 따라 한다.

제43조 (품질검정기준)

품질검정은 정해진 규범이나 기술문건, 규격에 따라 한다.

다른 나라에서 들여오는 제품에 대한 품질검정은 해당 나라의 규격으로 할수 있다.

제44조 (품질검정의 신청)

기관, 기업소, 단체는 품질분석대상과 주기에 따라 해당 품질분석기관에 신청서를 내고 품질검정을 제때에 받아야 한다. 이 경우 정해진 료금을 물어야 한다.

제45조 (품질검정통지서의 발급)

품질분석기관은 품질검정을 한 다음 품질검정통지서를 발급하여야 한다.

제5장 품질감독사업에 대한 지도통제

제46조 (품질감독사업에 대한 지도)

품질감독사업에 대한 국가의 통일적지도는 내각의 지도밑에 중앙품질감독지도기관이 한다.

중앙품질감독지도기관은 품질감독체계를 정연하게 세우고 품질감독사업에서 엄격한 규률과 질서를 세우도록 한다.

제47조 (비상설품질감독위원회와 품질감독3인조의 조직운영)

품질감독사업에 대한 집체적지도를 보장하고 필요한 대책을 세우기 위하여 내각에 비상설품 질감독지도위원회를, 도(직할시), 시(구역), 군에 비상설품질감독위원회를 조직운영하며 품질감독과정에 수시로 제기되는 문제를 토의대책하기 위하여 생산현장에는 정권기관 일군, 품질감독기관 일군, 기업소기술일군들로 비상설품질감독3인조를 둔다.

제48조 (질제고를 위한 사회적분위기조성)

국가는 사회적으로 제품의 질을 높이기 위한 사회주의경쟁열풍을 일으켜 2월 2일 제품과 12월 15일품질메달을 받은 제품, 품질인증을 받은 공장, 기업소대렬을 늘여나가도록 한다.

제49조 (질제고대책월간)

국가는 제품의 질을 높이기 위하여 해마다 2월과 7월을 제품질제고대책월간으로 정하고 이 사업을 실속있게 진행하도록 한다.

제50조 (품질감독사업에 대한 감독통제)

품질감독사업에 대한 감독통제는 중앙품질감독지도기관과 해당 감독통제기관이 한다.

중앙품질감독지도기관과 해당 감독통제기관은 품질관리 및 품질감독정형을 정상적으로 검열, 감독하며 법위반행위가 엄중한 경우 기구조직기관에 통지하여 해당 기관, 기업소, 단체를 해산할수 있다.

제51조 (위반조서)

품질감독기관은 제품생산단위에서 공정검사와 제품검사, 품질검정질서를 지키지 않았거나 상업 및 급양봉사단위에서 품질관리질서를 지키지 않았을 경우 위반조서를 받을수 있다.

위반조서에는 이름, 직장직위, 위반내용 같은것을 밝혀야 한다.

제52조 (생산과 판매, 봉사의 중지)

다음의 경우에는 생산과 판매, 봉사를 중지시키거나 해당 생산공정을 없앨수 있다.

1. 이 법 제37조의 요구를 어기고 품질감독기관에 등록하지 않았을 경우
2. 기술규정, 표준조작법, 생산환경보장의 요구를 어겼거나 원료, 자재의 질적지표를 보장하지 못하여 오작품, 불합격품을 생산할 경우
3. 품질이 담보되지 않은 제품을 판매, 봉사하거나 제품보관을 바로하지 않아 제품을 부패 변질시켰을 경우

제53조 (제품의 출하중지)

상표 또는 포장상태가 불비하거나 검사표시가 없는 제품, 불합격품, 검사받지 않

은 제품, 공구, 지구가 없는 제품과 수송기재가 어지러운것 같은 경우에는 제품의 출하를 중지시킨다.

제54조 (제품 또는 금액의 회수)

제품검사를 받지 않은 제품을 출하하였거나 불합격품처리를 정해진대로 하지 않았거나 제품검사기준문건과 시험분석수치를 위조하여 제품검사를 받았을 경우에는 해당 제품 또는 제품의 값에 해당한 금액을 회수한다.

제55조 (변상)

오작품, 불합격품을 생산하였거나 포장, 보관관리를 바로하지 못하여 제품을 파손시켰을 경우에는 해당한 손해를 변상시킨다.

제56조 (벌금, 몰수, 자격박탈)

제품의 질보장을 위한 조직사업을 바로하지 못하고 기술규정과 표준조작법의 요구를 지키지 않아 제품의 질을 떨구었거나 품질확인문건이 없거나 그것을 위조한 제품, 보관기일이 지난 제품, 가짜 또는 불량제품을 판매, 봉사하였을 경우에는 벌금을 물리거나 해당 제품을 몰수한다.

품질감독일군과 감독원이 생산하지 않은것을 생산한것으로, 불합격품을 합격품으로 평가해주는 위법행위를 하였을 경우에는 자격을 박탈한다.

제57조 (행정적 또는 형사적책임)

이 법을 어겨 품질감독사업에 엄중한 결과를 일으켰거나 국가에 손해를 준 기관, 기업소, 단체의 책임있는 일군과 개별적공민에게는 정상에 따라 행정적 또는 형사적책임을 지운다.

색인

저자 약력

남성욱

미국 미주리주립대학교(University of Missouri-Columbia)에서 응용경제학 박사학위를 받고 2002년부터 고려대학교 행정전문대학원과 통일외교학부 교수로 재직 중이며 2022년부터 고려대학교 통일융합연구원장으로 있다.

주요 이력으로는 고려대학교 행정전문대학원장(2016~ 2021), 고려대학교 아세아문제연구소 북한연구센터장(2014~2019), 통일부 통일미래기획위원회 정치군사분과 위원장(2022~현재), 통일부 산하 사단법인 남북경제연구원 원장(2004~현재), 국방부 정책자문위원(2014~현재), 국가교육위원회 전문위원(2023~현재), 서울특별시 평화통일기반조성위원회 위원장(2021~현재), 보다나은미래를위한 반기문재단 이사(2019~현재), 경기도교육청 남북교육교류협력위원회 위원(2022~현재), 민주평화통일자문회의 사무처장(2012~2013, 차관급), 국가안보전략연구원 원장(2008~2012, 차관급), 통일부 남북관계발전위원회 위원(2017~2018), 통일부 정책자문위원(2003~2007, 2017~2019), 법무부 법무연수원 통일관계 자문교수(2014~2017), 농림부 정책자문위원(2004~2007), 기상청 남북관계 자문위원(2007~현재), 개성공단관리위원회 자문위원(2005~2007), 서울특별시 정책자문위원(2003~2011), 경기도 남북관계 자문위원(2006~2015), 한국관광공사 남북관계 자문위원(2005~2018), 대통령 직속 국가브랜드위원회 자문위원(2012~2014), NSC 정책자문위원(2003~2005), 중소기업중앙회 통일경제위원회 공동위원장(2014~2018), 남북경제연합회 부회장 (2002~2007), LH공사 남북관계 자문위원(2003~2007), KBS 북한문제 객원해설위원(2005~2023), CBS 북한문제 객원해설위원(2005~2011), 조선일보 한반도워치 오피니언 필자(2021~현재), 한국일보 오피니언 필자(2022~현재), 문화일보 오피니언 필자(2002~현재), 서울경제 오피니언 필자(2017~현재), 월간중앙 평양리포트 필자(2018~현재), 아모레퍼시픽 장학재단 감사(2004~현재), 한국북방학회 고문(2007~현재), 한국북방학회 회장(2004~2006), 북한연구학회 부회장(2007~2012), 한국학술진흥재단 남북위원회 자문위원(2005~2013), 북한경제 전문가 100인포럼 이사(2004~2007), 동북아경제학회 총무이사(2005~2006), 통일농수산포럼 연구이사(2002~2007), 북한농업연구회 이사(2002~2007), 북한경제포럼 연구이사(2002~2005), 북한연구학회 총무이사(2002~2004)를 역임했다.

주요 연구실적으로는 저서로「북한 보건의료 연구와 교류 협력 : 북한 학술지를 통한 보건의료 연구와 창의적 교류 협력」(공저, 2023),「김정은의 핵과 경제」(2022),「4차 산업혁명 시대 북한의 ICT 발전과 강성대국」(2021), *Mysterious Pyoungyang: Cosmetics, Beauty Culture and North Korea*(공저, 2020), *North Korean Nuclear Weapon and Reunification of Korean Peninsula*(2019), *South Korea's 70 years for Diplomacy, National Defense and Unification of Korean Peninsula*(공저, 2018),「북한 여성과 코스메틱」(공저, 2017),「현대 북한의 식량난과 협동농장 개혁(개정판)」(2016),「한국의 외교 안보와 통일 70년: 1945~2015」(공저, 2015),「개방과 폐쇄의 딜레마, 북한의 이중적 경제: 북한의 경제」(공저, 2012),「한반도 상생 프로젝트: 비핵·개방 3000 구상」(공저, 2009),「7·1 경제관리개선 조치 이후 북한경제와 사회 : 계획에서 시장으로」(공저, 2007),「북한 급변 사태와 우리의 대응」(2007, 공저), *Contemporary Food Shortage of North Korea and Reform of Collective Farm*(2006),「현대 북한경제론: 이론과 실제에 관한 연구」(공저, 2005),「북한의 체제 전망과 남북경협」(공저, 2003),「북한경제의 특성과 경제운용 방식」(공저, 2002),「김일성의 북한: CIA 북한보고서」(공역, 2001) 등이 있으며 다수의 논문을 발표하였다.

조정연

고려대학교 북한학과에서 통일정책을 전공하고 정책학 박사학위를 받았으며 2022년부터 통일융합연구원 연구위원으로 있다.

통일부 산하 사단법인 남북경제연구원(2019~2022) 연구위원을 역임했으며 통일부 국립통일교육원 통일교육위원(2022~현재), 민주평화통일자문회의 자문위원(2023~현재), 서울특별시 평화통일기반조성위원회 위원(2022~현재), 경기도교육청 남북교육교류협력위원회 위원(2022~현재)으로 활동 중이다.

주요 연구실적으로는 정책과제 「통일환경 변화에 따른 새로운 중장기 통일정책 연구」(통일부, 2023), 「북한 핵 위기 시 국민보호 대책 연구」(행정안전부, 2023), 「북한해역 수산자원 조성사업 협력 방안」(해양수산부, 2023), 「북한 ICT 국가규격(KPS) 조사분석 연구」(TTA, 2023)에 공동연구원으로 참여하였다.

주요 논문으로는 "The Implication and Political Communication on Stamps of Kim Jong-un Era: Based on the 10th Anniversary Stamp Collection of Kim Jong-un."(공저자, 2023), "A Study on the Evaluation of North Korean Statistical Services by Statistics Korea and Quality Improvement Directions."(공저자, 2023), "A Study on the Characteristics of North Korea's Normalization and Standardization System in the Kim Jong-un Era: Focusing on the Reports of the Rodong Sinmun."(공저자, 2022)이 있다.

고려대 통일융합연구원 해란연구총서 시리즈 1

김정은 시대 북한의 표준·규격화(KPS) 정책과 남북한 통합방안

초판발행   2024년 1월 10일

지은이   남성욱·조정연
펴낸이   안종만·안상준

편 집   한두희
기획/마케팅   김한유
표지디자인   BEN STORY
제 작   고철민·조영환

펴낸곳   ㈜ **박영사**
              서울특별시 금천구 가산디지털2로 53, 210호(가산동, 한라시그마밸리)
              등록 1959.3.11. 제300-1959-1호(倫)
전 화   02)733-6771
f a x   02)736-4818
e-mail   pys@pybook.co.kr
homepage   www.pybook.co.kr
ISBN   979-11-303-1862-2   93340

정 가   26,000원